大数据技术在智慧城市建设中的应用研究

王家驹 著

北京工业大学出版社

图书在版编目（CIP）数据

大数据技术在智慧城市建设中的应用研究 / 王家驹著 . — 北京：北京工业大学出版社，2022.12
ISBN 978-7-5639-8544-9

Ⅰ . ①大… Ⅱ . ①王… Ⅲ . ①数据处理－应用－现代化城市－城市建设－研究－中国 Ⅳ . ① C912.81-39

中国版本图书馆 CIP 数据核字（2022）第 249212 号

大数据技术在智慧城市建设中的应用研究
DASHUJU JISHU ZAI ZHIHUI CHENGSHI JIANSHE ZHONG DE YINGYONG YANJIU

著　　者：	王家驹
责任编辑：	仉智财
封面设计：	知更壹点
出版发行：	北京工业大学出版社
	（北京市朝阳区平乐园 100 号　邮编：100124）
	010-67391722（传真）　　bgdcbs@sina.com
经销单位：	全国各地新华书店
承印单位：	唐山市铭诚印刷有限公司
开　　本：	710 毫米 ×1000 毫米　1/16
印　　张：	14.5
字　　数：	290 千字
版　　次：	2023 年 4 月第 1 版
印　　次：	2023 年 4 月第 1 次印刷
标准书号：	ISBN 978-7-5639-8544-9
定　　价：	72.00 元

版权所有　翻印必究

（如发现印装质量问题，请寄本社发行部调换 010-67391106）

作者简介

王家驹，中铁武汉电气化局集团有限公司机电分公司总工程师，高级工程师职称，在国家级期刊上发表论文多篇。近年来积极投身于物联网、绿色建造、智慧城市等前沿技术领域的研究与应用中，主持研发了多项科研成果。

前　言

大数据被誉为"21世纪的新石油",是国家战略性资产,是21世纪的"钻石矿"。大数据技术是人工智能的重要支撑。大数据科学将成为引领人工智能技术、物联网应用、计算机科学、数字经济及商业发展的核心。所以大数据的发展前景十分可观。

我们可以得出这样的结论:大数据技术是信息技术几十年发展和积累催生的产物。大数据的快速发展给人们带来机遇和挑战,大数据的出现将会对社会各个领域产生深刻影响,"用数据来说话、用数据来管理、用数据来决策、用数据来创新"是这个时代的鲜明特征。

党的十九大报告提出了建设网络强国、数字中国、智慧社会的战略目标。各部门积极推进城市管理数字化、精细化、智慧化,整合城市公共信息平台,综合运用物联网、云计算、大数据等现代信息技术,整合人口、交通、能源、建设等公共设施信息和公共基础服务,加快数字化城市管理向智慧化升级。正是由于党中央、国务院指明智慧城市的发展方向、路径和目标,所以,《大数据技术在智慧城市建设中的应用研究》这本书的撰写可谓正当时。

本书共九章:第一章为大数据技术概述,为广大读者梳理了大数据的发展历程与发展态势、大数据原理、大数据特征,以及大数据产业及应用前景,作为本书的"前奏",展开对大数据的论述;第二章为智慧城市建设概述,主要介绍了智慧城市的发展历程与基本概念、智慧城市系统框架与系统工程方法论;第三章为基于大数据技术的智慧城市交通系统建设;第四章是基于大数据技术的智慧城市电子政务建设,从智能办公、智能决策等方面来呼应本章的主题;第五章为基于大数据技术的智慧城市民生服务建设,大数据并非"高冷"的存在,而是要让它"落地",为民服务,为民提供便捷的生活,所以,在21世纪,才会出现智慧社区、智慧医疗等产物,而在本章会对民生服务的相关内容进行论述;第六章是基于大数据技术的智慧城市生态宜居建设,应用大数据技术出现的智慧生态环境、智慧水利、智慧气象、智慧能源等为我们带来宜居的生活环境，提升了国民的幸福指数；第七章为基于大数据技术的智慧城市园区建设，通过论述建设目标、园区对外服务体系、园区对内服务及管控等内容，为我们徐徐展开了智慧城市园区建设的画卷；第八章是基于大数据技术的智慧城市安防建设，生活在城市中的每一位公民需要"实打实"的安全感，所以，本书增加了该章内容；第九章为基于大数据技术的智慧城市应急管理建设，应急管理是每一个城市必备的民生建设，不容小觑。

笔者在写作本书的过程中参阅了相关资料，吸取了许多有益的内容，在此向有关专家学者表示衷心感谢。由于笔者水平有限，书中难免有不足之处，恳请广大师生和读者予以批评指正，以臻完善。

目 录

第一章 大数据技术概述 1
第一节 大数据的发展历程与发展态势 1
第二节 大数据原理 10
第三节 大数据特征 13
第四节 大数据产业及应用前景 16

第二章 智慧城市建设概述 23
第一节 智慧城市的发展历程与基本概念 23
第二节 智慧城市系统框架与系统工程方法论 44

第三章 基于大数据技术的智慧城市交通系统建设 54
第一节 基于大数据的城市智能交通运维系统 54
第二节 基于大数据的城市智能交通监控系统 55
第三节 基于大数据的城市智能交通信息服务系统 63
第四节 基于大数据的城市智能交通管理和指挥调度系统 68
第五节 基于大数据的城市交通拥堵事前疏导系统 74

第四章 基于大数据技术的智慧城市电子政务建设 80
第一节 智慧政务概述 80
第二节 服务门户 83
第三节 智能办公 102
第四节 智能决策 125

第五章　基于大数据技术的智慧城市民生服务建设 ……………… 130

第一节　大数据在智慧医疗中的应用 ……………………… 130
第二节　基于大数据的我国高层建筑智能化 ……………… 137
第三节　基于大数据的智慧社区管理系统 ………………… 140
第四节　基于大数据的智慧法政 …………………………… 143

第六章　基于大数据技术的智慧城市生态宜居建设 ……………… 159

第一节　智慧生态环境 ……………………………………… 159
第二节　智慧水利 …………………………………………… 169
第三节　智慧气象 …………………………………………… 177
第四节　智慧能源 …………………………………………… 181

第七章　基于大数据技术的智慧城市园区建设 …………………… 187

第一节　建设目标 …………………………………………… 187
第二节　园区对外服务体系 ………………………………… 188
第三节　园区对内服务及管控 ……………………………… 191
第四节　园区服务 App 及公众号 …………………………… 192
第五节　电子商务系统 ……………………………………… 193
第六节　内部办公管理 ……………………………………… 193

第八章　基于大数据技术的智慧城市安防建设 …………………… 195

第一节　基于大数据的智能安防系统的研究与设计 ……… 195
第二节　基于摄录一体机设备的智能安防系统设计 ……… 199

第九章　基于大数据技术的智慧城市应急管理建设 ……………… 203

第一节　基于大数据的城市防汛应急管理系统 …………… 203
第二节　基于大数据的公共安全应急管理体系建设 ……… 209

参考文献 ………………………………………………………………… 221

后　记 …………………………………………………………………… 223

第一章 大数据技术概述

20世纪末至今,"大数据"一词受到越来越广泛的关注,大数据技术已经开始渗透到社会、经济和个人生活的方方面面,今天的每个组织、每个人无不受到大数据的影响,而且在可以预见的未来,大数据对人类的影响将更加深远和强烈。

第一节 大数据的发展历程与发展态势

一、大数据的发展历程

大数据无疑是当今社会的关注热点和信息技术高地,社会媒体无论是传统媒体还是新兴媒体,都充斥着有关大数据的各个维度的报道。报道的范围涉及大数据的概念、技术、应用、设想和展望等各个方面、各个层次,以至于整个社会老幼皆知。工程技术人员更是从中看到了新的社会创新动力甚至新的信息技术革命。

(一)信息文明的发展与大数据

在漫长的人类历史中,绝大部分人类文明都只能通过文字和书籍来简单记载。当然无论是东方还是西方,都出现了一代又一代的文学巨匠,他们对人类文明的记载,直到今天依然激励着世人和人类文明向前发展。

然而简单的文字记载是不能满足人类文明的长久发展的,因为文字记载的内容十分有限,同时,随着时间的推移,信息会丢失或被篡改。人类在经历工业革命和电力革命后,于20世纪后半叶迎来信息革命,尤其随着21世纪前10年微型计算机进入千家万户,国际互联网完成全球组网,人类社会进入信息时代。在信息时代,人类第一次可以通过文字、图表、影音、视频、三维动画、三维视频甚至4D影视等层出不穷的信息手段和技术方法全面地记录各个维度的人类文明。

总体来看，人类的信息文明起源于电子计算机技术的产生，尤其电子采集、电子存储、电子处理和电子显示整个电子信息处理流程的技术实现，标志着人类信息文明相关技术的成熟。随着整个信息链条节点的逐步增多，人类信息文明终于被开启，并且极大地改变着人类的生活。人类信息文明是人类文明极大发展后由量变到质变的产物，同时更集中体现了人类整体文明的发展智慧，极大地丰富了人类的生产和生活方式，尤其提高了人类生产的效率和生活的质量。

（二）大数据时代的来临

伴随着人类信息文明的跨越式发展，伴随着一波又一波的信息化建设浪潮，时到今日大数据时代真的来临了。

根据国际商业机器公司（IBM）前首席执行官郭士纳的观点，IT领域基本每隔15年会迎来一次重大的技术变革（见表1-1）。1980年前后，个人微型计算机逐步普及，尤其是随着制造技术的完善带来的计算机销售价格的大幅降低，计算机逐步进入企业和千家万户，大大提高了整个社会的生产力，同时丰富了家庭的生活方式，人类迎来了第一次信息化浪潮。英特尔、微软、联想等信息企业成为第一次信息浪潮的"弄潮儿"。

表1-1 三次信息化浪潮

信息化浪潮	发生时间	标志	解决的问题	企业界代表
第一次	1980年前后	个人微型计算机	信息处理	英特尔、微软、联想等
第二次	1995年前后	互联网	信息传输	阿里巴巴、百度、腾讯等
第三次	2010年前后	大数据	信息挖掘	亚马逊、谷歌

15年后的1995年，人类开始全面进入互联网时代。互联网实现了世界五大洲数字信息资源的联通共享，人类正式进入"地球村"时代，也以此宣布了第二次信息化浪潮的到来。这次信息化浪潮的"弄潮儿"是人们所熟知的阿里巴巴、百度、腾讯等IT行业的互联网巨头。

又过了15年，在2010年前后，云计算、大数据、物联网、人工智能逐步进入人们的视野，以此也拉开了第三次信息化浪潮的大幕。亚马逊、谷歌等IT行业成为第三次信息化浪潮的"弄潮儿"。

事物的发展不是一蹴而就的，大数据时代的来临一样经历了多方面的技术积累和更替，而人类信息文明的充分发展是大数据时代到来的主要推手。可以说是信息技术的发展和快速革新才造就了信息量的指数级增长，而信息量的不断堆积直接造就了大数据概念的出现。随着相关技术的不断成熟，人们终于迎来了大数据时代。

（三）大数据时代的全面到来

大数据时代的到来得益于信息科技的跨越式持久发展，而信息技术主要解决的是信息采集、信息存储、信息处理和信息显示四个核心问题。这四个核心问题相关技术的不断成熟才真正支撑了整个大数据时代的全面到来，具体的技术发展如下。

1. 信息采集技术的不断完善和实时程度的不断提升

大数据时代的到来离不开信息的大量采集。数据采集技术随着人类信息文明的发展已经有了质的飞跃（如图1-1所示）。大数据技术主要依附于数字信息，就数字信息的采集技术而言，现在的数字信息采集方法已经十分完善，文字、图片、音频、视频等多维度的数字信息采集手段和技术已经十分完备。数据的采集越来越实时化，随处可见实时音频直播和实时视频传播。可以说信息的采集环节已经基本实现实时化，而信息延迟主要体现在信息传输和信息处理阶段。

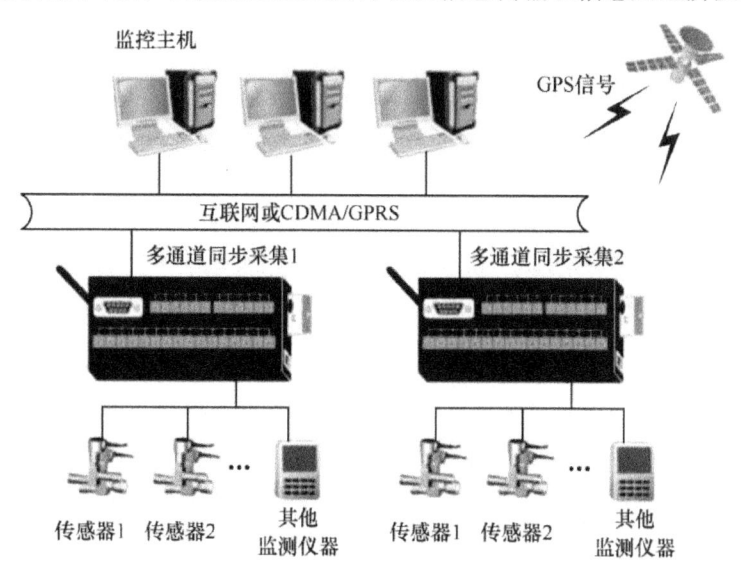

图1-1 信息采集的最新技术

2. 信息存储技术的不断提升

早期存储设备的信息存储量十分有限，而且体积庞大、价格高昂。晶体管时代，任何一个存储装置都至少需要一个房间。1956 年，IBM 公司生产的一个总储量只有 5MB 的商业硬盘有一个电冰箱那么大。而到了今天，容量 1TB 的硬盘可以做到 3.5 英寸（1 英寸 ≈ 2.54 厘米）甚至 2.5 英寸，读/写速度可以在每秒 100MB 以上，而价格只需要几百元甚至更低。同时，闪存技术的进步使小型快速存储芯片得到了长足发展，而闪存芯片的发展也带来了移动通信设备尤其是个人移动手机的快速发展，直接带来了移动互联网的飞速发展，为信息存储和应用开辟了移动端市场，其长远的影响力和高扩展性还不断地改变着人们的生活和生产方式。可以说，计算机硬盘的快速发展促进了高安全性和高扩展性的商业领域的信息存储乃至信息积累，而移动端闪存技术的快速发展则促进了个体生活和社会公共事务方面的信息积累，两者相辅相成，共同提供了大数据时代的信息体量支撑。

3. 信息处理速度和处理能力的急速提升

信息处理速度主要依靠计算机处理核心中央处理器（CPU）的运算能力。CPU 单核心处理能力的演变长期遵循摩尔定律（如图 1-2 所示），即 CPU 的运算速度随着时间的推移呈现指数增长趋势，所以在很长时间内，行业的发展主要集中在提高 CPU 单个核心的运算主频上。而随着摩尔定律的渐渐失效，尤其是伴随着提高 CPU 单核心主频带来的商业成本的成倍增加，直接促使技术模式由提高单核心主频向多核心多线程发展，即增加单个 CPU 的处理核心的数量的同时增加内存和 CPU 联络的线程数量，这样就可以保证多核心的同时运转。CPU 的实际运算因核心数量的增加，实现了运算速度的高速提升。

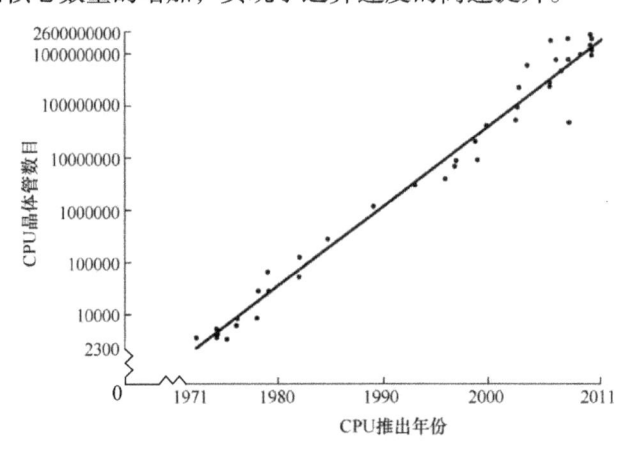

图 1-2　单核心运算速度摩尔定律

4. 信息显示技术的完备和日臻成熟

近些年，信息显示技术尤其是可视化技术有了突破性进展，特别是随着图形像素技术的不断提升，图形显示已经越来越趋于逼真和生动化，如图 1-3 所示。图形显示技术的发展打破了简单文字显示和图表显示的技术限制，信息显示由一维、二维显示拓展到了三维乃至更多维度显示。这样的显示技术带来了整个大数据行业的腾飞：首先，带给人们更好的视觉和感官享受，让信息技术更好、更快地融入信息时代；其次，带来了诸如图形化数据库、图像识别及人工智能等技术的全面发展；最后，给整个信息技术带来了从量到质的跨越式发展，并且会继续深远地影响整个大数据时代的发展。

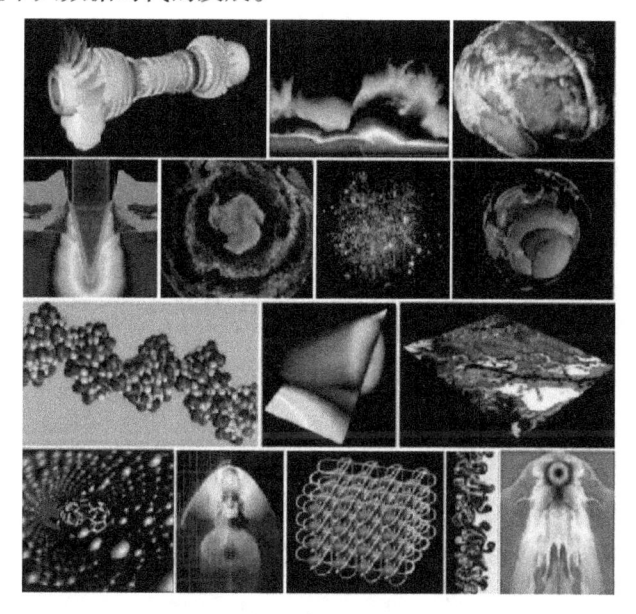

图 1-3 多彩的数据可视化手段

（四）数据产生方式的变革

大数据时代的到来依托信息技术的不断革新和发展，但是仅靠信息技术的发展还是不能完全促使大数据时代的最终来临。信息技术的发展只能为大数据时代的来临做技术上的铺垫。大数据时代的来临必须依托数据量的爆炸式增长，而这在很大程度上取决于数据产生方式的变革。可以说信息技术的发展促进了数据产生方式的变革，而反过来数据产生方式的革新也倒逼了信息技术的不断发展，两者的发展是相辅相成和互相促进的。接下来就看看数据产生方式的变革历程，如图 1-4 所示。

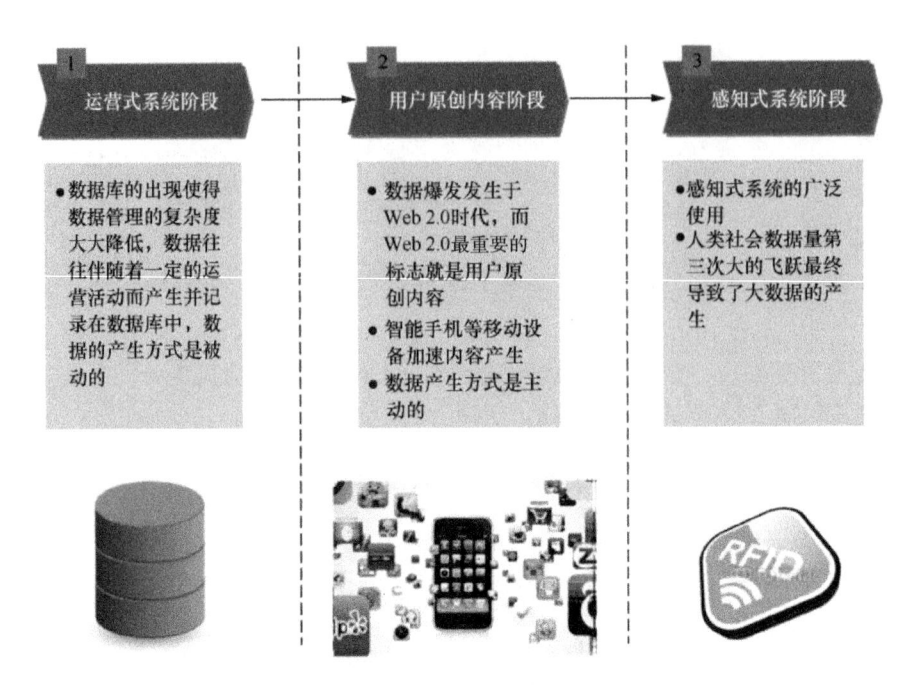

图 1-4　数据产生方式的变革历程

1. 传统大型商业领域业务运营数据产生方式的变化

可以说传统大型商业领域业务运营数据的采集是整个数据行业的开始，因为银行、商铺、保险、证券、股票、零售等商业数据的隐私性和保密性要求，直接激发了人们对信息行业发展的需求。同时这些传统的商业部门也完成了整个大数据行业的早期数据积累。由于整个商业领域有大量的保密且极其重要的数据需要妥善保存和随时处理，同时伴随着商业全球化的扩张和整个世界经济在过去半个世纪尤其是第二次世界大战以后的飞速发展，传统商业领域的数据量大幅增加。商业数据由过去的波浪形增长方式变成了指数级的爆炸式增长方式。这种数据产生方式的变化直接倒逼了信息技术的发展，包括传统数据库技术、数据检索标准语言——SQL、大型商业数据中心、全球商业数据网络等技术的发展，而这些技术都为传统商业运营所产生的大量数据提供存储和处理。

2. 互联网时代数据产生方式的变化

全球海底电缆连通世界五大洲，促使万维网全球数据连通；通信卫星的全球组网，再一次在移动端将整个人类联系在了一起；与此同时，全球定位系统也实现向民用领域开放，目前以美国为首的 GPS 全球定位系统的民用服务已经到了十分便利和极其精确的程度。海底电缆、移动通信和全球定位系统三个大的信息核心技术的发展,让人们终于迎来了互联网时代的大规模数据产生方式。这样的数据产生方式促成了数据量的量变。全球移动通信用户逐年增加,而每一位终端用户都是独立的鲜活个体,其任何一秒钟产生的共享数据量都是惊人的,同时是不断更新的,全球人类第一次汇聚在"地球村"。

3. 物联网加快了数据产生方式的变革

全球科技巨头都在积极布局物联网,而物联网的数据产生方式是完全实时的,这样的数据产生方式再次刷新了数据产生的量级,即便是地下车库视频监控或商场超市的自动视频采集设备每天所产生的数据量都是天文数字,更别说全球联网实现的物联网全流程运作。物联网旨在将实物世界与信息数据实现完全的对应和联络,对世界存在的实物进行信息标记、调度、利用、处理、再利用,然后对整个链条的信息化实物进行掌控。而这样的信息模式会造成终端数据量质的飞跃,同时更为重要的是造成实时数据流的爆炸式增长。这样的数据产生方式是前所未有的,最终在互联网信息时代催生出大数据时代。

综上所述,20世纪90年代到21世纪初是大数据时代发展的萌芽阶段。这个阶段与数据商业运营模式的产生阶段对应,主要的大数据研究方向为商务智能、数据仓库和数据建模,目的在于为大型传统商业提供业务咨询、开拓销售市场,以及维护客户关系。随着互联网技术的不断成熟,尤其是Web 2.0时代的到来,大数据时代也发展到21世纪前10年的技术成熟期。这个阶段正好与互联网时代的大众数据产生阶段对应,主要的大数据研究方向是网络资源搜索、社交网络、大众媒体、政务大型对公平台等,目的在于更好地利用互联网技术产生的大量数据,为人们的生产、生活和销售市场提供私人订制或者群体定制的信息服务。2010年以后,大数据时代迎来大规模应用期,这个阶段与物联网实时数据产生阶段对应,目的在于拓展大数据技术,实现人工智能。

二、我国大数据的发展态势

回顾过去数年的发展,我国大数据的发展可总结为"进步长足,基础渐厚;喧嚣已逝,理性回归;成果丰硕,短板仍在;势头强劲,前景光明"。

作为人口大国和制造大国,我国数据产生能力巨大,大数据资源极为丰富。随着数字中国建设的推进,各行业的数据资源采集、应用能力不断提升,将会产生更多的数据积累。

我国互联网大数据领域发展态势良好，市场化程度较高，一些互联网公司建成了具有国际领先水平的大数据存储与处理平台，并在移动支付、网络征信、电子商务等应用领域取得国际先进甚至领先的重要进展。然而，大数据与实体经济融合还远不够，行业大数据应用的广度和深度明显不足，生态系统亟待形成和发展。

随着政务信息化的不断发展，各级政府积累了大量与公众生产生活息息相关的数据。如何盘活这些数据，更好地支撑政府决策和便民服务，进而促进大数据行业的发展，是事关全局的关键。2015年8月，国务院发布《促进大数据发展行动纲要》，其中重要任务之一就是"加快政府数据开放共享，推动资源整合，提升治理能力"，并明确了时间节点，2017年跨部门数据资源共享共用格局基本形成；2018年建成政府主导的数据共享开放平台，打通政府部门、企事业单位间的数据壁垒，并在部分领域开展应用试点；2020年实现政府数据集的普遍开放。随后，国务院和国务院办公厅又陆续印发了系列文件，推进政务信息资源共享管理、政务信息系统整合共享、互联网政务服务试点、政务服务等，推进跨层级、跨地域、跨系统、跨部门、跨业务的政务信息系统整合、互联、协同和数据共享，用政务大数据支撑"放管服"改革落地，建设数字政府和智慧政府。目前，我国政务领域的数据开放共享已取得了重要进展和明显效果。例如浙江省推出的"最多跑一次"改革，是推进供给侧结构性改革、落实"放管服"改革、优化营商环境的重要举措。以衢州市不动产交易为例，通过设立综合窗口再造业务流程，群众由原来跑国土、住建、税务3个窗口8次提交3套材料，变为只跑综合窗口1个窗口1次提交1套材料，效率大幅提高。据有关统计，截至2019年上半年，我国已有82个省级、副省级和地级政府上线了数据开放平台，涉及41.93%的省级行政区、66.67%的副省级城市和18.55%的地级城市。

我国已经具备加快技术创新的良好基础。在科研投入方面，前期通过国家科技计划在大规模集群计算、服务器、处理器芯片、基础软件等方面系统性部署了研发任务，成绩斐然。当前国家科技创新2030大数据重大项目正在紧锣密鼓地筹划、部署中。我国在大数据内存计算、协处理芯片、分析方法等方面突破了一些关键技术，特别是打破"信息孤岛"的数据互操作技术和互联网大数据应用技术已处于国际领先水平；在大数据存储、处理方面，研发了一些重要产品，有效地支撑了大数据应用。

国家大数据战略实施以来，地方政府纷纷响应联动、积极谋划布局。国家发改委组织建设11个国家大数据工程实验室，为大数据领域相关技术创新提供支撑和服务。发改委、工信部、中央网信办联合批复贵州、上海、京津冀、珠三角等8个综合试验区，正在加快建设。各地方政府纷纷出台促进大数据发展的指导政策、发展方案、专项政策和规章制度等，使大数据发展呈蓬勃之势。然而，我们也必须清醒地认识到我国在大数据方面仍存在一系列亟待补上的短板。

一是大数据治理体系尚待构建。首先，法律法规滞后。目前，我国尚无真正意义上的数据管理法规，只在少数相关法律条文中有涉及数据管理、数据安全等规范的内容，难以满足快速增长的数据管理需求。其次，共享开放程度低。推动数据资源共享开放，将有利于打通不同部门和系统的壁垒，促进数据流转，形成覆盖全面的大数据资源，为大数据分析应用奠定基础。我国政府机构和公共部门已经掌握丰富的数据资源，但存在"不愿""不敢"和"不会"共享开放的问题。例如，在"最多跑一次"改革中，由于技术人员缺乏，政务业务流程优化不足，涉及部门多、链条长，长期以来存在多头管理、各自为政等问题，导致很多地区、乡镇的综合性窗口难建立、数据难流动、业务系统难协调。同时，由于办事流程不规范，网上办事大厅指南五花八门，以至于同一个县市办理同一项事件，需要的材料、需要集成的数据在各乡镇的政务审批系统里却各有不同，造成群众不能一次性获得准确的相关信息而需要"跑多次"。当前，我国的政务数据共享开放进程相对于《促进大数据发展行动纲要》明确的时间节点已明显落后，且数据质量堪忧。不少地方的政务数据开放平台仍然存在标准不统一、数据不完整、不好用甚至不可用等问题。政务数据共享开放意义重大，仍需要坚持不懈地持续推进。此外，在数据共享与开放的实施过程中，各地还存在片面强调数据物理集中的"一刀切"现象，对已有信息化建设投资保护不足，造成新的浪费。最后，安全隐患增多。近年来，数据安全和隐私数据泄露事件时有发生，凸显大数据发展面临的严峻挑战。在大数据环境下，数据在采集、存储、跨境跨系统流转、利用、交易和销毁等环节的全生命周期过程中，所有权与管理权分离，真假难辨，多系统、多环节的信息隐性留存，导致数据跨境跨系统流转追踪难、控制难，数据确权和可信销毁也更加困难。

二是核心技术薄弱。基础理论与核心技术的落后导致我国信息技术长期存在

"空心化"和"低端化"问题，大数据时代需避免此问题在新一轮发展中再次出现。近年来，我国在大数据应用领域取得较大进展，但是基础理论、核心器件和算法、软件等层面，较之美国等技术发达国家仍落后。在大数据管理、处理系统与工具方面，我国主要依赖国外开源社区的开源软件。由于我国对国际开源社区的影响力较弱，导致对大数据技术生态缺乏自主可控能力，成为制约我国大数据产业发展和国际化运营的重大隐患。

三是融合应用有待深化。我国大数据与实体经济融合不够深入，主要表现在：基础设施配置不到位，数据采集难度大；缺乏有效引导与支撑，实体经济数字化转型缓慢；缺乏自主可控的数据互联共享平台等。当前，工业互联网成为互联网发展的新领域，然而仍存在不少问题：政府热、企业冷，政府时有"项目式""运动式"推进，而企业由于没看到直接、快捷的好处，接受度低；设备设施的数字化率和联网率偏低；大多数大企业仍然倾向打造难以与外部系统交互数据的封闭系统，而众多中小企业数字化转型的动力和能力严重不足；国外厂商的设备在我国具有垄断地位，这些企业纷纷推出相应的工业互联网平台，抢占工业领域的大数据基础服务市场[①]。

第二节 大数据原理

一、数据核心原理

大数据时代，计算模式发生了转变，从"流程"核心转变为"数据"核心。Hadoop体系的分布式计算框架已经是以数据为核心的范式。非结构化数据及分析需求，将改变IT系统的升级方式：从简单增量到架构变化。

例如，IBM使用以数据为中心的设计，目的是降低在超级计算机之间进行大量数据交换的必要性。大数据时代，云计算找到了破茧重生的机会，在存储和计算上都体现了以数据为核心的理念。大数据和云计算的关系：云计算为大数据提供了有力的工具和途径，大数据为云计算提供了很有价值的信息。而大数据比云计算更为落地，可有效利用已大量建设的云计算资源。

科学进步越来越多地由数据来推动，海量数据给数据分析既带来了机遇，也构成了新的挑战。大数据往往是利用众多技术和方法，综合多个渠道、不同时

---

① 姚培荣. 大数据基础[M]. 北京：中国人民大学出版社，2021.

间的信息而获得的。为了应对大数据带来的挑战，我们需要新的统计思路和计算方法。

二、数据价值原理

大数据真正有意思的是数据变得在线了，这个恰恰是互联网的特点。非互联网时期的产品，功能一定是它的价值，而互联网时期的产品，数据一定是它的价值。

大数据的真正价值在于创造，在于填补无数个还未实现的空白。有人把数据比喻为蕴藏能量的煤矿，煤炭按照性质有焦煤、无烟煤、肥煤、贫煤等分类，而露天煤矿、深山煤矿的挖掘成本又不一样。与此类似，大数据并不在"大"，而在于"有用"，价值含量、挖掘成本比数量更为重要。不管大数据的核心价值是不是预测，基于大数据形成决策的模式已经为不少企业带来了声誉。

数据能告诉我们，每一个客户的消费倾向，他们想要什么，喜欢什么，每个人的需求有哪些区别，哪些又可以被集合到一起来进行分类。大数据是数据数量上的增加，以至于我们能够实现从量变到质变。

三、关注效率原理

由关注精确度转变为关注效率。大数据标志着人类在寻求量化和认识世界的道路上前进了一大步，过去不可计量、存储、分析和共享的很多东西都被数据化了，拥有大量的数据和更多不那么精确的数据为我们理解世界打开了一扇新的大门。大数据能提高生产效率和销售效率，原因是大数据能够让我们知道市场的需要和人的消费需要。大数据让企业的决策更科学，由关注精确度转变为关注效率，大数据分析能提高企业的效率。

竞争是企业的动力，而效率是企业的生命，效率如何是衡量企业成败的关键。一般来讲，投入与产出比是效率，追求高效率也就是追求高价值。手工、机器、自动机器、智能机器之间效率是不同的，智能机器效率更高，在一定程度上能代替人的思维劳动。智能机器的核心是大数据制动，而大数据制动的速度更快。在快速变化的市场，快速预测、快速决策、快速创新、快速定制、快速生产、快速上市成为企业行动的准则，也就是说，速度就是价值，效率就是价值，而这一切离不开大数据思维。

四、预测原理

从不能预测转变为可以预测。大数据的核心就是预测，大数据能够预测体现在很多方面。大数据不是要使机器像人一样思考，相反，它是把数学算法运用到海量的数据上来预测事情发生的可能性。正因为在大数据规律面前，每个人的行为都差不多，没有本质变化，所以商家会比消费者更了解消费者的行为。

例如，大数据助微软准确预测世界杯。微软大数据团队在2014年巴西世界杯足球赛前设计了世界杯预测模型，该预测模型正确预测了赛事最后几轮每场比赛的结果，包括预测德国队将最终获胜。预测成功归功于微软在世界杯进行过程中获取的大量数据。

世界杯预测模型与设计其他事件的模型相同，诀窍就是在预测中去除主观性，让数据说话。预测性数学模型不算新事物，它们正变得越来越准确。在这个时代，数据分析能力终于赶上数据收集能力，分析师不仅有比以往更多的信息用于构建模型，也拥有在很短时间内通过计算机将信息转化为相关数据的技术。

从一个人随机穿越马路时行进的轨迹和速度来看他能及时穿过马路的可能性，也是大数据可以预测的范围。当然，如果一个人能及时穿过马路，那么他乱穿马路时，车子就只需要稍稍减速就好。但是这些预测系统之所以能够成功，关键在于它们是建立在海量数据的基础之上的。

互联网、移动互联网和云计算保证了大数据实时预测的可能性，也为企业和用户提供了实时预测的信息，让企业和用户抢占先机。

五、信息找人原理

从人找信息，转变为信息找人。互联网和大数据的发展，是一个从人找信息到信息找人的过程。信息找人的时代，就是说我们回到了一种最初的广播模式来找人，我们听收音机、看电视，它是信息推给我们的，但是有一个缺陷，不知道我们是谁。后来互联网反其道而行，提供搜索引擎技术，让我们知道如何找到自己所需要的信息，所以搜索引擎是一个很关键的技术。从人找信息到信息找人，是交互时代发生的一个转变，也是智能时代的要求。智能机器已不是冷冰冰的机器，而是具有一定智能性能的机器。信息找人这四个字，预示着大数据时代可以让信息找人，原因是企业懂用户，机器懂用户，企业和机器能提前知道用户需要什么信息，从而主动提供给用户需要的信息。

六、电子商务智能原理

大数据改变了电子商务模式,让电子商务更智能。商务智能在大数据时代获得了新的定义。

此外,大数据让软件更智能。例如,具有"自动改正"功能的智能手机通过分析我们以前的输入,将个性化的新单词添加到手机词典里。在不久的将来,大数据可能会改变我们生活的方方面面,因为它为我们的生活创造了前所未有的可量化的维度。

第三节 大数据特征

一、大数据的数据特征

大数据数据层次的特征是最先被整个大数据行业所认识、所定义的,其中最为经典的是大数据的 4V 特征,即数据量巨大(Huge Volume)、数据类型繁多(Variety)、信息处理速度快(Velocity)、价值密度低(Value)。

(一)数据量巨大

数据量巨大是大数据的特征之一,也是随着人类信息技术不断发展所必然呈现出来的结果。可以说整个人类的文明史就是信息的不断堆积史,而整个信息量的急速增长期主要出现在 20 世纪后半叶的信息化革命之后。据统计,从 1986 年开始到 2010 年的 20 多年时间里,全球的总体数据量增长了 100 倍,显然今后数据量的增长速度将更快,我们实实在在生活在一个"数据爆炸"时代。移动互联网的更新换代、全球定位系统的高精度定位,以及网络搜索引擎的不断优化,带来的是全人类的文明互联。社交网络如脸谱网(Facebook),社交工具如微信、QQ 等的急速壮大,游戏的互通互享,以及全球商业贸易产业链的深度融合,无论在哪个维度,数据量都将爆炸式增长。同时,图像显示技术的长足发展尤其是 LED 数字图形显示处理技术的日臻完善,让我们几乎忘记了 20 世纪 90 年代末笨重的显像管电视机。随着数字显示分辨率的不断提升,高清数字图像也产生了巨量的图像信息,让大数据时代的数据量再一次飞速增长。根据互联网数据中心(IDC)做出的预测,人类社会产生的数据一直都在以每年 50% 的速度增长,基本每两年就增长一倍。这个预测被形象地称为"数据量摩尔定律"。

这样的预测有望随大数据时代和人工智能时代的来临而打破。数据量的真实增长会是怎样的只有明天才有结论，但是数据量大是大数据时代牢不可动的第一标签。

（二）数据类型繁多

从数据产生方式的几次改变就可以体会到数据类型跟随时代的变革。大型商业运营阶段产生的数据类型多为传统的结构化数据。这些数据多为隐私性和安全性较强的商业、贸易、物流，以及财务、保险、股票等传统支柱行业的数据。而互联网时代产生的数据类型多为非结构化的电子商务交易数据、社交网络数据、图片定位数据，以及商业智能报表、监控录像、卫星遥感数据等非结构化和二维码像素数据。互联网时代数据类型的改变也促进了新型数据库技术的大力发展，如 NoSQL、NewSQL 等数据库技术都得到了长足的发展，而这一切都是为了满足新数据类型的数据存储和高效利用的需要。物联网、人工智能时代的数据产生方式是多种多样的，其产生的数据类型也是多种多样的。

（三）信息处理速度快

大量的数据、繁杂的数据类型，必然要求较快的信息处理速度。近年来计算机核心处理单元 CPU 的综合信息处理能力不断提高。实际上，CPU 运算速度的增长分为两个阶段：第一个阶段，行业的关注重点是单个核心主频的不断提升，单个核心的 CPU 速度经历了飞速的发展期；第二个阶段，到了 21 世纪初，再提高单个核心的主频已经出现了很大的工业困难，并且从成本的角度看也不再符合整个市场的需求，因此行业领导者诸如英特尔（Intel）和超威半导体（AMD）公司都把提高信息处理速度的方式转变到多核心联动处理。这样在单个核心很难继续提升效率的情况下，通过多核心联动实现了 CPU 运算速度的线性增长。大数据时代的到来为多核心、多线程的信息处理提供了极大的技术融合优势。

（四）价值密度低

数据量虽然巨大，但是人们关注的有用信息不容易被发现，这是大数据时代数据的一个特点。这就需要专业人员根据各自行业的需求，通过特定的技术手段和研究方法，在海量的价值密度低的数据海洋里找到合适的数据集，经过具体可行的数据分析和挖掘方法去得到可以利用的价值密度高的数据，促进价值密度低的数据的高价值信息提取，从而科学合理地利用大数据。例如，现在很多行业和企事业单位都实现了单位控制下的办公地点、厂区、仓库、地下车库等全范围360°无死角全天候视频全景监控，这些监控设备每天产生的视频数据量巨大。即便一个小小的高中校园，每天都能产生成百上千GB的数据量。但是如果我们细细品味这些海量的实时视频监控数据，几乎99%都是一些与学生相关联的日常生活。这些正常的生活只是被现在的视频采集设备所捕获、抓取和存储在学校的数据中心罢了。而大数据时代像这样的海量数据比比皆是，可以说随时随地产生，而这些海量数据的价值密度较低，只有在有特定需求的情况下才能通过大数据的技术手段挖掘出其中的价值，如分析学生的校园生活爱好、学生的日常精神面貌、学生的日常生活等。此时，这些海量的数据就是很好的数据素材，这就是现在大数据时代我们所面临的价值密度低的现实。

二、大数据的技术特征

上述大数据的四个着眼于数据层次的特征是被整个大数据行业公认的，也是必须予以尊重的。显然很好地描述了整个大数据的数据层次特征，但是大数据的特征显然不仅仅表现在数据层次。从技术层次看，大数据还具有技术特征，而这些技术特征决定了我们不仅要着眼于大数据的数据层次，还要注重大数据行业技术的方方面面。这些技术特征基本可以总结为如下几点。

（一）大数据时代的技术是开放性的

因为大数据本身是基于开放的数据时代而出现的，也正是源于人们越来越多地通过数据信息形式去分享自己的生活，才使大数据时代的相关技术越来越趋于开放和开源。几乎所有的相关专业技术都有开源社区和开源版本，这是为了让大众更方便地接触大数据技术，同时这也是切实推进大数据技术的最好方法。

（二）大数据时代的技术是平台化的

大数据时代的技术开放性催生了平台化的大型大众数据服务平台系统。这种平台化的数据服务已经由最初的政府大型开放平台逐步走向了公众生活的方方面面，如购物有电子商务平台、出行有交通推荐平台、饮食游玩有大型的推荐规划平台、教育科研有相应的共享交流平台等。这些平台几乎都基于大型的开源互通平台，以及和平台相交融的众多开源项目组合。开源的平台加开源的项目组合，就构成了平台化的大数据时代技术特征，这也是各个行业都在十分紧迫地推进专业化平台建设的原因。因为只有开放的平台才能搭载开放的组件，从而实现行业整条信息链的互通互联。

（三）大数据时代的技术是基于新型的实验训练性质的数学算法实现的

基于新型的实验训练性质的数学算法目前以机器学习、神经网络、深度学习、图形识别、定位识别、地理标位等新型的数学算法为基准，相对于传统的、单纯的数据分析和数学统计，目的在于预测未来，规划未知，提供决策，实现共赢。

（四）大数据时代的技术最终期待实现人工智能管理和机器人代工

无论人工智能还是机器人代工技术，都需要以大数据技术为基础，这也是世界各国政府都积极推进各自的大数据政府级别统筹规划和实施策略的原因所在。

综上所述，大数据是有着自己独特的数据特征，同时具有强烈的时代技术特色的综合体，其集中体现了人类文明的时代发展需求，也必将为人类未来的整个文明领域尤其是信息和计算领域带来新的革命性的改变。

在信息化时代之前，各个行业的发展主要靠管理层的经验和资本运作来实现。这样的行业管理和决策严重受制于管理者的经验甚至管理者自身的需求。虽然每一个管理者都会根据自己的所知所得尤其是对整个行业的了解拿出自己最好的发展决策，但是纵观人类文明发展史，经验和过去并不能很好地反映未来世界的发展方向。虽然未来的发展会受到过去和人类经验的影响，但是跨越式的质变是很难预知的。大数据可以很好地帮助行业的领导者和管理层更加全面地认识整个行业的历史，以及行业的现状。大数据可以给行业决策者提供行业发展全面的数据和图形呈现，并且可以结合特定的行业算法实现科学的预测和市场分析规划。这就是大数据对行业未来的指导和预测作用，其对未来行业的社会价值是超出人们的想象的。

第四节　大数据产业及应用前景

一、大数据产业的定义与规模

根据中国信息通信研究院发布的《大数据白皮书（2020年）》，大数据产业是以数据及数据所蕴含的信息价值为核心生产要素，通过数据技术、数据产品、数据服务等形式，使数据与信息价值在各行业经济活动中得到充分释放的赋能型产业[①]。

2021年7月13日，中国互联网协会发布了《中国互联网发展报告（2021）》，在大数据领域，2020年我国大数据产业规模达到了718.7亿元，增幅领跑全球数据市场。我国大数据企业主要分布在北京、广东、上海、浙江等经济发达省市，受政策环境、人才创新、资金资源等因素的影响，北京大数据产业实力雄厚，大数据企业数量占全国总数量的35%。

2021年11月30日，工业和信息化部发布的《"十四五"大数据产业发展规划》提出，到2025年我国大数据产业测算规模突破3万亿元，年均复合增长率保持在25%左右，创新力强、附加值高、自主可控的现代化大数据产业体系基本形成。

二、产业链剖析

大数据产业链覆盖范围广，上游是基础支撑层，主要包括网络设备、计算机设备、存储设备等硬件供应，此外，相关云计算资源管理平台、大数据平台建设也处于产业链上游；大数据产业中游立足海量数据资源，围绕各类应用和市场需求，提供辅助性的服务，包括数据交易、数据资产管理、数据采集、数据加工分析、数据安全，以及基于数据的IT运维等；大数据产业下游则是大数据应用市场，随着我国大数据研究技术水平的不断提升，目前，我国大数据已广泛应用于政务、工业、金融、交通、电信和空间地理等行业。

（一）产业发展历程

十年来大数据产业高速发展，我国信息智能化程度得到显著提升。我国大数据产业布局相对较早，2011年，工业和信息化部就把信息处理技术列为四项关键技术创新工程之一，为大数据产业发展奠定了一定的政策基础。2014年"大数据"首次被写进我国政府工作报告，大数据产业上升至国家战略层面，此后，国家大数据综合试验区逐渐建立起来，相关政策与标准体系不断被完善，到2020年，我国大数据解决方案已经发展成熟，信息社会智能化程度得到显著提升。

---

① 梅宏. 大数据导论[M]. 北京：高等教育出版社，2018.

（二）产业发展现状

1. 行业整体情况：大数据产业规模维持高速增长，主要应用于互联网与政务领域

2020年大数据产业规模超过6000亿元，未来将保持高速增长。中国大数据产业生态联盟发布的《2021中国大数据产业发展地图暨中国大数据产业发展白皮书》指出，2018年以来，大数据技术的快速发展，以及大数据与人工智能、虚拟现实（VR）、5G、区块链、边缘智能等新技术的交汇融合，持续加速技术创新。与此同时，伴随新型智慧城市和数字城市建设热潮，各地与大数据相关的园区加速落地，大数据产业持续增长。

白皮书中赛迪顾问的数据显示，2020年中国大数据产业规模达6388亿元，同比增长18.6%，预计未来三年将保持15%以上的年均增速，到2023年产业规模将超过10000亿元。

2. 大数据应用市场结构：互联网、政府、金融和电信合计规模占比超一半

从具体行业应用来看，互联网、政府、金融和电信引领大数据融合产业发展，合计规模占比为77.6%。互联网、金融和电信三个行业由于信息化水平高，研发力量雄厚，在业务数字化转型方面处于领先地位；政府大数据成为近年来政府信息化建设的关键环节，与政府数据整合和开放共享、民生服务、社会治理、市场监管相关的应用需求持续增长。此外，工业大数据和健康医疗大数据作为新兴领域，数据量大、产业链延展性高，未来市场增长潜力巨大。

政府大数据主要应用于信息共享、政务数据管理、城市网络管理与社会管理几大领域。加强电子政务建设，管理好政府的数据资产，完善政府决策流程，将是未来数年大数据在公共管理领域发展的重要方向。大数据将对政府部门的精细化管理和科学决策发挥重要作用，有助于提高政府的服务水平。舆情监测、交通安防、医疗服务等也将是公共管理领域中的重点应用领域。

三、大数据产业的应用

毋庸置疑，大数据产业覆盖范围广。互联网、云计算和移动互联网等新兴技术拓展了人类创造和利用信息的范围和模式。联合国在2012年发布的大数据白皮书《大数据促发展：挑战与机遇》中指出，大数据时代已经到来，大数据的出现将会对社会各个领域产生深刻影响。2013年被称为中国大数据元年，各行各业开始高度关注大数据的研究和应用。在云计算技术和非结构化数据存储技术的助力下，大数据已经成为当前学术界、工业界的热点和焦点。从公司战略到产业生态，从学术研究到生产实践，从城镇管理到国家治理，都将发生本质的变化，大数据将成为时代变革的力量。这里分别从个人生活和企业应用两个层面讨论大数据的情况，后续章节从纵深角度探讨典型行业大数据的应用。

（一）大数据产业在个人生活中的应用

大数据时代，每个人都是数据的生产者，5G时代更是大数据时代，它将使得工业4.0、人工智能、无人驾驶和智慧城市发生翻天覆地的变化，改变人与自然、人与人、人与社会的关系。大数据已经服务于普通百姓，通过它，企业可以了解市场行情，获得更多收入；农民可以了解明年种什么菜能赚更多钱；农民工可以知道哪里更需要工人，哪里待遇更高，哪里能租到房子……而伴随着大数据技术的发展，人们的生活将会彻底被改变。

随着大数据技术与云计算、物联网的进一步融合，未来物联网中的数据将更多地源于传感器。例如，所有的物体上都带有一个标签式的小型传感器，每隔一定时间对外发射信号。人们去商场购物，只要一出门，商场里的多个探测器就会对所有商品进行扫描，人们只需刷卡。下班回家前，可以通过手机用遥控的方式提前打开空调、做饭、放洗澡水。诸如此类，如果每一个物品都"联网"，那么时间、能源等将得到更有效的利用，人就被解放出来去开展更有创造力的活动。

例如，交通智能软件是如何知道哪个路段出现拥堵的呢？主要有三种途径。

①大家随身携带的手机，会每隔几秒钟与基站联系一次，当大量手机在某个路段停止或缓慢移动时，基本可以判断该路段出现拥堵。

②遍布大街小巷的监控摄像头可以直接看到路段的拥堵情况，很多城市的交通管理部门会在拥堵路段进行即时标记。

③在很多城市的交通管理中应用越来越普遍的小型无人驾驶直升机可以在因事故等造成的大型拥堵事件中派上用场，也可以反映道路拥堵情况。

再有购物智能软件可以根据顾客曾经买过的商品的价格，分析顾客的消费水平，同时根据顾客最近的浏览和搜索，分析顾客当下的需求，二者结合，进行针对性非常强的推销。只要个人账户不变，每个人的数据都会被积累，形成隐性的"消费水平变化曲线图"，并据此自动调整广告内容。

还有个人医疗智能系统依赖具体数据的采集和判断，对"人"的信息感知已经打破了空间（从宏观影像到分子基因，从医院到家庭再到随身）和时间（从离散监测到连续监测）的限制。医学诊断正在演化为全人、全过程的信息跟踪、预测预防和个性化治疗，患者的"参与性"和"选择权"的重要性会愈加显现。

（二）大数据产业在企业中的应用

大数据时代，企业应用从以软件编程为主转变为以数据为中心。欧美国家针对流程工业提出了"智能工厂"的概念。德国提出了工业4.0概念，工业4.0本质上是通过信息物理系统实现工厂的设备传感和控制层的数据与企业信息系统融合，使得生产大数据传到云计算数据中心进行存储、分析，形成决策并反过来指导生产。大数据的作用不仅仅局限于此，它可以渗透到制造业的各个环节发挥作用，如产品设计、原料采购、产品制造、仓储运输、订单处理、批发经营和终端零售等。

未来车间智能机器人的机械手可以进行自动化装卸调度，可以形成无人值守的全自动化生产模式。智能工厂的构成如图1-5所示。视觉识别可以更加精准便捷地自动定位材料位置。视觉识别搭配机械手可以进行分拣，不同的数字、颜色的物品可以被分拣出来，并且按顺序排列。

图1-5　智能工厂的构成

1.大数据改变订单处理方式

大数据技术不管是在哪个行业当中进行应用，其最为根本的优势就是预测能力。用户利用大数据的预测能力可以精准地了解市场发展趋势、用户需求及行业走向等多方面的数据，从而为用户的发展制定更适合的战略和规划。企业通过大数据的预测结果，可以了解到潜在订单的数量，然后直接进入产品的设计、制造及后续环节。也就是说，企业可以通过大数据技术，在客户下单之前进行订单处理。而传统企业通过市场调研与分析，得到粗略的客户需求量，然后开始生产加工产品，等到客户下单后，才开始订单处理。这大大延长了产品的生产周期。现在已经有很多制造业的企业用户开始利用大数据技术来对销售数据进行大数据分析，这对于提高企业的利润是非常有利的。

2. 大数据改变传统仓储运输现状

由于利用大数据技术能够精准预测出个体消费者的需求及消费者对于产品价格的期望值，企业在设计制造产品之后，可直接派送到消费者手中。虽然此时消费者还没有下单，但是消费者最终接受产品是一个大概率事件。这使得企业不存在库存过剩的问题，也就没有必要进行仓储运输和批发经营。

3. 大数据使工业采购变得更加精准

利用大数据技术可以从数据分析中获得知识并推测趋势，可以对企业原料采购的供求信息进行更大范围的归并、匹配，效率更高。通过高度整合的方式，将相对独立的企业各部门信息汇集起来，打破了原有的信息壁垒，实现了集约化管理。

用户可以根据流程当中每一个环节的轻重缓急来更加科学地安排企业的费用支出，同时，利用大数据的海量存储还可以对采购原料的附带属性进行更加精细化的描述与标准认证，通过分类标签与关联分析，可以更好地评估企业采购资金的支出效果。

4. 大数据产业让产品设计更优化

借助大数据技术，用户可以对原物料的品质进行监控，发现潜在问题立即做出预警，以便能及早解决问题，从而保证产品品质。利用大数据技术还能监控并预测加工设备未来的故障概率，以便让工程师即时执行最适决策。大数据技术还能应用于精准预测零件的生命周期，在需要更换的最佳时机提出建议，帮助制造业者实现品质与成本的双赢。

例如，日本的本田（Honda）公司就将大数据技术应用到了电动车的电池上，由于电动车不像汽车或油电混合车那样可以使用汽油作为动力来源，其唯一的动力就是电池，所以 Honda 公司希望进一步了解电池在什么情况下性能最好、使用寿命最长。Honda 公司通过大数据技术搜集并分析车辆在行驶中的一些数据，如道路状况、车主的开车行为及开车时的环境状态等，这些数据一方面可以帮助汽车制造公司预测电池目前的寿命还剩下多长，以便及时提醒车主进行更换，另一方面也可以提供给研发部门，作为未来设计电池的参考。

对于工业制造业来说，由于自身在技术创新性等方面的特殊需求，因此对于大数据的需求是非常大的，这就需要在实际应用的过程中将海量数据变得能够真正被实际工作所用。

总之，充分利用互联网与大数据这一新的战略性人造资源，可以不断提高产品智能化水平、研发与生产过程的开放式创新水平，以及基于产品的服务化水平，并能重构制造资源组合，优化制造业生态系统。

第二章　智慧城市建设概述

"国家智慧城市"本是IBM实验室里的概念，意在通过综合运用现代科学技术、整合信息资源、统筹业务应用系统，加强城市规划、建设和管理的新模式。该模式需充分借助物联网、传感网，涉及智能楼宇、智能家居、路网监控、智能医院、城市生命线管理、食品药品管理、票证管理、家庭护理、个人健康与数字生活等诸多领域。建设智慧城市是贯彻中共中央、国务院关于创新驱动发展、推动新型城镇化建设的重要路径。

第一节　智慧城市的发展历程与基本概念

一、智慧城市的发展历程

法国经济史学者保罗·贝洛赫在《城市与经济发展》一书的开篇中写道："这世界没什么事情比城市的兴起更加令人着迷了……没有城市，人类的文明就无从谈起。"从城郭到集市，从集市到城市，城市的演进展现了人类从草莽未辟的蒙昧状态繁衍扩张到全世界的历程。

当回顾整个人类文明发生、发展的历程时，我们会看到，大多数文明的最终形成，都离不开城市这个平台。如果说村落时代为人类留下了值得珍惜的第一章的话，那么城市的发展为人类展开的则是无数新的篇章。

最近几年来，在移动互联网、物联网、云计算浪潮的推动下，智慧城市的建设如火如荼。当"智慧"这个原本用于形容一个生命体的词汇，与现代人心目中灯红酒绿的"城市"激情相撞时，你是如何理解，或者如何看待它的呢？

（一）城市：人类文明的放大器和加速器

城市是人类文明的结晶。在我国汗牛充栋的历史文献中，不难找到对于城市的记载和解释。"城，郭也，都邑之地，筑此以资保障者也。"城，多指四面围以围墙、扼守交通要冲、具有防卫意义的据点,代表着军事。"市,买卖之所也。""贸、贾,市也。"市,代表的是经济。在当时,有城并不一定有市,而市场也并不见得一定围筑墙垣。在人类生生不息的繁衍、迁徙与融合中,城和市这对原本并没有必然内在联系的事物,逐渐融合,并以其结合后神奇的力量,推动、承载、见证、延伸着人类文明的不断发展。

在18世纪中期开始工业革命之前,建立在传统农业基础上的传统手工业和商业难以满足较大规模的城市发展需要,城市化的进程非常缓慢。除古罗马、古巴比伦、巴格达等少有的几个大城市外,城市数量和规模都相当有限。在数千年的历史中,人类城镇化水平仅提高了3%。到1750年,世界城镇人口总量约有250万人。因此,我们接下来所讨论的城市及其发展的不同阶段,是指自工业革命以来,以集中的现代化大规模机器生产代替手工劳动的小商品生产,城市从数量、规模、布局、形态上发生根本性的变化,并取得空前发展为开端的。

1. 城市1.0：蒸汽时代的城市发展状况与构想

有人认为,工业革命在1759年左右已经开始,但直到1830年,它还没有真正蓬勃地展开。大多数观点认为,工业革命发源于英格兰中部地区。18世纪中叶,英国人瓦特改良了蒸汽机后,一系列技术革命引起了从手工劳动向动力机器生产转变的重大飞跃,随后逐步传播到欧洲大陆和世界其他地区。

蒸汽机的出现和改良极大地促进了社会经济的发展,并应用于采矿、冶炼、纺织、机器制造、船舶、工厂、机车甚至电站等各个领域中,直到20世纪初,蒸汽机仍然是世界上最重要的原动机,后来才逐步让位于内燃机和汽轮机等。作为以机器生产取代人工生产,以大规模工厂化生产取代个体工场手工生产的一场技术革命,历史学家称这个时代为"蒸汽时代"或"机器时代"。

工业革命启动了一系列持久、不可逆、相互支持且影响深远的转变。这场革命不仅是技术和经济上的革命,也是复杂的政治、社会、文化的大变革。反映在城市化和城市发展方面,城市化进程明显加快,开始出现一批真正意义上的现代城市。

（1）城市规模空前扩大

在工业革命前的数千年间,城市的规模取决于周边地区所能够生产的粮食数量。因此,人口最稠密的城市基本上都存在于河流流域,如尼罗河流域、黄河流域等。自欧洲文明挣脱了中世纪的束缚以来,民族国家不断增长的财富主要集中于繁荣的首都城市（权力所在地）。到工业革命爆发后,工业的重锤猛烈地击碎了这幅宁静的画面，机器成为城市的象征。例如，以"工业革命的摇篮"著称的格拉斯哥，到19世纪初已经成为英国最大的工业城市，那里的机会和工资水平几乎与伦敦势均力敌。大发明家詹姆斯·瓦特的好朋友、格拉斯哥大学的逻辑学及道德哲学教授亚当·斯密的划时代巨著《国富论》正是在这样的背景下完成的。

同时，工业革命极大地促进了生产的专业化和协作化，加深了地域分工，促进经济和人口在地域上集中，并促使工业与城市发展的良性互动。工业化的发展扩大了人们利用自然资源的深度和广度，出现了一大批新兴的工业城市，越来越多的人开始在城市定居。

（2）城市形态发生巨大改变

伴随工业革命的持续推进，工业化和城市化相互促进，近现代的城市规模和形态与以前相比发生了根本性的变化。城市的迅速增多导致原有的市中心发生了变化，并在其周围出现了新的居民区，即所谓的市郊区。

在当时，市中心普遍具有延续于中世纪所形成的结构，建有全城最重要、最高的建筑物，如教堂、宫殿及其他纪念性的建筑。在大多数的情况下，整个城市的轮廓线就是由这些建筑决定的。但是，这样的市中心并不能成为更为庞大的城市的核心：街道过于狭窄，不能满足迅速增长的交通需要；住宅过于狭小，难以容纳不断增加的居民。在这个时期，位于古城中心的许多纪念性建筑（如贵族府邸、修道院等）由于社会变革而被废弃，并被分隔成许多小型的临时住房，而绿化设施（如联排式住宅的后庭院、统治阶级住宅周围的花园以及小公园等）被改造成住宅或工厂的车间。

由于城市功能的发展，以及新型交通和通信工具的运用，城市发展的速度一时间超过了人们的预期，并且超出人们运用常规手段驾驭的能力。城市居住、就业、环境等问题接踵而来。中产阶级移居到远离疾病和工厂烟雾的地方，而让贫穷的社会成员孤处一隅。在没有适当的排污设施和新鲜用水的地方，霍乱、伤寒、结核病等是人类天然的杀手，同时这些地方弥漫着从工厂、铁路和民用烟囱里冒出的烟雾。

19世纪早期，曼彻斯特的死亡率是周围农村地区死亡率的3倍。疾病、营养不良和工作过于劳累而致死的现象很普遍，以至于工厂为了保持正常运转，不得不从遥远的农村和贫困的爱尔兰地区不断补充工人。

为解决这些矛盾，人们从不同的角度去寻找答案，先后提出了种种城市规划的思想、理论。在当时，极具代表性的如"田园城市"学说。

（3）"田园城市"的设想

19世纪，为应对和解决快速城市化所出现的交通拥堵、环境恶化以及农民大量涌入大城市造成的城市病，英国社会活动家埃比尼泽·霍华德提出了田园城市理论，希望通过建设新型城市解决城市问题。田园城市理论对近现代世界各国的城市规划产生了重大影响，被称为"现代城市规划的开端"。霍华德的田园城市蓝图如图2-1所示。

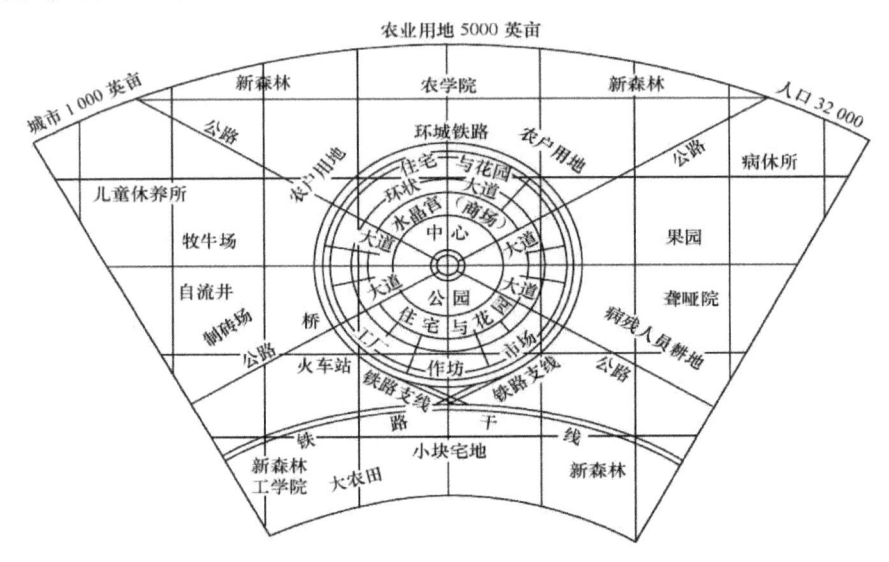

图2-1 霍德华的田园城市蓝图

霍华德设想的田园城市包括城市和乡村两个部分。城市四周被农业用地所围绕；城市居民经常就近得到新鲜农产品的供应；农产品有最近的市场，但市场不只限于当地；田园城市的居民生活于此、工作于此。所有的土地归全体居民集体所有，使用土地必须缴付租金；在土地上进行建设、聚居而获得的增值仍归集体所有；城市的规模必须加以限制，使每户居民都能极为方便地接近乡村的自然空间。

霍华德对他的理想城市进行了具体的规划，他建议田园城市占地为6000英亩（1英亩=0.405公顷）。城市居中，占地1000英亩；四周的农业用地占5000英亩，除牧牛场、果园等，还包括农学院、聋哑院等。农业用地是保留的绿带，永远不得改作他用。在这6000英亩土地上，居住32000人，其中30000人住在城市，2000人散居在乡间。当城市人口超过了规定数量时，则应建设另一个新的城市。田园城市的平面为圆形，半径约1240码（1码=0.9144米）。中央是一个面积约

145英亩的公园,有6条主干道路从中心向外辐射,把城市分成6个区。城市的最外圈建设各类工厂、仓库、市场,一面对着最外层的环形道路,另一面是环状的铁路支线,交通运输十分方便。他提出,为减少城市的烟尘污染,必须以电为动力源,将城市垃圾应用于农业。

他还设想了田园城市的群体组合模式:由6个单体田园城市围绕中心城市,构成城市群。他将其称为"无贫民窟、无烟尘的城市群",其地理分布呈现行星体系特征。中心城市的规模略大些,建议人口为58000人,面积也相应增大。城市之间以便捷的交通和即时的通信相连。各城市经济上独立,政治上联盟,文化上密切联系。霍华德的田园城市的群体组合把城市和乡村统一成一个相互渗透的区域综合体,形成一个多中心、整体化运作的城市系统。

霍华德提出田园城市的设想后,又为实现他的设想进行了细致的考虑,对资金来源、土地规划、城市收支、经营管理等问题都提出了具体的建议。他认为工业和商业不能由公营企业垄断,要给私营企业以发展的条件。霍华德于1899年组织了田园城市协会,宣传他的主张;1903年组建了"田园城市有限公司",筹措资金,在距伦敦56千米的地方购置土地,建立了第一座田园城市——莱奇沃思。

1920年,霍华德又在距伦敦西北约36千米的韦林开始建设第二座田园城市。田园城市的建立引起了社会的重视,欧洲各地纷纷效仿,但多数只是袭取"田园城市"的名称,实质上是城郊的居住区。

作为早期的现代城市规划模型,霍华德的田园城市是一个比较完整的城市规划思想体系,对现代城市的规划思想起到了重要的启蒙作用,对后来出现的一些城市规划理论,如"有机疏散"理论、卫星城镇理论颇有影响,直到今日,在智慧城市建设的大背景下,仍常被人提及。

2. 城市2.0:电气时代的城市发展状况与构想

工业革命之后,社会生产力有了很大的发展,生产力的发展对生产手段和生产关系提出了新的要求;同时,自然科学的研究工作呈现出欣欣向荣的景象并取得重大突破,一些科学发明使得技术的发展成为可能。

19世纪末到20世纪初,世界上掀起了第二次工业革命的浪潮。当时,除英国、美国北部和法国已完成第一次工业革命外,其他国家有的正处于第一次工业革命的高潮期,如美国的南部、德国和俄国;有的则刚刚起步,如远东的日本。这次革命的中心主要在美国和德国。电力的应用及由此而引起的一系列生产技术及产业结构的变革，不仅推动了社会生产力的迅猛发展和资本主义工业化基本完成，而且加速了从自由资本主义向垄断资本主义的过渡，使社会生产关系和社会生活产生巨大变革。

19世纪六七十年代，开始涌现出一系列重大发明。1866年，德国人西门子制造了发电机，到19世纪70年代，实际可用的发电机问世。1882年9月4日，美国著名发明家托马斯·阿尔瓦·爱迪生（如图2-2所示）在纽约珍珠街建立第一座火力发电站，6台"巨象"发电机向85个单位、2300盏电灯供电，开创了美国第一个电力照明系统。到1917年，美国仅公用电站就有4364座，发电量438亿度，美国电力工业跃居世界第一位。大型火力发电站的建立，不但为照明提供了光源，而且为工业生产和社会生活提供了强大的动力和能源。

图2-2 美国著名发明家托马斯·阿尔瓦·爱迪生

作为当时社会的一种新能源，电力具备干净、方便、安全、传输速度快、传输损失小、能远距离输送、能按户按需分配能量等优势和特征，是蒸汽机无可比拟的，因而在生产、生活中得以迅速、广泛的应用。1914—1927年，电力在制造业中的使用比例从占动力总量的39%上升到78%，人类进入了"电气时代"。

在第二次工业革命中，出现了一系列重工业部门，如化学工业、石油工业、汽车工业等，其他老的工业部门也得到技术改造，经济结构和社会结构发生了巨大变化。以无机化学工业为例，19世纪六七十年代发明了以氨为媒介生产纯碱和以氧化氮为催化剂生产硫酸的新方法，使这两种化学工业的基本原料的综合利用得到迅速发展。有机化学工业也随着煤焦油的综合利用得到迅速发展。利用化学合成的办法，美国人发明了塑料，法国人发明了人造纤维，极大地改变了人们的生活。

（1）城市基础设施极大完善

第一次工业革命之后，伴随人口从乡村向城市大规模流动，设施不完善、空前拥挤的城市俨然成为人间地狱。社会处于从乡村到城市、从传统到现代的激烈转型、碰撞时期。如何应对个人与家庭生活所面临的种种挑战？如何解决城市恶劣的卫生、交通状况？这些都是当时社会治理的难题。但是在第二次工业革命期间，城市的基础设施得到了极大的完善，城市问题得到适当解决。让我们以美国为例来看看这一切是如何实现的。

19世纪初，美国的交通十分落后，并呈现畸形发展的局面，同英国的经济密切相关的海运业极为发达，而殖民地内部各地区和各城镇间的交通运输则十分原始，甚至在如新英格兰这样当时经济相对发达的地区，能够行驶马车的道路寥寥无几，河面上没有建造必要的桥梁，过河时不是用船渡，就是骑马涉水。从全国范围来看，美国仍然属于农业国家，大多数人属于农业人口。

从19世纪初到内战这段时间，虽然工业化进程已经开始，但由于程度和范围不一，在这一时段内美国城市在总体上发展较为缓慢。这些城市几乎都是以经济活动为主，而非政治中心、军事中心或宗教中心。1800年时，美国共有33个城市，城市人口占全国人口总数的比例为5.1%，人口数超25000人的城市只有两个——纽约和费城。1840年开始，由于交通运输技术的发展，美国的城市化进程大为加快。1860年，美国已拥有392个城市，城市人口占总人口数的19.8%。2500～25000人的城市共有356个，25000～250000人的城市有32个，250000人以上的城市有3个。第二次工业革命带来的新技术和新发明为中西部的城市化奠定了良好的基础，中西部城市的城市化建立在更高的生产力水平基础上，起点较高，进入一个大机器工业迅速发展的时期。

内战后，伴随第二次工业革命的兴起，美国工业化、城市化迎来高峰期，从1859年到1899年，美国的钢产量从1860年的1.2万吨猛增到1900年的1035万吨，煤开采量从1860年的1820万吨增加到1900年的2.4亿吨。农业劳动人口的比例不断下降，1850年美国农业劳动人口的比例为63.7%，到了1870年下降为53%，1920年为27%。

美国西海岸的城市发展主要受到淘金热和城市大建设的影响和刺激，出现了一大批大小各异的采矿营地、采矿业城镇以及铁路沿线市镇。由采矿业发展起来的著名城市包括洛杉矶、圣弗朗西斯科和盐湖城等。由铁路而产生的著名城市有西雅图、圣塔菲等。城市经济的迅速发展、贸易往来的日益密切对交通运输技术提出了更高的要求，铁路逐渐成为影响经济发展最为重要的因素之一。铁路的发展加强了美国中西部地区与东部地区的联系，成为中西部矿业、农业、畜牧业产品向外运输最为主要的途径。在经济利益的驱使下，从联邦政府、地方政府到企业家都对大规模兴建铁路产生了浓厚的兴趣。到1900年，美国的铁路长度已经超过了323000千米。

铁路的快速发展对原来的城市空间结构产生了重大的影响。铁路沿线城镇人口迅速集中和增长，使西部荒野上涌现出一座座大型城市。1860年到1910年，美国城市总人口从621.6万人上升到4464万人，占美国全国总人口的比重从19.8%上升到45.5%，城市数目从392个增加到2262个，10万人以上的大城市增加到50个，纽约、芝加哥和费城的人口都超过了100万人。1920年，美国人口调查局的数据显示，美国城市人口已占全国人口总数的51.2%，成为一个以城市居民为主的国家。

（2）城市美化运动使城市环境得到改善

在第二次工业革命之后，欧美许多城市针对当时日益加速的郊区化倾向，为了恢复城市中心的良好环境和吸引力，开展了一场声势浩大的"景观改造运动"，即城市美化运动。

在新航路开辟之后，英国和其他欧洲国家的大量移民来到美国寻求新的生活，他们主要聚集在港口城市纽约。这些移民当中，一些人的居住环境与之前提到的英国肮脏不堪的贫民窟不相上下。在曼哈顿，工人居住区内拥挤不堪，疾病肆虐：1810—1870年，婴儿死亡率翻了两倍。

汽车的普及减少了距离上的时间成本，使居住区与工作区的分离成为可能。在当时，大量的城市富人和中产阶级外迁城郊，城市开始了郊区化的蔓延，内城开始衰败。市中心的贫民窟环境进一步恶化，犯罪率不断上升，这样的现象几乎存在于当时所有的大中城市当中。

同时，人们开始把目光投向了改善城市环境方面。1871年芝加哥在经历了毁灭性的大火之后进行了重建，开始了野心勃勃的城市改良工程。在以后的30年间，伴随着第二次工业革命的星星之火逐步燎原，芝加哥的城市面貌得到了改善，修建了图书馆、艺术学院等，并扩建了芝加哥大学。

但城市美化作为一个专用词，则是出现在1903年，其发明者是专栏作家查尔斯·马尔福德·罗宾森。他借助1893年芝加哥因举办世博会而对城市形象进行提升，呼吁美化城市与改进形象，并倡导以此来解决当时美国城市脏乱差的问题。他自己也开始学习景观设计与城市规划。后来，人们便将在他倡导下的所有城市改造活动称为城市美化运动。

城市美化运动强调规则、几何、古典和唯美主义，在20世纪初的前十年中，不同程度地影响了几乎所有美国和加拿大的主要城市，促进了城市设计专业和学科的发展，改善了城市形象，也促进了景观设计师和城市规划设计师队伍的形成。

3. 城市3.0：信息时代的城市发展状况与构想

20世纪上半叶，两次世界大战的爆发，可以说是人类历史上的空前浩劫，使人类社会饱受摧残，无论是正义的反击还是非正义的驱使，带来的结果都是无数生命的离开。而战后科学技术的迅猛发展以及大工业化时代的到来，使人类似乎突然被卷进了一个陌生的旋涡之中。

第三次科技革命是继蒸汽技术革命和电力技术革命后，人类历史上的又一次重大飞跃。从原子能、电子计算机和空间技术开始，尔后汇入了信息技术、新能源技术、新材料技术、生物技术、空间技术、海洋技术等一批新技术，形成了一个宏大的技术群。它极大地推动了人类社会经济、政治、文化领域的变革，而且也影响了人类的生活方式和思维方式。随着科技的不断进步，人类的衣食住行等日常生活的方方面面也发生了重大的变革。

同前两次工业革命相比，第三次科技革命有以下特点。科学技术在推动生产力的发展方面起着越来越重要的作用；科学技术转化为生产力的速度大大加快；科学和技术密切结合，相互促进；随着科学实验手段的不断进步，科研探索的领域也不断拓宽；科学技术各个领域之间相互渗透。

并且第三次科技革命的背景和条件与前面两次工业革命相比较也有着很大的区别。第一次工业革命是在英国资产阶级革命成功后进行的；第二次工业革命是在主要资本主义国家完成资产阶级革命任务后展开的；而第三次科技革命则是在资本主义阵营与社会主义阵营的较量中发展的，也是在资本主义国家的垄断资本主义不断强化中发展的。各国政府对科技领域尤其是航天工业和核工业领域的重视，给第三次科技革命注入了极大的动力与生机。

（1）电子计算机技术推动信息时代的到来

1946年，在美国宾夕法尼亚大学设计出了世界上第一台电子计算机ENIAC——中文音译为"埃尼阿克"，是电子数字积分计算机的简称，如图2-3所示。

图 2-3　世界上第一台电子计算机

它每秒能够执行 5000 条指令，与当时已有的计算装置相比，速度要快上 1000 倍，而且还有按照事先编好的程序自动执行算术运算、逻辑运算和存储数据的功能。

虽然在今天看来，ENIAC 是那么庞大、笨重，并且好像也不那么聪明，但它毕竟让科学家从庞杂的计算中解脱出来，并宣告了一个新时代的开始。

1947 年，贝尔实验室的约翰·巴丁、威廉·肖克利以及沃尔特·布兰坦研制了晶体管，如图 2-4 所示。到 1950 年，肖克利开发出了双极性结型晶体管，也就是现在俗称的晶体管。

图 2-4　巴丁、肖克利及布兰坦研制晶体管

1956年，美国首先研制成功了军用小型晶体管计算机。1958年年底到1959年年初，第一批量产的民用晶体管计算机投入运行，这就是IBM 1401。它采用了晶体管线路、磁心存储器、印制线路等先进技术，使得主机体积相比之前的ENIAC这个"大家伙"来说大大减小。在推出这款计算机之后的5个星期，IBM就接到了惊人的5200份订单——比他们所预计的整个机器寿命内的销量还要高。到20世纪60年代中期，1401的装机量超过10000台。这极大地奠定了IBM在计算机行业的领先地位。1401的软件在易用性方面有巨大的改进，激发了当时市场上被压制的数据处理的需求，并使企业高管和政府工作人员重新思考计算业务——计算机不一定是精英集团的专属机器，它可以很好地应用于中型企业和实验室环境。在全球的顶级企业中，不同的部门都可以拥有自己的计算机。1401使各种规模的企业相信计算机的强大，甚至不可或缺。如图2-5所示为IBM 1401。

图2-5 IBM 1401

20世纪70年代，计算机进入"第四代"——采用大规模集成电路，即单片硅片上集成1000～2000个以上晶体管的集成电路作为主要电子元器件。1977年，苹果Ⅱ型微电脑诞生。1978年，计算机每秒运算已达1.5亿次。伴随微型计算机（微机）的诞生和发展，计算机在经济和社会的各个领域得到了普遍的应用，从而出现了一个崭新的行业——信息产业，并推动人类进入继蒸汽时代、电气时代后又一个重要的时代——信息时代。

（2）信息时代城市的发展

以资源、能源的大量投入为主要特征的几次工业革命，促进了城市工业经济的发展和人口的快速集聚，加速推进了城市化发展进程，但同时也带来资源短缺、环境污染、生态破坏、交通拥堵、公共安全等"城市病"，影响城市化发展的质量。为了应对快速城市化发展过程中出现的"城市病"问题，在历史的进程中，人们不断适应新的历史潮流和发展阶段，提出新的城市规划、发展理念。

在前两次工业革命中，我们看到了"田园城市""城市美化运动"。第三次科技革命给城市带来的显著影响和改变则是数字城市、信息化城市的发展，以及智慧城市概念的提出。

1990年，以"智慧城市、快速系统、全球网络"为主题的国际会议在美国圣弗朗西斯科召开。会议探讨总结了城市通过信息技术聚合"智慧"，从而形成可持续的城市竞争力的成功经验。

伴随城市化的发展，信息通信技术开始应用于城市的各个领域，推动城市全面发展转型。2006年，新加坡推行了"智慧国2015"计划，目标是建设成为国际化大都市。2006年，欧盟委员会成立了欧洲Living Lab，该组织使用先进的信息通信技术来调动"集体的智慧和创造力"，为城市发展过程中遇到的问题提供解决办法。2009年，欧盟和日本也都相继提出了建设智慧城市的计划。

2008年，智慧城市成为全球关注的热点。在全球性金融危机的影响下，IBM提出了智慧地球的概念，希望能够"互联地球的人、机器和数据"，并在全球范围内对智慧地球进行了宣传推广。所谓智慧，是指利用传感器来进行更好的资产管理和物流配置，帮助用户制定出更好的运行方案。"把感应器嵌入电网、铁路、桥梁、隧道、公路、建筑、供水系统、大坝、油气管道等各种物体中，并且被普遍连接，形成'物联网'，并通过超级计算机和云计算将'物联网'整合起来，实现人类社会与物理系统的整合。"

尔后，IBM又提出了智慧城市发展愿景。IBM认为，智慧城市能够充分运用信息通信技术手段感测、分析、整合城市运行核心系统的各项关键信息，以保证能够对包括民生、环保、公共服务、城市建设、工商业活动、社会安全在内的各种需求做出智能的响应，为人类创造更加美好的城市生活。城市作为地球未来发展的重点，智慧地球的实现离不开智慧城市的支撑。通过智慧城市建设，不仅可以提供未来城市发展的新模式，而且可以带动新兴产业的发展。《2020年中国智慧城市发展研究报告》显示，随着我国智慧城市建设的推进，智慧城市相关的政策红利不断释放，同时吸引了大量社会资本加速投入。2018年我国智慧城市技术相关投资规模为200.53亿美元,同比增长15.91%;2019年我国智慧城市技术相关投资规模为228.79亿美元,相较2018年增长了14.09%。

我国推进智慧城市建设以来,住建部发布三批智慧城市试点名单,截至2020年4月初,住建部公布的智慧城市试点数量已经达到290个。如果计算科技部、工信部、国家测绘地理信息局、发改委所确定的智慧城市相关试点数量,目前我国智慧城市试点数量累计已达749个。

人类"为了活着而聚集到城市,为了生活得更美好而留居于城市"。"智慧城市"的提出,给城市的未来发展带来了无穷的想象空间。

(二)智慧城市:崛起在第四次工业革命的大幕之下

在2013年的汉诺威工业博览会上,由"产官学"组成的德国"工业4.0工作组"发表了"德国工业4.0战略计划实施建议",其中提到:在一个"智能、网络化的世界"里,物联网和服务网将渗透到所有的关键领域。智能电网将与能源供应领域、可持续移动通信战略领域(智能移动、智能物流),以及医疗智能健康领域融合。在整个制造领域中,信息化、自动化、数字化贯穿整个产品生命周期、端到端工程、横向集成(协调各部门间的关系),成为工业化第四阶段的引领者。

工业4.0是一个愿景,或是一盏指路明灯,代表的是第四次工业革命,是产品生命周期中整个组织、管理的飞跃。这样的生命周期以不断增加个体的消费需求为导向。它横跨产品最初的设计、生产、发展、配送,再到最后的回收,并包括所有相关的服务。工业4.0分为三大主题:

一是"智能工厂",重点研究智能化生产系统及过程,以及网络化分布式生产设施的实现;

二是"智能生产",主要涉及整个企业的生产物流管理、人机互动以及4D技术在工业生产过程中的应用等;

三是"智能物流",主要通过互联网、物联网、物流网,整合物流资源,提高现有物流资源供应方的效率,而需求方则能够快速获得服务匹配,得到物流支持。

从第一次工业革命到现在,人类一直追求的是投入更少的成本,产出更多的产品。未来,这一原则依旧不会改变。

1. 工业领域将发生根本性变革

在第四次工业革命到来前,数字化工厂首先强调的是生产计划数字化和大量使用各种计算机辅助技术，如管理软件计算机辅助设计（CAD）、计算机辅助制造（CAM）、计算机集成制造（CIM）等，较多的是基于一个相对固定、自上而下的生产集中控制系统。而工业4.0是从嵌入式系统向信息物理系统发展的技术进化。

第四次工业革命，目标是建立一种高度灵活的个性化和数字化的产品与服务的生产模式：强调分散，降低集中控制度，增加生产设备的自主控制，把分散的、自主的、智能化的制造设备，通过网络的形式紧密地联系在一起。物联网和服务网将渗透到工业的各个环节，形成高度灵活、个性化、智能化的生产模式，推动生产方式向大规模定制、服务型制造、创新驱动转变。

基于物联网的发展，把数量庞大的机器和嵌入式系统进行全面无缝的连接，达到机器向控制中心反馈，或者机器对机器交换数据的目的。这样一来，机器（亦可被称为机器人）之间就可以直接传达命令。曾经的中间媒介——人，就可以脱离接收一台机器信息、分析决策，然后为下一台机器进行相关操作的劳动环节，而将更多地以远程化、分散化监控的形式存在。

然后，设备运行状态数据将以经验的形式存储于中枢系统，而云端则拥有更多同类设备的历史记录。通过大数据分析，中枢系统可以建立设备装置的经验运行模型，从而完成过程模拟以及更为高级的设备行为预测。相较于一般意义上的问题实时通报，中枢系统还可以做到根据细微变化而自行完成设备的健康监测。

可以预见，工业4.0时代的生产过程，将实现极大的自由，通过在各个环节植入用户参与界面，新的生产体系能够针对不同客户及产品进行不同的设计、采购、加工以及物流配送，极端情况下还可以进行个性化的单件制造，并且对于单件产品的设计、制造、配送等环节都能够实现盈利。在这一过程中，客户由部分参与转变为全程参与，他们不仅会出现在生产流程的两端，还将广泛、实时地参与到生产和价值创造的全过程。

在工业4.0时代，过去那种以廉价劳动力、大规模资本投入等传统要素为驱动的发展模式将难以为继，移动互联网、云计算、物联网、大数据等新一代信息技术在制造业的集成应用，将带来产业链的协同、开放、创新，带来客户的参与式创新，带来制造业技术、产品、工艺、服务的全方位创新，同时将不断催生和孕育出新技术、新业态和新模式。

不同环节的企业间可以很方便地进行信息共享，在全球范围内迅速发展和动态调整合作对象，整合企业间的优势资源，在研发、制造、物流等各产业链环节实现全球分散化生产。这也促进了传统企业和互联网企业之间的相互融合——互联网企业将有更多机会参与到制造业当中,而传统的制造企业则向跨界融合转变。企业生产从以传统的产品制造为核心转向提供具有丰富内涵的产品和服务,直至为顾客提供整体解决方案,互联网企业与制造企业、生产企业与服务企业之间的边界日益模糊。智慧生产如图 2-6 所示。

图 2-6 智慧生产

以往的工业革命,发生的场所都在资本集中的领域,如工厂、铁路等。有专家预言,第四次工业革命"可能使曾经集中的技术权力分散到每个人、每个家庭中"。

2. 工业 4.0 构筑智慧城市建设的基础

伴随第三次科技革命的持续扩散和传播,"智慧地球"的概念已经被提出。但"智慧城市"的真正建设和实现,则有赖于第四次工业革命中的成果。

在第四次工业革命中,以工业 4.0(物联网、云计算、大数据)为代表的智能技术的蓬勃发展,将加快推进城市的网络化和信息化。通信网络、计算机网络和信息资源网络形成的信息高速公路构成了城市的大型信息平台和城市信息化的硬件。建设信息高速公路以及城市内部的各个系统的网络,能够集合计算机网络、卫星通信、电视、电话等系统,可以加强城市与全国及全世界的全面交流,促进城市生产、流通、管理、服务等各个环节的一体化和资源共享,提高城市中每个单元(包括个人、家庭、单位)的电话、电视、计算机拥有量及入网率,不仅为人们的生活提供便利,同时使信息成为最重要的资源。

智能技术的发展,将促进产业的轻型化和高新技术化,使城市的产业结构特征和产业的形成、发展方式发生重大变化。伴随电子信息、生物工程技术、新材料、海洋工程、航天技术和机电一体化等高科技产业的不断发展，服务业将成为城市的产业主体。智能技术还通过对传统工业和农业等进行产业改造，推动经济增长方式由过去的以消耗自然资源和劳动力为主转移到依靠技术进步上来，城市作为知识产品的研究开发中心、生产中心、流动中心和消费中心的作用将进一步增强。

同时，智能技术还将不断推进市民的智慧化和高智力化。智能技术的普遍使用和快速发展使城市专门从事科研开发和管理的科学家、工程师及其他技术人员、高级管理人员占就业人员和占全市人口的比重不断增加；研究开发项目数量、成果发表数量、申请专利数量等科研成果的数量不断增加。城市成为新的思想、经营理念及各种创意的形成中心和发现中心，成为各种发明创造的集散中心。

智能技术的发展，可以为城市的经营决策提供科学的基础。以互联网为平台，以计算机硬件、信息分析和决策支持及功能实现为目的的软件构成的智能网络，将政府及各类组织的决策活动纳入科学化、规范化、民主化的过程之中，智囊团、思想库、参谋部等策划咨询机构成为智力体系中的重要团体。借助电子信息技术、管理手段和方式，可以方便地协调各种主体的利益，实现对不同思想理念、科学方法的高度综合，完善对城市交通、供排水、电力等的智能管理与控制，提高对城市资源的监测与可持续利用水平，加强对灾难的预防治理，减少管理成本。

由传感设备与技术构成的物联网，可以实现对城市运行的核心系统进行测量、监控和分析，随时随地进行全面感测；物联网与互联网系统完全连接和融合，数据整合为城市核心系统的运行提供智慧的基础设施。基于智慧的基础设施，城市中的各个关键系统和参与者能够进行和谐高效的协作，达到城市运行的最佳状态。

二、智慧城市的基本概念

21世纪是一个知识经济时代，信息在经济生产中扮演着重要的角色，已经成为一项重要的生产要素。信息、网络和计算技术飞速发展，进入物联网时代，越来越多的物体拥有了"智慧"，人类生产生活的环境将变成一个由系统连接而成的越来越"智慧"的世界。世界的基础结构正在向"智慧"方向发展。我国的城市也正朝着一个新的理念——智慧城市发展。

（一）智慧城市的含义

所谓"智慧城市"，就是借助新一代物联网、云计算、大数据分析等信息技术，将城市运行的各个核心系统整合到一个大平台上，植入智慧的理念，从而更好地理解和控制城市运营，并优化城市的资源。智慧城市是物联网、云计算等新一代信息技术和形形色色的网络平台集成并与现实社会相结合的代名词，是城市发展模式转型升级的结果。

IBM于2008提出"智慧地球"与"智慧城市"的概念，之后智慧城市成为许多国家政府施政的愿景和目标。智慧城市可以从六大维度来界定，即智慧经济、智慧流动、智慧环境、智慧公众、智慧居住和智慧管理。简而言之，智慧城市的本质在于信息化与城市化的高度融合，是城市信息化向更高阶段发展的表现。智慧城市将成为一个城市的整体发展战略，作为经济转型、产业升级、城市提升的新引擎，达到提高民众生活幸福感、企业经济竞争力，促进城市可持续发展的目的。

在物联网时代，人对事物的度量、判断很多时候没有系统准确，这常常会导致决策错误。通过系统，物体与物体之间直接对话，能够提高决策的速度和质量，使生产和生活更加便利，也能节约能源。从更高层次来说，"智慧"传达着这样一种理念：利用先进的科学技术，实现人与自然、人与人之间的和谐相处。

智慧城市能够利用先进的方式全面感测、分析、整合城市运行中的各项关键信息，通过对城市各方面各层次的需求做出明确、快速、高效、灵活的智能响应，营造人与社会、人与人、人与物和谐共处的环境，为城市管理者提供高效的城市管理手段，为企业提供优质服务和广阔的创新空间，为市民提供更好的生活品质。

智慧城市的定义主要包括三个方面的内容。首先，智慧城市采用的手段是物联网、云计算等先进的信息技术，运用的是新一代信息技术的最新研究成果，同时也为新一代信息技术的创新发展提供现实动力。其次，打造智慧城市的途径是全面感测、分析、整合城市运行中的各项关键信息，通过信息处理，结合政府、企业、市民的各方面各层次的需求，做出明确、快速、高效、灵活的智能响应。这些智能响应使得政府、企业、市民可以做出更明智的决策，甚至自动或半自动地执行某些决策。最后，从环境、政府、企业、市民角度阐述了智慧城市要达到的目标，说明智慧城市追求的理念是和谐、美好。

智慧城市赋予了城市人格含义。"智"者，知也，说的是有知识、博学。"慧"者，心也，说的是心灵通透。智慧城市中的"智"与"慧"，可以解析为："智"指智能化、自动化，是城市的智商，是较容易操作和实现的地方；"慧"指灵性、人文化、创造力，是城市的情商。只有同时增强城市的"智""慧"能力，才能保障城市真正实现智慧运行。

智慧城市是一种高级的城市形态，综合了以人为本、绿色低碳城市、无线城市、智能城市的先进理念，形成了自己的理念体系。智慧城市融合了科技创新、绿色生态、人本幸福等理念，是一个充分利用科技创新、环境生态宜居、产业健康发展、市民生活幸福的城市。智慧城市跳出城市本身，站在一个更高的视角来分析和处理人与自然、人与人、人与自身的关系，综合考虑了城市长远发展、城市经济增长、人类进步等重要问题。

（二）智慧城市的特征

智慧城市并不是一个只存在于理念中的概念，它能够让人们从现实中感知。具体来说，智慧城市具有以下六个特征。

1. 智慧城市是一个物联网的城市

当今世界，一半以上的人口生活在城市，地球已经成为一个庞大的城市网络和城市联盟。世界各地互联互通的程度越来越深，蝴蝶效应日益显现。物联网可以帮助政府、企业、个人更好地做出决策。而物联网在城市的大量应用，必然升级城市形态，使其发展为智慧城市。一个智慧的城市，一定是一个物物相连的城市，拥有庞大的信息搜集和传递网络。遍及全市的"全球眼"、传感器等感知城市的每一刻变化和编织每一缕联系。

把握城市信息，不仅仅是城市发展的基础，也是国家战略发展的信息基础。美国极力主张通过"物联网"构建"智慧地球"，中国提出通过"物联网"来"感知中国"。

物联网是指信息传感设备（传感器、定位、条码、图像等）按照约定的通信协议，将特定物体与信息网络及存储集控系统连接起来，进行信息交换和自动控制，以实现智能化识别、感知、定位、跟踪、监控和管理的一种网络体系。物联网是一个全新的技术领域，它是利用无所不在的网络技术建立起来的，且是继计算机、互联网与移动通信网之后又一次信息产业浪潮。物联网的提出标志着社会发展进入一个"人与物和谐共舞"的新体系，是人类为迎接"知识文明"的到来而正在构建和创造财富的新体系。这必然给城市带来巨大变化。

物联网的逐步实现，使得城市生活的模式也日渐智慧化。每一个传感设备（比如汽车上、食品供应链上、交通网络上以及手机上各种各样的传感设备）都具备计算能力和传感能力，可以收集大量的信息，使我们获得的数据比过去多得多。

物联网在智慧城市中的广泛应用，可以让人们提前掌握许多信息，从而"运筹帷幄、决胜千里"。比如，出行时，可以通过物联网提前掌握城市中某一个时段每条路上的峰值如何,现在有多少车在"跑"、某个路口是否拥堵等。

在能源管理方面,智能电表帮助居民彻底改变城市人用电的方式,合理分配用电时间和方式,实现便宜用电、量入为出。发电公司和电力公司也可以更加灵活、高效地分配电力。

在河流中安装各种各样的传感器,可以帮助人们了解河流水质如何,有多少废弃物存在,从而让环保部门更有效地治理污染的河流。

通过分析城市中数以万计的摄像头记录的信息数据,让公安部门可以预测未来发生的情况,找出事件或行为发展的趋势或者模式,防止一些恶性事件的发生。

各种智能卡的迅速普及,使得人们越来越习惯于自助服务。无人售票的公共交通系统、无人值守的自动柜员机、晃一下身份证就可以办完所有手续的自助登机终端、遍布各个小区的智能门禁对讲系统……

所有智能系统通过物联网而整合在一起,纵横交错,密密麻麻,形成了一张捕捉城市信息、感受城市状态、传递城市气息的智慧城市基础感知网络。

2. 智慧城市是一个信息移动的城市

智慧城市是一个能随时随地获取所需信息的城市。物联世界是传感网、通信网和应用系统相结合的产物,连接"物与物、人与物"的通信网凭借其可移动性、信号无处不在等功能,使得在城市的每一个角落,只要拿出各种移动终端设备就能高速上网,每个人都随时"在线"。

信息移动主要依靠移动计算和无线通信技术实现。移动计算是随着移动通信、互联网、数据库、分布式计算等技术的发展而兴起的新技术。移动计算技术将使计算机或其他信息智能终端设备在无线环境下实现数据传输及资源共享。它的作用是将有用、准确、及时的信息提供给任何时间、任何地点的任何客户。各种移动终端在不固定的场地接入有线或无线网络,从移动计算网络环境中获取数据和信息进行相应的计算处理和决策的过程就是移动计算的过程。

在新型智慧城市建设中,5G成为最重要的技术背景,其低时延、大带宽、广连接的技术优势,可以提高城市感知的灵活度和精细度。

要以智慧城市建设为基础,打造以"数据"为核心的数字化产业体系。未来,在基于"十四五"规划的政策背景下,我国智慧城市必将走上蓬勃发展之路。

5G网络的部署可以充分满足各应用场景对于移动网络低时延、高速率、海量连接的要求,为城市建设和治理提供了基础的保障,从而助力城镇智能化升级、数字化运营等,并进一步推进国内智慧城市建设向更高层次跃进。

3. 智慧城市是一个信息共享的城市

拥有全面、系统、高质量、可共享的信息是打造智慧城市的基础。信息只有通过共享，才能最大限度地实现价值。信息只有进入公共领域，被充分广泛应用，它的价值才能被社会所承认。参与同一信息处理和应用的个体越多，信息的社会价值或经济价值增长就越快，信息的共享程度就越高。

之前，政府部门和企业在信息化建设过程中普遍存在着"重硬轻软，重网络轻数据"的认识误区，一般不会统一考虑数据标准或信息共享问题，导致"信息孤岛"问题未得到及时解决。这不仅产生了大量的资源浪费，而且难以做出合理的决策，难以提升数据价值。数据共享在提高数据信息的使用效率的同时，可以通过连点成面的方式打破"信息孤岛"的不利局面，解决城市发展与资源、环境、社会和经济等要素协调与统一的问题，建立一套科学和行之有效的智慧城市信息共享机制。

图 2-7 揭示了信息共享打破"信息孤岛"的局面，带来信息资源的节约。大部分政府部门之间信息资源相互独立，互不相融。图 2-7（a）的梯形表示各部门、各层次信息资源的综合。经过信息共享之后，打破"信息孤岛"局面，各部门、各层次的信息资源就呈现为三角形的分布。即使在底层信息资源不变的情况下（实现共享也可以节约底层信息资源），还能节约不少信息资源，如图 2-7（b）所示。

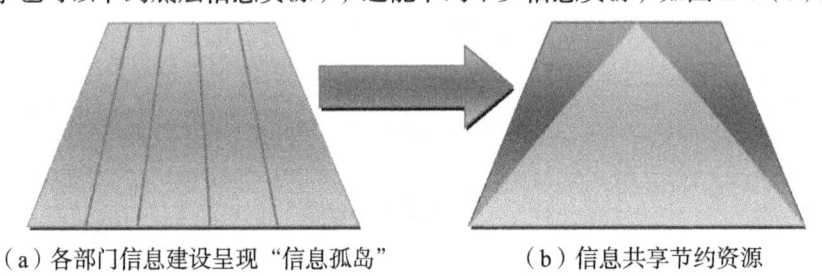

（a）各部门信息建设呈现"信息孤岛"　　（b）信息共享节约资源

图 2-7　信息共享打破"信息孤岛"局面

政府作为城市管理者，是全社会最大的信息拥有者，通过网络发布信息，扩大了政务利用信息的范围，提高了政务信息的价值。信息共享表现在政府部门内部纵向的信息共享、政府各部门之间横向的信息共享，同时还表现在政府部门与社会公众、企业的信息交叉共享。

要对城市机关、事业和企业单位已有数据资源进行标准化整合，进而实现共享，避免信息资源浪费和重复建设，切实有效地发挥智慧城市服务公共、服务企业、服务城市管理的重大作用。

其他领域的信息化系统也正趋向于更大范围、更加全面的互联互通。例如在医疗卫生行业，信息化建设正从单一医院的信息化建设趋向于以医院与医院之间、医院与社区之间的医疗信息共享为目的的区域医疗与公共卫生的信息化建设。

4. 智慧城市是一个绿色生态的城市

智慧城市注重人与自然的和谐关系。随着城市化进程的加快，大量人口涌入城市，导致人均绿地面积不断减少，环境压力增加。随着城市经济的发展，工业排出的废水、废气、废渣侵蚀着城市的生态。

通过生物传感器、声学传感器、光学传感器、化学传感器等，对城市环境进行全方位的信息感知，经由污水在线监测及处理系统等系统分析环境状况，甚至处理有关环境问题，使城市的空气更加清新，使城市的水更加清洁。智慧灌溉系统可以根据植物的需要进行灌溉，达到水的有效使用，节约用水，还可以在不同地点进行灌溉，降低植物对生长空间的要求，开辟更多种植地（如楼顶、外墙等）。

在电力方面，增加太阳能、风能等可再生能源发电的接入，应用微网技术及储能装备，保障电力供应的稳定。借助不同的能源管理系统，可以提高能源的利用效率、传输效率，可以帮助居民养成经济环保的用电习惯。

智慧城市必然是一个空气清新、处处鸟语花香的绿色生态城市，具有极强的可持续发展能力。

5. 智慧城市是一个人本幸福的城市

2018年4月，联合国发布的《全球幸福指数报告》指出，收入与幸福并无必然关系。以美国以例，国民生产总值自1960年增加3倍，但幸福指数未进前10，仅排名11。报告还称人类生活质量不断提高，但全球过去几十年的幸福指数仅微升[①]。

智慧城市采用技术手段改善居住环境，解决人们生活中遇到的困难和不便，提高市民生活质量和办事效率。出行变得通畅了，食品变得安全了，家务减少了，娱乐更加有趣了，社区居民交流增多了……技术让生活变得更加便捷、轻松、有趣，让人与人之间的关系更加融洽。同时，智慧城市要求人们提高自身的修养和素质，增强不断创造和创新的能力，提高自我满足感。因此，智慧城市是一个市民幸福感很强的城市。

---

① 蒋威威，李存国，赵迎迎. 新型智慧城市理论研究与深圳实践[M]. 北京：中国发展出版社，2021.

6.智慧城市与大数据的关系

建设智慧城市的根本目的是应用信息技术设计、规划和建设城市设施,实现城市范围内不同部门、不同行业、不同群体以及不同系统间的数据融合和协同,从而提高生活质量,促进城市的可持续发展,优化人类生产生活的生态环境。

就智慧城市的字面意思来看,智慧城市指"智慧化的城市"。"智慧化"是指大众的生活方式、各个产业的生产方式,以及城市运营和管理的"智慧化"。要想实现城市"智慧化",必须将信息技术运用于城市的方方面面。

近年来,业界的领先者纷纷预言,大数据将引发新的"智慧革命":从海量、复杂、实时的大数据中可以发现知识、提升智能、创造价值。就智慧城市的本质而言,要体现出科技发展的新高度以及人类社会对现代城市运营管理更深层次的认识,使城市经济健康、可持续地发展,使生活更加和谐、安全、舒适,使管理向智能信息化发展,其"智慧"必然来自对大数据的充分分析和利用。大数据是生成"智慧"的基础,因此有效地利用大数据,对促进人类智慧地管理城市具有重大意义。城市管理利用大数据,才能实现可持续发展。各行各业利用大数据,才能实现产业升级。从某种意义上说,智慧城市可以看作一个大数据系统,大数据就如智慧城市的"大脑";缺乏大数据分析处理的核心技术,就算有了云计算、物联网,"大脑"依然不够发达,其"智商"自然不够高,故不能发挥其"智慧"。城市要实现其"智慧"的职能,必须有大数据的支持,实时、全面、系统的数据采集和分析是智慧城市的基础。另外,智慧城市的建设和发展将带来数据量爆发式的增长,智慧城市也必然促进大数据运营行业的发展,大数据将如血液一样,遍布智慧交通、智慧社区、智慧医疗、智慧旅游等智慧城市建设的方方面面。在大数据的基础上,城市管理正在从"经验治理"转向"科学治理"。

第二节 智慧城市系统框架与系统工程方法论

一、智慧城市系统框架

(一)组成部分

智慧城市包括新一代信息基础设施、智慧政府、智慧经济、智慧社会、智慧城市发展环境五大部分，如图2-8所示。众所周知，城市包括政治、经济、社会三个主要方面。相应地，智慧政府、智慧经济、智慧社会是智慧城市的三大领域。

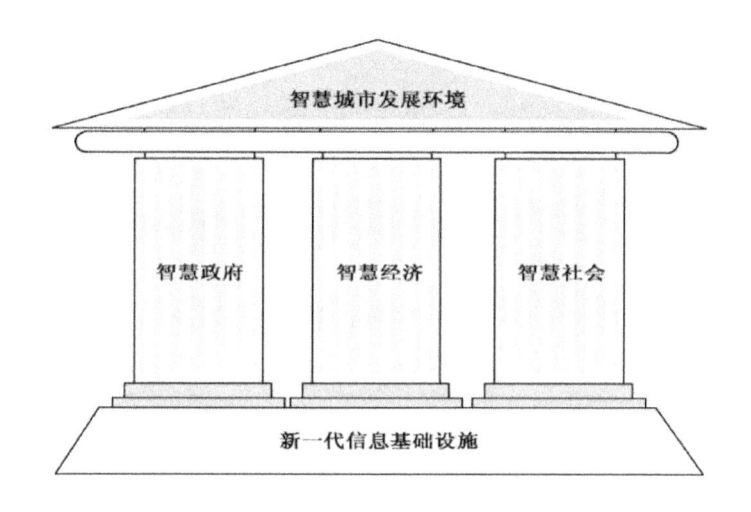

图 2-8 智慧城市的五大组成部分

1. 新一代信息基础设施

物联网、移动互联网等应用的快速发展，要求城市的网络基础设施的性能也要相应提高。新一代信息基础设施主要包括超大带宽的城市骨干网、无处不在的无线接入。要建设新一代信息基础设施，有关城市应配合国家的"宽带中国"计划，实施"宽带城市"计划，建设城市光网，建设无线城市。

2. 智慧政府

现代政府事务日益复杂，传统政府的智能水平已经难以应付这种新的形势。随着物联网、云计算、移动互联网、5G等新一代信息技术的飞速发展，电子政务正由电子政府向智慧政府转变。与传统电子政务相比，智慧政府具有透彻感知、快速反应、主动服务、科学决策等特征。

3. 智慧经济

智慧经济的载体是智慧产业。智慧产业是指数字化、网络化、信息化、自动化、智能化程度较高的产业。智慧产业是智力密集型产业、技术密集型产业，而不是劳动密集型产业。2011年6月，美国政府确立了智慧制造四个方面的优先行动计划，包括为智能制造搭建工业建模与仿真平台，为虚拟工厂企业创建社区平台，为生产决策开发下一代软件和计算架构工具箱，在工厂优化软件和用户界面中融入人类因素。在我国，工业和信息化部、科技部、财政部、商务部、国资委联合印发的《关于加快推进信息化与工业化深度融合的若干意见》，把"智能发展，建立现代生产体系"作为推动信息化与工业化深度融合的基本原则之一。

智慧经济的主体是智慧企业。智慧企业是指生产经营智能化水平较高的企业，是企业信息化发展的高级阶段。智慧企业在研发设计、生产制造、经营管理、市场营销等关键环节智能化程度较高，商业智能系统、知识管理系统等在企业得到应用，企业仿佛拥有"数字神经系统"。与传统企业相比，智慧企业具有学习和自适应能力，能够灵敏地感知到企业内外环境的变化并快速做出反应。

4. 智慧社会

智慧社会是指高度智能化的社会。智慧社会主要包括两个方面的内容：一是社会事业的智能化，如智慧教育、智慧医疗、智慧学校、智慧医院等；二是市民生活的智能化，如智慧社区、智慧家居等。智慧社会是社会信息化发展的高级阶段。构建智慧社会，是保障和改善民生的重要内容。

5. 智慧城市发展环境

智慧城市发展环境主要包括三个方面的内容：一是与智慧城市相关的政策法规、标准规范、人才队伍等；二是与智慧城市相关的信息安全情况；三是与智慧城市相关的新一代信息通信技术产业发展情况。智慧城市发展环境的好坏，直接影响智慧城市建设的进度和质量。因此，有关城市应理顺智慧城市建设的体制机制，构建良好的发展环境。

值得指出的是，如果智慧城市建设完全由政府主导，那政府就错位、越位了。智慧城市包括智慧政府、智慧经济、智慧社会三大领域。智慧政府建设应由政府主导，而智慧经济建设则应发挥企业的主体作用，智慧社会建设需要社会各界参与。

（二）关键技术

物联网、云计算、移动互联网、大数据、空间信息技术和人工智能是智慧城市的六大关键技术，如图2-9所示。

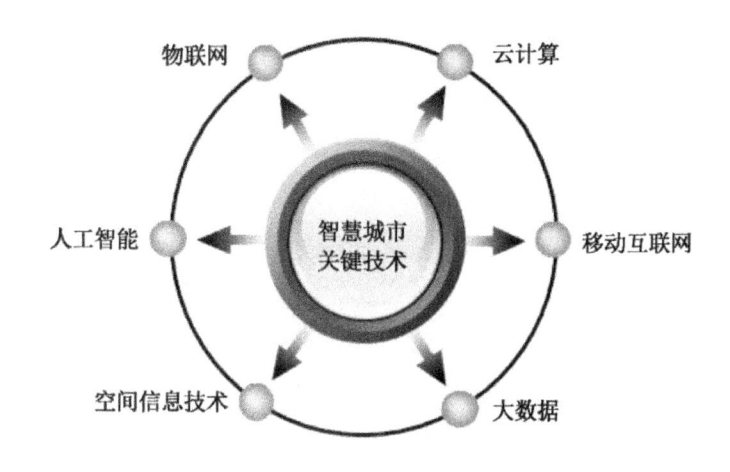

图 2-9　智慧城市的六大关键技术

1. 物联网技术

物联网是不同传感器之间按约定的协议进行信息交换和通信，以实现物品的智能化识别、定位、跟踪、监控和管理的一种网络。简单地说，物联网就是通过传感器联网，以实现物与物之间的通信。物联网将人与人之间的通信连接扩展到人与物、物与物之间的通信。

物联网技术在城市交通管理、城市环境监测、城市灾害预警、重要场所安防等领域具有广阔的应用前景，可以提高有关政府部门的监管水平和快速反应能力，减少人民群众的生命和财产损失，方便人民群众生产生活。

2. 云计算技术

云计算是一种可以随时随地方便地、按需地通过网络访问可配置计算资源的共享池的模式，这个池可以通过最低成本的管理或与服务提供商交互来快速配置和释放资源。按部署方式，云计算分为公共云、私有云和混合云三类。按服务内容，云计算分为基础设施即服务、平台即服务、软件即服务、数据即服务等类型。

云计算行业可以比喻成电力行业，与"发电—输电—用电"过程类似：软硬件集中部署在云计算中心／平台（就像"发电站"），用户使用云计算中心／平台的资源（就像"用电"），而互联网就是"输电线"。对于许多硬件设备和软件，就像不需要每家每户配备发电机而直接买电一样，用户也不需要这些硬件设备和软件而直接使用云计算中心／平台的资源。

云计算技术正好契合我国当前一些城市电子政务集中化趋势。例如，建设基于云计算的城市数据中心或超算中心，使市政府各部门的机房实现统一运维。建设基于云计算技术的市政府网站群，形成以城市政府门户网站为主网站、以部门网站为子网站的政府网站群。建设基于云计算技术的城市综合信息服务平台，推进业务应用信息系统互联互通，促进信息共享和业务协同。

3. 移动互联网技术

随着移动互联网技术的发展，移动电子政务、移动电子商务将快速发展。与传统电子政务相比，移动电子政务可以使公务员通过手机随时、随地处理公务，通过微博、微信与企业和社会公众进行互动。企业和社会公众可以通过手机随时、随地获取政府信息或电子化服务，即时得知办事结果。移动电子商务可以使市民通过手机进行购物，方便市民生活，使市民享受数字化生活。

4. 大数据技术

近年来，随着信息化建设的深入，数据量呈爆炸性增长态势。大数据是指无法在一定时间内用常规软件工具对其内容进行抓取、管理和处理的数据集合。大数据的核心内容是数据挖掘和数据可视化，使人们从数据中获取有价值的信息和知识。

随着城市信息化建设的深入，许多政府部门积累了海量数据，迫切需要进行数据处理、分析和挖掘。利用大数据技术对海量数据进行管理和挖掘是提高城市规划、建设和管理智能化水平的重要手段。

5. 空间信息技术

与一般信息系统相比，地理信息系统（GIS）的最大优势是空间可视化，即可以直观地看到事物的地理空间分布情况。对于管理对象是地理空间分布的部门，如规划、国土、环境、交通、农业、水利、铁道、地震、气象、海洋等部门，地理信息系统是信息化必建项目。目前，地理信息系统已经进入网络化、三维化发展阶段，出现了网络地理信息系统（WebGIS）等。

云计算、移动互联网、大数据的出现将催生新一代地理信息系统，如云GIS、空间信息云、移动GIS、智慧GIS、嵌入式GIS等。与传统地理信息系统相比，新一代地理信息系统的特点是智能化、移动化、海量化、嵌入化。新一代地理信息系统的空间分析能力更强，基于位置的服务水平更高；新一代地理信息系统可以处理海量空间数据，实时展现城市地下空间和地表建筑，在计算机中再现整个城市；新一代地理信息系统能够按需嵌入其他信息系统，使之具有地理可视化功能。新一代地理信息系统在智慧国土、智慧环境、智慧交通等领域具有广阔的应用前景。

6. 人工智能

人工智能是研究和开发用于模拟、延伸和扩展人的智能的理论、方法、技术及应用系统的一门新的技术科学。人工智能是计算机科学的一个分支，它试图了解智能的实质，并生产出一种新的能以与人类智能相似的方式做出反应的智能机器。

1950年，阿兰·图灵提出了著名的"图灵测试"理论，能够通过测试的就是具有人工智能的机器人。2014年6月7日是图灵逝世60周年纪念日，在英国皇家学会举行的"2014图灵测试"大会上，聊天程序"尤金·古斯特曼"通过了图灵测试，标志着人工智能进入一个新时代。

二、智慧城市系统工程方法论

（一）智慧城市复杂巨系统

我国学者认为，我国对复杂性和系统科学的研究几乎与国外研究是同时起步的，研究思路较清晰，形成了具有一定特色的研究方法论和系统科学体系。老一辈杰出科学家钱学森院士大力倡导系统工程，并于20世纪80年代末提出开放的复杂巨系统及其方法论，建立了一个系统科学体系，形成了一个复杂性与系统科学哲学研究的较稳定的共同体，并提出"系统概念是为处理复杂性问题而提出的，没有复杂性就无需系统科学"。钱学森院士构筑的系统科学，最先提出的系统定义就把"复杂"和"系统"两个词捆绑在一起："我们把极其复杂的研制对象称为系统。"他率先提出"巨系统"的概念，一直主张用巨系统概念来认识和处理复杂性。1987年，钱学森院士又进一步提出"开放的复杂巨系统"的概念，他说："只讲巨系统是不够的，系统科学需要研究什么是'复杂'，什么是'复杂系统'。"钱学森院士倡导从定性到定量研究复杂巨系统的系统工程方法论。定性和定量相结合的系统方法，是指由决策部门、系统工程研究部门、数据信息统计部门共同参与的社会系统研究方法，在研究中强调定性与定量相结合。

钱学森院士提出的"开放"与"复杂"具有新的、更广的含义。这里的开放指系统与外界有能量、信息或物质的交换，并具有以下特征：

①系统与系统中的分系统分别与外界有各种信息交换。

②系统中的分系统可以通过学习获取知识。

③开放的复杂巨系统包括实体系统和概念系统的复合性社会系统体系。

钱学森院士针对开放的复杂巨系统进行研究时指出："有些人把处理简单系统或简单巨系统的方法用来处理开放的复杂巨系统。他们没有看到这些理论方法的局限性和应用范围，不能生搬硬套。"系统工程综合集成方法论就其实质而言，是将专家群体（各种有关的知识专家）、数据和各种信息与现代信息化、网络化、智能化科技结合起来，把各种学科的科学理论和人的经验知识结合起来。这三者本身也构成了一个系统。系统工程综合集成方法论的成功应用，就在于发挥了这个系统的整体优势和综合优势。

系统工程复杂巨系统研究方法，通常将还原论与整体论、分析法与综合法结合在一起。其方法就是在"整体"上把系统分为"部分"。先获得对"部分"的精细描述，再把对"部分"的描述综合起来，形成对系统"整体"的描述，或者说把"整体"的描述建立在对"部分"精细描述的基础上。

（二）智慧城市框架体系结构

1.智慧城市建设需求

智慧城市以为民服务全程全时、城市治理高效有序、数据开放共融共享、经济发展绿色开源、网络空间安全清朗为五大建设目标，通过体系规划、信息主导、改革创新，推进新一代信息技术与城市现代化深度融合、迭代演进，实现国家与城市协调发展。智慧城市建设依据"六个一"核心要素，即一个开放的体系架构、一套统一的标准体系、一张天地栅格网、一个数据体系、一个运营管理中心和一个通用功能平台。

智慧城市建设涉及各行各业的方方面面。智慧城市是一个复杂巨系统，需要遵循体系建设规律，运用系统工程综合集成方法论构建开放的体系架构，通过"强化共用、整合通用、开放应用"的思想，指导各类智慧城市的建设和发展。

智慧城市框架体系结构是构成智慧城市开放的复杂巨系统工程的关键和核心，是智慧城市顶层设计的重要内容。它对智慧城市顶层规划、专项规划、工程设计具有指导性、规范性、约束性的作用。应大力推进智慧城市框架体系结构的创新、创建、开发与应用。

第二章 智慧城市建设概述

2. 智慧城市框架体系结构建模的步骤

智慧城市框架体系结构遵循习近平总书记关于智慧城市建设系列理论体系和钱学森院士系统工程方法论，以"信息栅格"技术为支撑，以知识体系、建设体系、功能体系、信息基础设施体系、大平台结构、大数据结构为系统工程，以智慧城市网络融合与安全中心、大网络安全中心、大数据资源中心、管理与运行中心和城市级共享信息一级平台信息基础设施体系为基础，以智慧城市现代化科学的综合管理和便捷的民生服务为建设目标，全面促进政府信息化、城市信息化、社会信息化、企业信息化，建设智慧城市信息互联互通和数据共享交换的超级复杂巨系统工程。

从数字城市到智慧城市的顶层规划和框架体系结构设计，将智慧城市整体功能与局部功能，整体系统与分系统、子系统，大数据与主题数据、应用数据均纳入统一的智慧城市规范的框架体系结构中。从功能、系统、技术标准等不同角度来描述智慧城市开放的复杂巨系统的框架体系结构。

智慧城市框架体系结构是指导智慧城市规划与设计的关键。智慧城市框架体系结构规范地采用总体功能体系、系统体系（大平台结构、大数据结构）、技术体系、标准体系、信息基础设施体系五体系模型的方法，通过结构化的图形和文本把功能需求（任务）、系统构成、技术、标准、信息基础设施完整清晰地描述出来。目前全国都在进行智慧城市的顶层设计和工程项目实施，因此，必须进行智慧城市框架体系结构技术理论的研究和实践，大力推广开放的复杂巨系统框架体系结构设计方法，使得智慧城市框架体系结构的设计水平不断提高。

3. 智慧城市知识体系

智慧城市知识体系，是智慧城市顶层规划、专项工程规划、工程设计、项目建设、运营服务的先导性工作，是指导智慧城市顶层规划、设计、建设的知识基础。智慧城市知识体系包括标准体系、指标体系、信息体系和运营管理体系。

4 智慧城市建设体系

智慧城市建设体系包括功能体系、系统体系、信息基础设施体系、技术体系和保障体系。智慧城市建设属信息系统工程的范畴，建设体系应遵循系统工程的理念，应用信息论、控制论、运筹学等理论，以信息化技术应用为基础，采用现代工程的方法研究和管理系统的应用技术。从信息化系统工程的观点出发，在确定智慧城市建设需求分析和可行性研究的基础上，以及在明确智慧城市建设目标和原则的前提下，将各体系始终贯穿于智慧城市建设的全生命周期。每一个体系都体现具体的目标、内容和成果。

5. 智慧城市功能体系

智慧城市功能体系包括总体功能、分项功能、子功能、重点任务、功能关联关系、功能信息流与数据流、功能之间的信息交换与协同。功能体系模型产品的设计，不仅有助于厘清现有组织关系，优化运营管理流程，而且能够更准确、定量、清晰地描述各领域、各行业、各业务的功能需求，从而为确定系统需求、结构、组成、功能提供依据。

6. 智慧城市信息基础设施体系

智慧城市信息基础设施建设遵循智慧城市建设"六个一"核心要素，通过"一张天地栅格网"构成一个"虚拟化的复杂巨系统"，实现网络资源、计算资源、存储资源、数据资源、信息资源、平台资源、软件资源、知识资源、专家资源等的全面共享共用。

智慧城市信息基础设施主要由"网络融合与安全中心""大数据资源中心""运营管理中心"以及"共享信息一级平台"，即"三中心一平台"组成，是信息与系统集成基础设施的应用创新，是打通政府、城市社会治理、社会民生、企业经济"信息壁垒"的重要手段，是实现智慧城市信息资源深度整合和数据共享协同的关键性基础设施。智慧城市"三中心一平台"规划与建设目标，应遵循智慧城市"六个一"核心要素，遵循统一专项工程规划、统一标准设计、统一建设实施的原则。"三中心"可以设置于一个物理环境中，在逻辑上则根据功能需求完全分开，"一平台"是实现"三中心"网络互联、信息互通、数据共享、业务协同综合集成的可视化展现与应用的信息环境。

7. 智慧城市大平台结构

智慧城市大平台结构是系统体系的重要组成部分，在系统研制之初，应明确大平台及各级信息分平台如何支持总体功能及各级功能的实现，明确具备什么样的系统功能，能提供什么能力和服务，大平台与各级信息平台及应用系统之间应具备什么样的关系等。

大平台结构模型是对提供或支持总体功能及各分级功能的系统及其相互关联的一种描述，通常以模型的方式表示。智慧城市大平台结构模型包括大平台业务模型、大平台逻辑模型、大平台接口模型。大平台结构模型可以在总体功能模型产品所需确定的功能需求的牵引下，定量描述大平台及各级分平台的功能，清晰明确地表示大平台及各级信息分平台内、外的物理与逻辑的相互关系，使得大平台及各级信息分平台满足总体功能及各级功能的需求，减少平台系统的重复建设和避免"信息孤岛"的产生，从而提高大平台建设的效益。

8. 智慧城市大数据结构

智慧城市大数据结构是系统体系的重要组成部分，在大数据库系统研制之初，明确大数据及各行业主题数据库如何支持城市级共享信息一级平台功能及各行业级二级平台功能的实现，明确具备什么样的数据共享交换的能力和数据服务，各级数据库系统与各级信息平台及应用系统之间应具备什么样的关系等。

大数据结构模型是对提供或支持城市级共享信息一级平台及行业级二级平台功能及其相互关联的一种描述，通常以模型的方式表示。智慧城市大数据结构模型，还包括行业级主题数据库模型、业务级三级平台模型。大数据结构模型可以在大平台结构模型产品所需确定的数据服务需求的牵引下，定量描述大数据库、主题数据库、应用数据库的数据共享、交换、服务的功能，清晰明确地表示大数据库及行业级主题数据库内、外的物理与逻辑的相互关系，使得大数据及行业级主题数据库满足大平台的数据需求及行业级二级平台的数据需求，减少数据库系统的重复建设和避免"数据孤岛"的产生，从而提高大数据建设的效益。

第三章 基于大数据技术的智慧城市交通系统建设

随着社会经济的快速发展,智慧城市交通系统的建设在全国各大城市如火如荼地进行,大数据在智慧城市交通系统建设中正在发挥出越来越重要的作用。有效地使用大数据,可以加快对智慧城市交通系统建设的步伐,提升城市的发展水平。

第一节 基于大数据的城市智能交通运维系统

一、大数据维护城市智能交通安全与运转

数据显示,随着中国交通强国战略的深入实施,交通运输事业快速发展,人车路持续高速增长。高速增长之下,也对应用大数据服务交通管控提出了更高要求。

(一)识别车辆

近年来,公路交通安全防控体系建设持续推进,实现卡口、视频和执法取证设备联网接入公安交通集成指挥平台。

与此同时,建立25种违法分析模型和车辆特征库,从通行轨迹数据筛选各类违法行为。集成指挥平台的成功运用,也令套牌车无所遁形。通过对车辆进行标签化"画像",集成指挥平台可以对4700亿条轨迹数据进行分析,筛选出12万余辆假套牌嫌疑车,并对其中出现频次较高的进行再筛选。数据同步各省市后,通过跨区域时空分析锁定假套牌。

(二)识别驾驶人面部

不仅是"认车",通过人脸识别技术,平台还可以实时精准发现相关涉证违

法行为，准确"认脸"。涉证违法行为多分为三类：无证驾驶、失驾行为（驾驶员在失去驾驶资格后仍驾驶机动车上路行驶的交通违法行为，如"醉驾"吊销驾照、"毒驾"注销驾照、"超分"未学习、逾期未审验等）及准驾不符。事实上，对此类人员若是仅通过交警执法远远不够，难度很大，人脸识别技术的应用可以通过数据比对、分析与研判，系统预警失驾人员开车上路的行为并进行处理。

二、移动导航成为出行者"全能指南"

发展"智能+"出行，以"无缝化"出行服务提高出行效率，将减少平均通行时间、分层出行模式，利用交通设计基础、交通工具带动出行行业进入智能交通发展阶段。以移动导航应用为抓手的管理及服务出行模式，会打通全部层级，让出行者在"行前""行中""行后"得到全面高效的服务。

智慧出行时代正在到来，移动导航能扮演的角色远不仅仅是"指路"，它正转型成出行者离不开的"全能指南"。

（一）保护出行者安全

"道路千万条，安全第一条。"动态交通事件语音提示是管理者与出行者之间的纽带，移动导航实时接收动态交通云信息，随时提示出行者；通过应用物联网化改造后的"智慧锥桶"，道路施工信息可下载至地图 App，接入数据平台以实现道路施工、事故和封闭管制等信息的实时采集、发布，设置安全屏障。

（二）提高效率

以高德地图为例，应用移动导航能为用户节省至少 19 亿小时的拥堵时间，极大地提升了通行效率和燃油效率。而像 2018 年 11 月首次上线的"多方向实时路况"，则实现了路口处的车道级导航，对路口车辆进行更精准引导。

第二节　基于大数据的城市智能交通监控系统

一、系统组成

交通监控系统是车辆行驶的动态保障系统，与其他静态（安全、管理）设施共同构成了保障道路交通高效、安全的基础。城市智能交通监控系统如图 3-1 所示。

图 3-1　城市智能交通监控系统插图

交通监控系统由信息采集系统、信息发布系统、监控中心三部分组成。

（一）信息采集系统

信息采集系统的功能，就是对原始信息进行实时收集和预处理，使其转化成符合系统要求的信息文件。现代道路上设置的用于采集交通及相关信息的设备和装置有摄像机、地感线圈、红外线检测装置等。

（二）信息发布系统

信息发布系统是安装于道路沿线提供交通信息发送、诱导、控制、指挥等指令的设备，是将控制中心的指令传输到道路沿线的载体，主要由有线信息传输网络与无线信息传输网络构成，如交通电台、交通诱导牌、可变交通标志等。

（三）监控中心

监控中心是信息采集系统、信息发布系统的中心环节，是实施交通信息处理、交通控制和管理的核心，主要由大型多功能计算机、大型显示设备、控制台组成。

二、监控技术

（一）视频检测技术

对于交通管理人员，交通路口的电视图像是最直接的交通信息，同时也是最大的交通信息源。随着人们对图像信息研究和应用的深入，视频图像含有丰富的交通信息，操作员可从视频图像中直观地获取现场的交通情况。

第一，视频检测对摄像机有一定要求。照度与分辨率的要求与一般电视监视系统的要求相同。在安装位置上要求摄像机位置较高，一般正对检测区域为好。

其工作流程如下：

①摄像机安装在合适的高度（一般为 5～20m）。

②摄像机输出接到视频检测器上。

③在摄像机画面上设置检测线和检测区。

④通过图像处理板，经特殊算法，得到交通数据。

⑤通过视频压缩板和通信板，视频检测器得到的图像和数据可传到远端控制中心。

⑥最后得到的是叠加有交通数据的视频图像，交通数据则可通过通信口输出。

第二，视频技术的功能和作用。

①用于统计交通数据。包括车辆总量、占有率、车辆分类、车流率、车头时距和车速等交通数据。

②用于统计与事件有关的交通数据。根据检测到的数据，可以产生不同的报警。当检测到某一事件发生时，系统自动报警以提示操作员。操作员可从图像上了解事件发生的地点、该地点的交通状况，并采取相应的交通管理措施。

与传统方式相比，视频检测具有图像监视和交通数据采集双重作用，具有安装简单、无须破路、检测率高、使用寿命长、维护费用低等优点。

（二）环形线圈感应式检测技术

1. 环形线圈的工作原理

环形线圈感应式检测技术是指由环形线圈作为检测探头的一套能检测到车辆通过或存在于检测区域的技术。环形线圈感应式检测器通常由四个部分组成：环形线圈、传输馈线、检测处理单元及背板框架。

其基本工作原理是：由传输馈线连接的环形线圈与检测处理单元组成初级调谐电路，环形线圈就相当于此电路中的电感元件，电容决定于检测处理单元中的电容。电流通过环形线圈时，在其附近形成一个电磁场。当主要由铁材物质组成的车辆进入这个磁场时，车身金属中感应出涡流，涡流电流使磁场的磁力线减少。

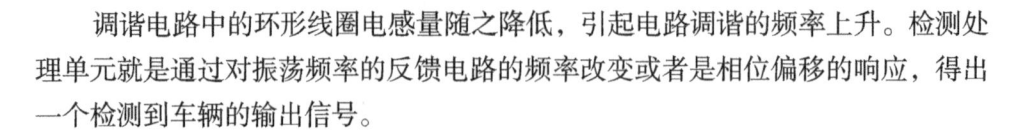

调谐电路中的环形线圈电感量随之降低,引起电路调谐的频率上升。检测处理单元就是通过对振荡频率的反馈电路的频率改变或者是相位偏移的响应,得出一个检测到车辆的输出信号。

2.环形线圈的应用范围

目前,环形线圈感应式检测器设备主要应用于交通流数据信息采集系统、交通信号控制系统、交通诱导及停车管理系统。

最初的检测需求大多是交通流量、流向、车速、车道占有率以及车长、排队长度等,这些都可以通过不同的感应线圈的设置方式来实现。为满足不同的需求,在不同的系统中线圈的设计尺寸和埋设方式有很大的差异,而通常各个系统所提及的设计尺寸和埋设方式大多是指导性的,是原则性的技术指标,最终的设计尺寸和埋设方式很大程度上需要有经验的交通工程师根据具体情况做出合理的设计。

(三)远程交通微波检测技术

远程交通微波检测技术是一种工作在微波频段的雷达探测器,它向行驶的车辆发射微波束,微波束被行驶的车辆阻挡而发生反射波,进而引起频率变化,根据这种频率的变化可检测出有车辆通过,达到检测道路交通信息的目的。微波检测器可进行单车道检测或多车道检测。安装在路侧灯杆上方或车道正上方的微波检测器呈45°角朝下发射狭窄的微波,从微波反射回来的时间差上来判断是否有车辆通过,并收集各车道的交通流量、道路占有率和平均速度等数据,其输出信号与一般常见的检测器兼容,可通过数据接口与控制系统相连或直接替代传统的多个感应线圈探测器。微波检测器如图3-2所示。

图3-2 微波检测器

微波检测器是交通信息检测系统的重要组成部分,是广泛应用于城市交通信号控制系统及高速公路监控系统、区域交通事故报警系统等领域的高新技术,它不仅能够检测采集数据，而且能够在内部处理多种需要的交通参数，直接取代环形线圈检测器及其控制器，降低成本，或是配合城市交通控制系统中的交通信号控制器对路口交通信号进行实时控制，控制器根据微波检测器检测到的实时交通信息，自动编程修改信号配时方案，智能化地指挥交通。它具有如下功能和作用：

①精确检测各车道的交通流量、道路占有率、平均速度和长车流量及排队状况等信息。

②检测器的输出信号与一般常见的检测器兼容，可通过数据接口与控制系统相连或直接替代传统的多个感应线圈探测器。它具有存储能力，可将检测到的数据进行存储，也可通过串行总线接入其他系统，或通过网络传输到交通信息中心。

检测器工作在微波波段，可在不中断交通或关闭车道的情况下，方便、安全地安装在现有路侧电线杆上，易维护，操作简单，并且由于它的波长长，不受气候环境的影响，能全天候工作。

三、电子警察的系统组成

电子警察又称"电子眼"，是"智能交通违章监摄管理系统"的俗称，它可以把交通状况如实地记录下来，并反映到交通管理监控中心。电子警察系统是将现代计算机控制技术、计算机通信技术、视频技术、电磁感应技术、数码相机设备、视频记录等技术运用到道路交通管理的一项新型技术。利用路口车道下的感应线圈，检测通过车辆，再根据路口信号灯状态，判断车辆是否闯红灯。当有车辆违反交通信号灯时，路口嵌入式控制机控制数码相机拍摄违法事件现场的数码图片并保存闯红灯全过程的视频录像，同时自动记录车辆通过的时间、红灯已亮时间、路口地址、路口方向、车道等相关违法信息，组成一条车辆违法数据记录。各路口的嵌入式控制机通过LAN、ADSL等传输方式与监控中心数据服务器相连，将违法数据实时自动传送到服务器数据库中。

典型的电子警察通常由图像检测、图像拍摄、图像采集、图像处理、信息传输与管理以及辅助光源、辅助支架和相关配套设备组成。电子警察如图3-3所示。下面分别就各组成部分及其特点与选用情况做进一步介绍：

图 3-3　电子警察

（一）图像检测部分

图像检测部分在系统中起车辆感应的作用，主要有以下四种：①环形线圈检测器；②视频检测器；③超声波或微波（雷达波）检测器；④红外线检测器。其中环形线圈检测器具有成本低廉、检测精度和可靠性高、适应性好等优点，使用最为广泛；不过，其需要破路施工，安装不便，易因路面破损而毁坏，故障率较高又不能实现多车道无缝覆盖和跨越车道线或双实线的车辆检测。视频检测器除了初期投入的成本相对较高、环境适应性稍差外，其安装、使用及维护简便，设置直观、灵活，检测范围大，性价比高，故障率低，功能全，可实施全过程智能化检测，又没有环形线圈检测器的固有不足等特点，应用渐广。而超声波或微波和红外线检测器因易受现场因素干扰，检测精度不高，可靠性较差等使用较少，其中超声波或微波检测器有时用于人工检测方式。在实际应用中，理想的图像检测部分应当是环形线圈和视频两种检测器有机融合的复合检测方式，以达到尽可能高的图像检测与捕捉率，实现高效、周全的监控与管理。

（二）图像拍摄部分

图像拍摄部分在系统中起图像抓拍的作用，主要有照相机和摄像机。其中照相机目前基本上采用三百万以上像素、可变焦、自动光圈及白平衡调整等的准专业数码照相机。不过，由于其结构、图像存取等原因，其实时性、连拍续传能力和环境适应性较差，一般多用于交叉路口的闯红灯车辆抓拍（需特制机箱，进行温度调控等）和人工流动拍摄等场合。而摄像机基本上都选用高清晰度、低照度、高信噪比、动态抗逆光与强光抑制、背景光自动补偿、白平衡自动调整等功能的快速（快门速度不能慢于1/1000s）工业级摄像机，其配套的镜头则应采用大孔径、可变焦、大光圈、快速自动光圈调整的专业光学镜头。此外，还应配置合适的室外防护罩。而微型或掌上型模拟或数字摄像机则几乎仅限于短时间人工拍摄时用。有效图像抓拍或捕捉率的高低，直接关系到系统的实用性。

（三）图像采集部分

图像采集部分在系统中起将模拟视频图像数字化的作用，通常采用多路视频图像采集卡：将多路模拟视频图像经过多路切换器、A/D变换器以及裁剪、压缩编码后变成数字视频信息。国际上通常采用的视频压缩编码方式有MJPEG、Wavelet（小波变换）、MPEG-1（如VCD）、MPEG-2（如DVD）和MPEG-4等几种。国内数字化视频监控工程中常用的是压缩率高、系统资源总帧数大、传输速率要求低、单卡可支持多路视频压缩的MJPEG和MPEG-4两种视频压缩编码方式。其中，MPEG-4方式通过帧重建技术，压缩和传输数据，以求用最少的数据获得最佳的图像质量。其压缩率更高，系统资源总帧数大（高达600帧/s），信息传输速率要求低，且可支持交互式AV服务以及远程监控，因此MPEG-4方式具有更加明显的优越性、更广泛的适应性和良好的可扩展性，是当前及今后一个时期主流的视频压缩编码方式。而MPEG方式则是采用帧内静态压缩、帧间动态压缩技术，其压缩率高，但信号质量的数据损失较大，系统资源总帧数比MPEG-4方式小（通常为200帧/s或300帧/s），不过其成本相对低廉又可满足一般应用需求，现实中使用的也不在少数。图像采集的优劣直接关系到系统的工作效能、图像质量和进一步处理、利用的成效大小。

（四）图像处理部分

事实上，图像处理部分应包括控制主机和系统应用软件两个部分，在系统中起控制、图像识别、存储与管理的作用。为了保证系统在恶劣的工作环境中连续地自动运行，控制主机必须采用高速、大内存、大容量镜像硬盘等高性能工业级控制机或DSP机，以满足多路图像（包括全景和近景特写图像）的捕捉、识别、压缩、存储、比对、报警、传输和故障自诊断与管理等实时多任务、多进程的操作要求，同时尚需预留适宜的扩展与升级余地。而系统应用软件通常包括Windows或Linux或Unix操作系统、图像模糊识别系统与信息管理软件。图像模糊识别系统主要是车牌识别软件，一般包括图像二值转换、车牌定位与旋转、字符切割、字符识别、车牌颜色提取与识别和车牌分类等功能模块。

(五)信息传输部分

信息传输部分包括本地和远程传输两个部分,在系统中起信息传递与交换的作用。本地传输部分主要包括检测信号线、视频信号线、网络信号线,网卡以及交换机或集线器等,其是确保系统正常工作的"中枢神经";而远程传输部分则主要有有线和无线两种,其是实现系统远程监控、远程维护与远程报警以及信息共享与综合利用的基本保障。

其中有线部分通常有①数字数据网络(DDN)、综合业务数字网(ISDN)等通信线路及其接入设备;②光纤及其光端机;③路由器或交换机或集线器等。

无线部分则主要有①微波发射或中继传输、接收与接入设备;②数据无线如网桥及其天线等设备;③卫星传输与接入设备等。

(六)信息管理部分

信息管理部分包括中心主机和管理软件两部分,在系统中起信息的汇集、存储、查询、统计、交换、备份、打印、嫌疑信息(如交通违章或事故逾期未处理、逾期未参加法定检验或审验,被盗抢和肇事逃逸等车辆信息)的自动比对与实时报警、系统故障自诊断与管理和远程监控、远程维护与远程报警等诸多重要作用。其中中心主机通常要选用高性能(最好是双CPU)工业级控制机或PC服务器;而管理软件则多是建立在Oracle或Sybase等大型数据库基础之上的系统综合管理与应用软件。信息管理部分是实现系统"实时监视、联网布控、自动报警、快速反应、科学高效、信息共享,监控、威慑、防范和打击并重"综合效能,体现系统战斗力的关键所在。

(七)辅助光源

辅助光源在系统中起辅助照明(尤其是夜间或光线不足时补光),提高抓拍图像清晰度的作用。通常有频闪照明灯(如闪光灯)、连续照明灯(如路灯)和其他冷、热光源(常见的有白炽灯、荧光灯、卤钨灯、陶瓷金卤灯、高压钠灯等多种)。频闪照明灯因光能量集中,照明时间短促,其对夜间车辆前照灯的强光抑制和突显清晰车牌效果显著,然而,如果处置不妥,则有可能对行驶车辆中的驾驶人产生炫目,存在安全隐患。其通常用于夜间或光照不良的情况下路口闯红灯车辆的尾部抓拍或者停驶车辆的头部抓拍等场合,使用范围受限。而选用连续照明灯时,必须充分结合工作现场环境条件和摄像机或照相机的工作特性,综合考虑灯具的光效、聚光特性、光源显色指数和色温等。现实中,通常选用不大于

150W 的陶瓷金卤灯，安装时其光束与地面或水平面夹角不得小于 75°或者与车牌平面或垂面的入射角不能大于 15°，否则，其极有可能造成眩目。辅助光源的电源应当独立于图像检测及拍摄等装置的电源，并通过自动测光的方式由控制主机自动控制，在夜间或白天光线不足时打开照明，白天光线充足时关闭照明。辅助光源是确保系统在光线不足的条件下正常工作的"夜明灯"，不可或缺。

（八）辅助支架

辅助支架在系统中用于安装、固定摄像机或照相机和辅助光源等。常见的有①龙门架；②悬臂架；③立柱；④移动式安装支架，如三脚架和固定在汽车上的专用支架等。其中前三类是固定式辅助支架，通常采用无缝钢管或者八角形钢管焊制，并经酸洗除锈，表面热镀锌处理（镀锌层厚度一般不小于 $60\mu m$）。龙门架和悬臂架的净高度一般不小于 6m，而立柱的高度通常不应低于 2.5m。固定式辅助支架的底座应牢靠地固定在路边用地脚螺栓预埋的钢筋混凝土基座上，可抵御台风袭击和行驶车辆的碰撞。因在室外路面上工作，故这三类固定式辅助支架上必须合理设置避雷和防盗报警装置（也可以安装相关标牌）。辅助支架是系统正常工作、持续运行的基础，不可忽视。

（九）相关配套设备

相关配套设备在系统中主要起保证系统相关设备正常、稳定、可靠地运行的作用。常用的有①长延时不间断电源；②净化稳压电源；③强、弱电防雷、设备避雷与接地装置；④系统故障、违章或嫌疑信息和防盗等报警装置；⑤打印机等。

第三节　基于大数据的城市智能交通信息服务系统

一、系统整体架构

交通信息服务系统分为交通信息发布、交通信息管理、交通数据处理三大子系统。

交通信息发布系统：研制面向手机、网站、行车诱导屏、停车诱导屏、微博等渠道的信息发布子系统，支持文字信息、简易图形及电子地图三种发布方式，使系统具备多渠道发布能力。

交通信息管理系统：负责交通信息服务数据的采编与运维管理。采编内容包括道路状况、道路交通流量、道路管制信息、公交信息、交通事故信息、停车场泊位信息、天气信息等，并实现对数据质量、应用服务质量、基础设施状态的运维监管。

交通数据处理系统：建立完善的城市级海量数据处理体制，包括海量数据的采集、存储、备份、查询、删除、计算等关键技术；研究多源异构交通数据标准化技术，实现在不同网络协议下对各种检测设备的方便接入；研究交通数据融合的关键技术，主要包括异常数据过滤技术、缺失数据补偿技术、交通路况拥堵状态判别技术、旅行时间预测技术。

交通信息服务系统以多种渠道发布的形式面向交通参与者提供道路实时路况、交通管制、交通障碍、公交出行、路桥隧道通行、交通气象、停车等出行信息服务，使得居民出行更安全、便捷、可靠，进一步提高了交通管理的服务水平。

二、交通信息发布系统

交通信息发布系统可以同时采用诱导屏、网站、手机 App、微信等多种形式实时发布交通信息，发布内容包括实时的交通路况、交通事件、交通管制、道路施工、旅行时间等信息。

（一）页面业务处理

①交通事件查看。在电子地图上或以列表的形式查看当前交通事件的分布情况。

②交通事件添加。在电子地图上右击，在右击位置添加新事件，单击新事件图标，跳转到新事件编辑页面。

③交通事件编辑/删除。跳转到交通事件编辑、删除页面。

④交通事件查询。根据输入条件查询合适的交通事件。

（二）地图服务子系统

提供公交换乘、公交线路、站点查询；提供驾车、兴趣点查询；提供地图测距、测面积功能；具备停车动态泊位、旅行时间计算、路口简易图、交通管制、道路施工、交通事件等便捷查询功能。

（三）动态导航服务子系统

根据出行者的动态位置实时提供交通信息语音播报及路径导航服务。可以发现,导航的过程中系统可以为驾驶人提供前方路段实时旅行时间信息、实时发生的交通事故信息,同时还可以提供准确有时效性的临时交通管制信息、道路施工信息、分时段禁左与单行线信息、桥隧高速公路通行信息及交通相关的气象信息等,并且可以根据交通拥堵情况实时向驾驶人推荐最优行驶路线,并通过语音自动提示驾驶人提前规避相关拥堵路段。

三、交通信息管理系统

交通信息管理系统主要包括对拥堵路况信息、旅行时间信息、交通事件信息、交通管制信息、道路施工信息、气象信息、公众反馈信息等进行采编、审核、巡检,具有人员管理、角色管理、权限管理和统计分析等功能。

(一)交通信息采编

1. 概述

提供对从管控平台、微信等采集来的交通信息进行编辑、修改及分发等功能。

2. 功能划分

①拥堵路况、旅行时间发布的编辑和修改。
②交通事件的编辑、修改和分发。
③交通管制的编辑、修改和分发。
④道路施工的编辑、修改和分发。
⑤气象信息的编辑、修改和分发。
⑥重大活动或任务信息的编辑、修改与分发。
⑦公众反馈或建议信息的编辑、修改与分发。

(二)交通信息审核

1. 概述

提供对采编过的交通信息进行审核的功能。

2. 功能划分

①拥堵路况、旅行时间发布的审核。
②交通事件的审核。
③交通管制的审核。
④道路施工的审核。

⑤气象信息的审核。
⑥重大活动或任务信息的审核。
⑦公众反馈或建议信息的审核。

（三）交通信息巡检

1. 概述

提供对已发布的交通信息进行巡视检查，并对异常信息进行反馈的功能。

2. 功能划分

①已发布拥堵路况、旅行时间发布的巡检。
②已发布交通事件的巡检。
③已发布交通管制的巡检。
④已发布道路施工的巡检。
⑤已发布气象信息的巡检。
⑥已发布重大活动或任务信息的巡检。
⑦已发布公众反馈或建议信息的巡检。

（四）系统管理

1. 概述

提供系统部门管理、人员管理、角色管理、权限管理及系统运维状态监管功能。

2. 功能划分

①部门管理功能。
②人员管理功能。
③角色管理功能。
④权限管理功能。
⑤系统运维状态监管功能。

三、交通数据处理系统

交通数据处理系统主要是从总线获取交通流数据、车牌号数据等，并进行拥堵路况计算、旅行时间计算、简易诱导生成，同时提供运行状态监控服务、数据摆渡服务等。

交通信息处理系统架构如下：

（一）交通流适配器

1. 概述

获取交通流数据。

2. 功能

①从消息队列（MQ）接收流量、速度、占有率等交通流数据。
②将交通流数据写到文件中。
③将交通流数据文件放到 FTP 上。

（二）车牌号适配器

1. 概述

获取过车数据。

2. 功能

①从 MQ 接收过车数据。
②将过车数据保存到数据库。

（三）拥堵路况计算

1. 概述

基于定点检测器的交通状态判别。首先，通过对断面各车道速度、流量、时间占有率三参数统计，进行断面交通拥堵综合指标的计算；其次，根据拥堵判定区间内多个断面的交通综合指标，进行交通状态的判断。

2. 功能

①检测点位信息、路段信息、拥堵指标等基础数据的配置。
②根据交通流数据计算路况。

（四）基于车牌数据的旅行时间计算

1. 概述

基于前端车牌采集设备（电子警察、卡口、RFID 等）采集的车牌信息进行旅行时间计算，系统首先提取单车路段旅行时间，并对其进行异常数据筛选，剔除超阈值的数据，然后运用 3σ 准则进行数据统计分析，最终计算出该区间内的旅行时间。样本量低于可用样本量时，采用历史数据补偿机制。

2. 功能

①检测点位信息、路段信息、拥堵指标等基础数据的配置。
②根据过车数据计算旅行时间。

（五）诱导生成服务

1. 概述

根据路况及路网地图生成简易的诱导图片。

2. 功能

根据接收的图片、格式等参数生成图片并将图片放到指定的存储服务器上，返回图片地址。

（六）运行状态监控服务

1. 概述

提供对信息服务平台所有服务及服务器运行状态的监控。

2. 功能

①可配置要监控的服务、服务器。
②实时状态推送、一览。
③当服务、服务器的状态出现变化时实时提示或报警。

第四节　基于大数据的城市智能交通管理和指挥调度系统

一、交通管理系统

交通管理系统（ATMS）是一种利用先进的交通信息采集、数据通信、电子控制和计算机处理等当代高新技术以及现代交通工程理论，根据系统工程原理进行集成，实现对地区道路网络交通流进行实时监控、主动控制、协调管理与操作的综合交通管理系统。

ATMS通过对道路交通网络中的各种交通信息进行实时采集与传输，并根据现代交通工程理论模型进行实时处理和评价，协调交通网络系统运行所需求的事件反应，为交通网络使用者提供出行选择以及在满足安全、效率和方便性的条件下的决策信息支持。ATMS的有效实施能够达到缓解交通拥挤，缩短旅行时间，降低能耗，减少交通事故，提高交通管理水平，实现社会效益与经济效益最大化等目标，为广大人民的生活、工作和交通运输生产带来便利。

（一）ATMS的逻辑框架

ATMS逻辑框架由大量的终端用户构成。为了满足在使用者服务计划中确定的使用者的需求，终端用户为ATMS提供接口信息。每一个终端用户代表了一个外部实体，它可以进行数据通信，或者接收来自ATMS功能处理过程的数据。终端用户可分为以下几种：

使用者终端，包括在ATMS中心子系统和道路沿线子系统的工作人员以及与ATMS子系统交互的驾驶人和出行者。

系统终端，包括ATMS中心的系统（如与ATMS交互的政府机关）、路边系统（如传统的信号传感器）和与ATMS交互的车辆系统。

环境终端，指被ATMS感知的环境状态（如雪、冰等）。

其他子系统（其他ATMS中心）。

此外，ATMS包括以下三个处理过程。

1. 交通管理处理过程

交通管理处理过程由以下子过程组成：

（1）事件管理

该过程是道路交通事件管理的处理程序和活动。它利用道路网络状态、交通协作数据、信号优先请求、外部报告、计划事件和其他交通管理协作数据等方面的信息与历史数据比较，分析和确认潜在的或者可预测的事件。它通过与控制交通流处理过程协作，以及与交通操作人员相互交流事件数据和事件命令接收，提高事件管理能力。

（2）监控交通流和道路状态

该过程监控和测量交通网络状态，采集天气条件、道路状况和交通状态方面的数据。这个处理过程也采集和分析来自其他交通操作中心地区的交通流状态数据，为管理实践处理过程、控制交通流处理过程和管理交通需求处理过程提供协作数据，并且为交通操作人员提供交通网络状态信息。

（3）控制交通流

该过程是管理交通系统的处理过程和活动。处理过程根据预测的交通流、准确的交通数据和交通操作人员的请求配置交通控制设备。它通过道路信息显示和与其他换乘点和交通操作中心之间协调的交通控制信息为出行者提供信息。这个处理过程也提供交通信息和与出行者信息服务处理过程有关的资讯建议。

（4）交通需求管理

交通需求管理是交通道路网络上的交通需求的处理过程。它利用交通状况、历史数据、道路封闭、交通计划和网络状态等信息，提供监测管理和需求管理策略。

（5）工作区域管理

该处理过程是一个管理交通网络中的工作区域的处理过程。通过分析工作区域和建设区域对交通流的影响，提供区域协调数据。

2. 紧急事件服务处理过程

紧急事件服务处理过程包括以下功能：

（1）协调紧急事件反应

该处理过程解决了紧急事件辅助请求和管理紧急事件的车辆处理过程之间互相协调的问题。

（2）紧急事件的车辆管理

该处理过程通过派遣者的输入，以及返回到派遣者的状态，传送紧急车辆上的信息及在网络中的紧急车辆的位置和状态，为事故处理提供支持。

3. 出行者信息服务过程

出行者信息服务过程包括以下功能：

（1）出行计划

它接收交通信息、路线标准和交通时间计划等信息，为提供方便的出行计划和路线选择服务。这个处理过程提供了基于这些信息的路线信息和指导信息。

（2）车载驾驶人信息系统

这个处理过程为在路上的驾驶人提供服务信息，如车辆位置数据、天气数据等。

（3）出行者信息服务

它接收天气、换乘、交通和公交时间等方面的信息，为出行者提供信息请求服务和进行请求信息的处理与发布。

（二）ATMS 的支撑系统

ATMS 的支撑系统主要有以下几个部分：

1. 交通管理

交通管理提供交通网络管理所需的控制能力。交通管理由广域的交通管理系统、事件管理系统、交通控制（如地面街道和公路）组成。

2. 系统管理

系统管理负责监控、配置和管理 ATMS 的资产，也提供特殊事件的计划和时间安排的支持。系统管理由以下支持系统组成：养护管理和维护时间安排计划；管理、操作中心硬件和软件监控；配置和目录的管理；事件计划和时间安排。

3. 分析和建模

分析和建模负责提供分析和建立交通网络的模型的功能，由 OD 处理、历史数据的分析、交通模拟模式、动态交通分配模型、信号和控制优化模型五个支持系统组成。

（三）ATMS 物理框架及其组成

基于先前定义的逻辑框架和支撑系统的需求，目前存在四种比较常见的物理框架，即中心式、点对点分中心协调式、点对点允许控制式和点对点中心协调式。其中，点对点中心协调式是目前应用比较多的一种。

ATMS 的物理框架包括交通管理控制中心、交通信息检测系统、交通电视监视子系统、交通信息通信子系统、交通信息综合管理子系统、城市交通信号控制系统、紧急事件快速反应子系统和交通信息服务子系统，以及其他地区的 ATMS 和其他 ITS。

二、交通指挥调度系统

（一）交通指挥调度系统的总体设计

1. 系统结构设计

交通指挥调度系统结构设计，主要包括系统的逻辑结构、物理结构和总体技术结构设计。逻辑结构设计即对业主方提出需求分析后，抽象出系统的主要功能、分系统及基本功能模块，并明确它们之间的逻辑关系。物理结构设计即系统的要素结构设计，如指挥中心、主控室、计算机房等的布局设计。总体技术结构设计则是指挥系统的构成、互连结构和处理结构等的设计。确定系统结构之后，就要进行各分系统的设计，包括硬件设计和软件设计。

2. 指挥中心系统结构设计

在指挥中心各分系统中，核心是计算机分系统。指挥中心系统结构设计事实上是围绕计算机分系统进行的，即围绕如何处理计算机系统的内部组成及其与其他分系统之间的关系展开。结构设计的发展趋势是从集中式的系统设计经公共总线结构设计到当前的分布式系统结构设计。分布式系统结构的各项组成在地域、空域、频域和资源上是分散的，而在其内部是相互协调的。在各级各类指挥中心，采用C/S或B/S形式的分布式结构，通过局域网将本地的多个服务器和多个客户端连接成一个功能上分布、资源上共享的本级指挥中心；采用B/S形式的分布式结构，通过远程网并运用用户互操作、远程数据访问、虚拟终端等技术，使本级指挥中心和上下级指挥中心或其他信息中心在物理上和功能上高度分布，资源和信息则共享。

3. 软件设计

软件设计通常包括系统软件的技术性能指标和功能、确定软件系统开发平台及数据支撑、根据应用功能结构将其分解成各个模块并对各模块进行功能描述、确定各模块的连接与接口关系等方面的设计。

交通指挥调度系统是通过软件系统来实现对大量复杂的交通信息的交互、综合，生产出供各级交通管理人员和交通出行者使用的层次化信息和辅助决策指挥控制信息的，其软件设计有以下特点：

（1）信息的不确定性

从不完全的、带有模糊度和欺骗的信息中筛选出有用的信息，从而正确反映交通运行态势。

（2）高实时性要求

高实时性要求主要通过选择操作系统和合理地应用软件来满足。采用适当的数据分析和预测技术，提高系统的实时性。当操作系统选定后，采用何种设计方法、体系结构、信息传输协议、数据查寻方法及加密体制等都必须精心考虑。

（3）强适应性要求

一个交通指挥调度系统的生命周期一般要达到20年，生命期内要求其应用软件有较强的适应性，即具有在短时间内完成局部应用软件的修改、扩充的能力。

另外，在生命期内也有可能不断增加新系统、新设备，系统运行环境会发生变化，同样要求应用软件做相应的增加或修改。

（4）高可靠性要求

交通指挥调度系统的可靠性，首先依赖于硬件环境的可靠性，其次依赖于软件环境和应用软件的可靠性。高可靠性软件的生产必须从方案论证开始抓起，并贯穿于整个过程，一要抓软件的开发方法，二要抓软件的生产管理，三要抓软件的标准化。一定要按软件工程方法，搞好开发模型、需求分析以及确认、正确性验证及测试、系统软件集成、文档管理。建立一套完整的软件开发、设计、生产、管理的标准，才能保证软件的高性能和高可靠性。

（5）高安全性要求

交通指挥调度系统内部运行有机密信息，对软件的安全性要求很高。安全运行问题涉及操作系统的安全运行机制、数据库的查寻安全机制、信息在网络互通中的传输安全机制，也涉及密码体制、安全策略、安全管理等诸方面问题。

（二）交通指挥调度流程

交通指挥调度子系统围绕警情综合监测，通过有线无线综合调度、警力定位及勤务信息，使接处警与交通管控紧密集成，实现高效的一体化、可视化指挥调度。

交通指挥调度从事前部署、事中监督、事后考核三个方面，以视频监控、GPS单兵定位、PGIS为技术支撑，实现勤务的分级管理，提高勤务督导的科技化水平。对交警日常勤务进行可视化排班管理，并对执行过程进行监督、纠正，根据勤务执行情况进行考核评价。对于岗位部署方案，每隔一定周期要根据实际情况进行调整，常态拥堵分析和违法高发分析可对岗位调整提供辅助支持[1]。

（1）岗位管理

勤务管理岗可通过该模块对本部门的岗位信息进行管理，包括添加、修改、剔除、查询等操作。

（2）勤务排班

岗位管理岗每周对本单位的日常勤务进行一次排班，排班结束后提交排班信息，由上级部门进行审核。对于上级审核驳回的排班信息，根据驳回意见对其进行修改，待修改结束后再次进行提交，直至排班被审核通过。

（3）勤务审核

大队、支队日勤分管领导要对下级部门提交的勤务排班信息进行审核，审核

---

[1] 徐晓慧，于志青. 智能交通技术[M]. 北京：化学工业出版社，2019.

通过后方可执行，对于安排不合理的排班计划，审核时要对其进行驳回，并填写驳回意见。下级部门根据驳回意见对排班进行修改和提交，大队、支队分管领导对其再次进行审核，直至审核通过，勤务执行部门方可按照排班计划进行执行。

（4）勤务监督

督察大队要对各级部门勤务执行情况进行监督，并记录勤务执勤到岗人数。监督过程中，可通过GPS单兵定位系统来观察警员动态，通过调看视频来查看执勤警员的警容警貌和现场交通指挥情况。

（三）专项治理

根据过车记录，按规则抓取违法车辆，实现车辆监测。支持尾号限行取证，黄标车取证，以及外地车禁行、大货车禁行、单行抓拍、专用道抓拍等。

第五节　基于大数据的城市交通拥堵事前疏导系统

随着我国国民经济的快速增长，城市化进程的加快，机动车数量的迅猛增加，交通拥堵已经成为制约城市经济发展和可持续发展的一个重要瓶颈，严重影响着城市生活的正常运转，困扰着城市居民的工作与生活。交通拥堵不仅是一个经济问题，也是一个社会问题，备受人们广泛关注。交通拥堵问题已经成为典型的城市病，交通拥堵缓解工作已经成为交通管理日常的工作之一。城市拥堵缓解作为交通管理日常工作，应以"中医"角度对待此问题，通过全面对交通拥堵问题进行诊断，结合交通组织、交通事件、交通环境等因素对"拥堵病因"进行分析研判，通过大数据与交通仿真等手段结合，生成拥堵治理方案，经过人工判定后，给出实施措施。系统通过采集数据对拥堵治理措施进行评估，并生成缓堵评价报告，给主管部门提供辅助决策。传统缓堵治理工作环节较为分散，难以成体系，目前工作更多依赖于路面人工调查和交警日常的工作经验，分析费时费力，且数据实效性差，需要引入新的技术解决传统城市交通拥堵缓解问题。

系统需要在大数据基础上进行构建，应依托大数据计算能力和综合交通数据处理能力，从交通供给侧、交通需求侧视角进行缓堵决策支持。

第三章　基于大数据技术的智慧城市交通系统建设

一、城市交通拥堵问题诊断

（一）海量交通运行数据采集与数据预处理

系统需要对交通数据进行实时采集，目前自建的道路交通采集设备有限，需要引进交通运输体系浮动车运行数据，以及移动互联网（高德、百度等）终端设备数据，通过大数据系统数据清洗、融合等技术，对路网运行情况进行全面掌控。

1. 数据采集

系统需要采集各种城市交通运行数据，主要集中在以下几个方面：

（1）道路实时运行参数

道路实时运行参数包括道路交通旅行时间、路口路段交通流量、流速等。

（2）交通事件

交通事件包括交通事故、交通拥堵、道路塌方、火灾爆炸、灾害天气、大型活动等。

（3）道路周边交通环境要素

道路周边交通环境要素包括交通小区、交通热点敏感区域、重点路段等。

（4）交通管理措施数据

交通管理措施数据包括施工占道、交通管制等。

（5）交通组织数据

交通组织数据包括路口道路渠化数据、单行数据、禁左数据等。

（6）公共交通运行数据

公共交通运行数据包括公交线路、轨道交通运行数据、公交到站时间、地铁进出站数据等交通运行数据。其特点是数据采集密度高、数据增长速度快、数据内容小等，需要系统在采集数据的过程中快速处理数据，匹配到道路路网上，反映当前路网运行状态。传统的系统数据采集方式由于数据处理能力有限，可能会出现系统数据处理积压，最终导致道路运行状态无法得到正确反馈，因此可以引入大数据处理技术用以解决以上问题。

通过对目前市面主流的大数据技术进行分析，在交通数据采集方面，系统宜采用分布式数据处理队列技术。其主要工作原理为通过多台服务器进行负载均衡，系统对数据进行多点协调式采集，实现数据实时采集。通过对主流数据交换技术进行比对分析，本系统采用了 KAFCA 分布式队列组件，单节点处理能力可以达到 100MB/秒，按照单条数据 5KB 计算，每台服务器可以采集 2000 条/秒。对于一个 200 万辆机动车保有量的城市，经过测算，各类交通数据预计会达到 1 万条/秒，如此 5 台服务器即可满足处理需求。

2. 数据预处理

为了保证后续的数据分析处理的正确性，系统需针对采集的数据进行数据预处理，主要包括数据过滤筛选、异常数据判别与剔除、缺失数据平滑修补等流程。同时结合大数据在实时数据处理能力上的技术应用，系统采用分布式实时流处理技术，兼顾了交通数据离散性和数据时效性特性。

（1）数据过滤筛选

基于交通流理论的筛选是指根据基本的交通流特性知识以及交通流理论中三参数之间的函数关系，来判断数据是否存在异常。若得到的数据不符合交通流理论的内在规律，则认为这一组数据是错误的，应该予以剔除。根据实际采集数据中存在的特定问题，系统主要针对数据都为零时的筛选、占有率为零时的最大流量筛选、平均有效车身长度筛选等数据问题进行过滤筛选。

（2）异常数据判别与剔除

由于交通流具有周期性的特点，不同天的同一时间段内的交通流特性存在相似性。如果某一天某一时间段内的交通数据值在根据历史数据确定的区间范围内，则可以认为这个数据是正确的，否则认为其是异常的。目前数据判别方法有三种，即阈值方法、基于交通流理论方法以及阈值理论与交通流理论相结合的方法。

数据异常判别模型由两个层次构成。首先，根据数据错误往往表现为孤立点特征，标记处采集数据源中的孤立点，尽可能保留原始数据特征。其次，根据交通流数据的特性，将各交通流参数投射到二维空间，基于"边界点与坐标轴构成的区域以外的数据极可能为错误数据"的理论，通过交通流历史数据构造置信区域，采用多元统计质量控制的方法进行数据质量诊断，若置信水平为 95%，即有 95% 数据会落在置信区域内，判定以交通流三参数为向量构造的三维空间点落在了置信区域之外，则认为该孤立点数据是异常的，应该予以剔除；否则数据是正确的。

（3）缺失数据平滑修补

对数据缺失平滑修补采用如下方法：将一定时间内得到的数据定义为某一时间段的数据，然后对数据进行扫描和判断，如果该时段没有得到数据，或者一个时段内得到多于一组的数据，则认为此时段的数据丢失，需要进行补齐处理。系统主要用采用前一天的历史趋势数据补齐、采用相邻时段数据的均值补齐、采用相邻路段数据的估值补齐、线性差值等方法进行补齐。以下是对采用相邻路段数据的估值补齐的描述：由于交通流数据在空间上存在相似特性，比如城市快速路的不同车道之间，上下游之间存在着一定的相关关系。由于存在这种相关关系，就可以将其作为数据恢复的依据。利用不同车道之间历史上的参数比例关系，从而通过其他车道已知的交通数据来推算未知车道的交通参数，避免采用历史数据进行预测时不能反映实际交通状态的问题。

（二）交通参数预测

系统应用数据融合、卡尔曼滤波、数据模糊推理和人工神经网络方法对确定路径上的交通流状态进行短时估计和预测。

第一，多模型融合预测交通参数。系统以预测方法的成熟度、使用频率、预测效果、使用条件为原则，选择广为使用、预测精度高的预测方法作为基本预测方法和信息融合基础，通过前期对数据的预处理，对经过预处理的数据序列分别输入预测方法模型，得到多个预测值，通过对动态误差进行计算及加权处理，最终得到最优的预测结果。

第二，基于数据融合预测交通参数。系统采用状态空间神经网络、扩展卡尔曼滤波预测交通参数方法，根据数据融合计算流程，采用反比例法确定权重，对交通参数进行预测，基本可以保证预测数据相对误差在10%以内，确保数据预测结果的准确性。

二、基于大数据交通拥堵成因分析

结合日常交通管理的专家经验形成决策分析系统，系统通过对路网运行环境、交通流特征、交通事件影响等进行分析，形成对拥堵成因的分析，主要从以下层面考虑拥堵成因：

①商圈、学校、枢纽等交通热点区域等对交通拥堵的影响；②早晚高峰对道路交通的影响；③潮汐车流对道路交通的影响；④施工占道、交通管制对道路交通的影响；⑤恶劣交通天气（雨、雪、雾）对道路交通的影响；⑥节假日对道路交通的影响；⑦突发交通事故对道路交通的影响；⑧道路渠化组织对道路交通的影响；⑨交通工程对道路交通的影响。

三、城市交通缓堵方案生成与评价

（一）基于大数据缓堵方案生成

基于路网拥堵成因，系统从交通组织、交通工程、信号控制等方面对路网运行进行供给侧调控，通过大数据交通区域实时在线仿真手段，对缓堵措施进行评价和预判，从而给出实施缓解拥堵的措施后的效果，为交通管理决策者提供数据支撑。

1. 交通信号优化方案生成

由于路口每次绿灯的持续时间制约了路口的实际通行能力，系统根据路口每个车道的交通流量的大小，实时调整红绿灯时间的方案。系统采用离线计算结合在线调整方式，通过对实时采集的交通流数据进行分析，生成交叉口信号群基础配时优化方案，应用仿真工具对优化方案进行评估，具体操作方法如下：

通过分析路口的实际通行能力（车辆流量、流速等），系统建立了交通路口拥堵程度的量化模型，通过大数据计算路口的实际通行能力，利用"点、线、面"相结合的方式，计算路段的拥堵程度，调整路口的红绿灯间隔时间，以提升路口的实际通行能力。系统根据路段上每个车道车流量的大小计算信号控制配时参数，使用绿信比优化方法，提出优化后的信号控制优化方案。

2. 系统利用仿真工具软件进行操作

对路口优化后的信号控制方案与执行的技术方案进行对照，使用预测交叉口基础参数，通过仿真对比优化后路口延误、排队长度、停车次数等评价指标，根据上下游路口执行总体情况提供优化方案，提升道路通行效率。

（二）交通组织方案仿真评价

系统实现对区域交通组织的优化设计，主要针对区域交通拥堵，采用单向交通、潮汐交通、可变车道、打通微循环、转向禁限、流量禁限、车辆禁限、定向诱导等方法，将路网中的交通流量按照空间压力和时间压力均衡分布。系统通过仿真工具对所选区域内所有路段及路口的组织方案进行设计和模拟，充分挖掘路网交通通行能力，充分利用城市支小路，保证城市主干路网的通畅。

（三）交通事件影响评价

系统利用仿真工具提出交通事件影响评价功能，以系统采集的实时数据为基础，对新建城市功能区对周边交通的影响进行仿真模拟和全面分析，提出有针对性的交通改善措施，提升交通影响分析的效率、精确度和可信度。

四、基于大数据拥堵综合分析报告

系统依托于大数据实时计算、内存计算能力，根据采集的交通数据实时分析路网的交通运行状态，以交通流量、速度、占有率、旅行时间、排队长度等指标评价路网服务水平，辅以数据、图表、报告等多种方式展示。系统通过交通数据累积效应，形成数据仓库，经过1年以上数据积累，对沉淀后的数据按照不同时间段进行统计分析，通过记录周报告、月度报告和季度报告，形成长期追踪报告，为后期路网规划、路网改造等提供数据支撑，为领导的管理决策提供数据支持。系统基于指标库，结合实时数据和历史数据，一键输出交通运行的日报表、周报表、月报表和年报表，使交通决策人员一方面可以分析交通运行变化的趋势，另一方面可以对关键拥堵路段的运行态势进行重点关注和分析，最大限度地为交通管理和决策提供数据支撑。

"科技引领管理创新"，大数据在传统行业和互联网领域已经被应用了多年，且不断在引领创新性应用。在新一代智能交通管理领域，我们引入了大数据，提出了用数据思维来治理"城市交通拥堵病"的理念，希望在加强交通数据资源建设的同时，吸收更多人类的智慧，为交通缓堵提出更多、更好的对策，为交通管理决策助力，为百姓出行谋取便利。当然系统在大数据缓堵应用方面仍然存在很多不足，例如在交通拥堵因素的判别上，尚未考虑到路网结构、公共交通、静态交通等对交通出行的影响，这也需要系统从数据建设层面考虑纳入更多类型的交通影响因素的数据，这样才能全面反映交通通行要素，为交通治理提供准确的依据。

第四章 基于大数据技术的智慧城市电子政务建设

随着智慧城市的建设,物联网、互联网、移动互联网终端带来了大量的数据,并且其数据规模越来越大,数据形式复杂多样。智慧城市中智慧的产生过程,也就是其数据处理的过程。大数据已经和智慧城市密切结合在一起,成为智慧的重要组成部分。

第一节 智慧政务概述

当下,推动城市变得"智慧"的主力军是政府。政府的智慧化应走在其他领域之前,也只有政府智慧了,才能更加强有力地引导智慧城市的发展。因此,智慧政务是智慧城市建设的核心。

一、智慧政务的概念

智慧政务是指利用移动互联网、人工智能、大数据分析、知识管理等技术,通过监测、分析、整合、智能响应,综合各职能部门,对现有各种资源进行高度整合,提高政府的业务办理和管理效率,同时加强监管,强化政务透明度,提供更好的服务,保证城市可持续发展,形成高效、敏捷、便民的新型政务处理方式。智慧政务是电子政务发展的高级阶段,能够为企业及公众建立一个良好的工作、生活和休闲环境。

对同一国家来说,在不同的历史发展阶段或同一历史发展阶段的不同时期,其政府职能的重点、内容、范围和行使方式很可能是各异的。在信息化和经济全球化趋势下,政府管理所依赖的主要资源从物产转向信息。我国各级政府纷纷采用信息化手段,如建立门户网站、推行电子政务和智能城管等,来推动行政环境的变化、职能重心的转移、服务职能的拓展、政务运行机制和治理方式的变化，并逐步进行政务流程再造、组织结构调整等，渐渐走向服务型政府，以适应新形势下国家和社会的发展要求。

信息化为政府管理活动提供了更多的创新空间、创新机会与条件。决策是管理的核心，任何管理过程都是不断地决策与不断地执行决策的过程。对于政府管理活动而言，很多情况下所掌握的信息不完备就会直接影响到政府部门的管理决策。对于传统的行政管理活动来讲，在处理具体事务的过程中，信息的获取需要以自下而上的书面材料汇报为渠道，信息的获取往往会有选择性传递和利益倾向性传递的弊端，最终导致信息失真，不能为政府管理决策提供客观、全面、可靠的依据。而现代信息技术的发展和应用正在逐步实现在适当的时候把适当的信息提供给相应的政务管理者，这样可以使政务管理的决策者在了解相关的公共事务信息的前提下进行行政决策，以取得最好的效果。

在进行行政决策的过程中，信息拥有量直接关系到政府管理决策的准确性、正确性和有效性。然而，在智慧政务系统中所获取的信息数量很大，需要设立专门的决策支持系统，帮助政府从海量的信息中及时获取准确、客观的信息。在公共行政决策过程中，行政信息始终占据重要的位置，智慧政务能够保证获取的信息准确全面，进而保证政府管理决策的科学性。

智慧政务的目的是建成服务型政府，增强政府的公共服务能力。智慧政务为政府信息公开和公共服务的扩展和延伸提供载体，提高政府公共服务的效率，促进政府公共服务的一体化，还不断创新公共服务模式。很多地方的公安、交通等政府机构及工作人员都开通了政务微博，作为政府在互联网上的一个窗口。政务微博是网络问政在微博领域的延伸和补充，能够提高工作透明度和公信力、加强与公众的互动交流、展示地方或部门特色。

智慧政务的主要内容是资源整合、服务为民、并联审批、权力阳光、智慧决策。从城市层面来说，智慧政务就是全面整合市政府及下属单位子信息资源，从全局考虑，实现有序互联、有效共享。要增加创新的沟通渠道，提供市民与领导、企业与政府之间互动交流的平台机制，加强与各界代表人士的协商，树立一个公平、公正、公开，并且响应快速的政府形象。

在实践中，智慧政务中最成熟的模式是电子政务和智能城管。这两者比较集中地体现了服务为民的人本理念、政府横向和纵向资源的整合利用、政府工作流程的整体优化。

与传统电子政务相比，智慧政务具有主动服务、快速反应等特点。我们以两个最常见的系统为例来阐述智慧政务。一个是为民服务，即网上办事；另一个是内部办公，即智能办公。网上办事是一种智能服务，能够自动感知和预测民众所需的服务，为民众提供场景式服务，引导民众办理有关事项。在智能办公方面，采用人工智能、知识管理、移动互联网等手段，将传统办公自动化系统改造为智能办公系统。智能办公系统有自动提醒功能，公务员不需要去查询就知道哪些事情需要处理；可以对代办事项根据重要程度、紧急程度等进行排序；具有移动办公功能，方便公务员随时随地办公；集成了政府数据库，使公务员方便查询政策法规、办事流程等。

二、智慧政务服务平台系统

（一）智能办公服务平台

将步骤审核、消息管理、工作计划、文档复印等日常事务集中到办公室门户网中，方便单位应用。智能办公系统软件有全自动提示功能，如信息提示、大会提示等，抬头便知各项所需办理事务及事项提示等辅助信息。

（二）文档管理系统

文档管理系统能够保持对文档资料的项目周期管理，解决传统文件管理难题，如汇聚文件管理难、文本文档版本号多头管理难、文档安全欠缺保障、文本文档无法合理共享等。比照传统的文档管理方法，文档管理系统依据严密的权限设置来确保电子文档的安全。

（三）行政部门串联审批系统

各单位同步审核申请办理的行政审批方式，保证了"一窗审理、串联审核、一致收费标准、特惠受理"。

总之，智慧政务服务平台系统以融合"政务服务信息化管理"为基本，或线上或线下结合现场政务大厅的智能设备，拓宽"政府信息化"的覆盖面，完善政务的各项服务体系，达到在缓解政务办公人员压力的同时又能满足群众的各种政府服务需求的目的。

第二节　服务门户

智慧政务的服务门户指以网站、App、微信及办事大厅触屏形式提供给用户使用的信息门户。服务门户主要划分为以下三个类别。

第一，从政府到公众的信息发布类。主要以新闻网站、便民信息、气象交通信息、应急事件通知等形式对公众发布信息内容，公众一般只需要阅读接收的信息，无须回复。

第二，从公众到政府的信息查询类。主要是公众通过门户提交各类查询，如个人的公积金、住房信息、社保信息等，企业的缴税信息、工商信息等。公众提交查询后，后台接收到查询任务，通过自身的数据库查询，或者在自身数据库没有相应数据的情况下向其他业务的开放接口提交查询信息，实现信息查询，最终将结果返回给公众。上述查询一般不涉及政府工作人员。

第三，公众与政府的信息交互类。主要指各类网上办事、线上受理等业务，需要政府工作人员通过后台予以审核、审批、回复、批件等操作。该板块的目标是整合各类政务服务事项和业务办理信息，建成覆盖全市、部门协同、整体联动、一网办理的"互联网＋政务服务"平台，逐步实现政务服务"一号申请、一窗受理、一网通办"，提升政务服务智慧化水平，让群众和企业办事更方便、更快捷、更高效。

一、服务门户的信息发布

信息发布主要是以网站资讯或者消息通知的方式对公众发布各类信息的，这主要通过内容管理系统（CMS）来实现。

内容管理系统是企业信息化建设和电子政务的"新宠"，能有效解决用户网站建设与信息发布中常见的问题。对网站内容进行管理是该系统的最大优势，它流程完善、功能丰富，可把稿件分门别类并授权给合法用户编辑管理，而不需要用户去理会那些难懂的 SQL 语法。隐藏在内容管理系统之后的基本思想是分离内容的管理和设计。页面设计存储在模板里，而内容存储在数据库或独立的文件中。当用户请求页面时，各部分联合生成一个标准的 HTML 页面。内容管理系统通常有如下要素：文档模板、脚本语言或标记语言、数据库集成。内容的包含物由内嵌入页面的特殊标记控制，这些标记对于内容管理系统而言通常是唯一的。

内容管理系统对站点管理和创造编辑都有好处。这其中最大的好处是能够使用模板和通用的设计元素以确保整个网站的协调。管理员只需在他们的文档中采用少量的模板代码即可实现，这样可把精力集中在内容上。要改变网站的外观，管理员只需修改模板而不是一个个单独的页面。内容管理系统也简化了网站的内容供给和内容管理的责任委托。很多内容管理系统允许对网站不同层面的人员赋予不同等级的访问权限，这使他们不必研究操作系统级的权限设置，只需用浏览器接口即可完成。其他的特性，如搜索引擎、日历、Web 邮件等也会内置于内容管理系统中，或允许以第三方插件的形式集成进来。

内容管理系统被分离成不同的层面，各个层面优先考虑的需求不同，具体分析如下。

第一，后台业务子系统管理：新闻录入系统、BBS 论坛子系统、全文检索子系统等；针对不同的系统应优先考虑方便管理者的内容录入；所见即所得的编辑管理界面等；清晰的业务逻辑；各种子系统的权限控制机制等。

第二，Portal 系统：网站首页、子频道/专题页、新闻详情页是各种后台子系统模块的各种组合，这种发布组合逻辑是非常丰富的，Portal 系统负责以上这些后台子系统的组合表现管理。

第三，前台发布：面向最终用户的缓存发布；搜索引擎 Spider 的 URL 设计等。

首先，内容管理和表现的分离。很多成套的 CMS 没有把后台各种子系统和 Portal 分开设计，使得整个系统非常庞杂。这样的系统各个子系统捆绑得比较紧，结果很难改变后台的模块。把后台各种子系统内容管理逻辑和前台的表现/发布分离后，Portal 和后台各个子系统之间只是数据传递的关系——Portal 只决定后台各个子系统数据的取舍和表现，而后台的各个子系统也都非常容易插拔。

其次，内容管理和数据分发的分离。设计者需要在设计 Portal 系统的时候注意可缓存性设计。对于 CMS 后台管理和发布机制不要过多考虑"效率"问题，只要最终页面输出的设计可缓存，"效率"问题可通过更前端、专门的缓存服务器解决。

此外，除了面向最终浏览器用户外，还要注意面向搜索引擎友好的 URL 设计。

通过 URL Rewrite 转向或基于 PATH_INFO 的参数解析使动态网页在链接形式上更像静态的目录结构，方便网站内容被搜索引擎收录。

内容管理系统具有如下特点：

第一，基于 B/S 模式的三层体系，支持跨平台部署，采用 Java 技术，符合 J2EE 规范，遵循 XML 标准；

第二，以结构化和非结构化数据相结合的方式进行存储管理，支持 Oracle 等大型数据库；

第三，具有自动实时备份恢复功能，可以对任意修改、删除过的文件/新闻进行恢复；

第四，所有文件以静态页面形式发布到 Web 服务器；

第五，提供基于 HTML 的可视化稿件编辑和模板制作工具；

第六，适应新闻采编流程和管理习惯，权限控制严格、配置方便、流程明晰；

第七，具有良好的扩展性，支持内容管理服务器和发布服务器的集群；

第八，系统支持快速、高效地建立、部署并维护多个 Web 站点；

第九，各站点具有独立完善的栏目设置和采编功能；

第十，网站频道、栏目采用树型结构管理；

第十一，每个栏目可选择不同的栏目模板与文章模板；

第十二，充分采用模板技术，将内容和表现分离；

第十三，页面风格可灵活设置，能够在不改变内容的情况下方便改版；

第十四，支持 Dreamweaver 下的可视化模板制作；

第十五，支持对 HTML 网页完整的复制粘贴，提供基于 HTML 的可视化稿件编辑器；

第十六，能够对报社 PS 文件反解；

第十七，支持远程发稿；

第十八，支持字体段落设置、图文混排、插入多媒体、附件等；

第十九，可设置标题、副题、作者、来源、关键字、摘要等稿件属性；

第二十，提供图片缩放、水印、压缩等处理功能；

第二十一，提供自动添加热字链接功能；

第二十二，一篇稿件可签发到多个栏目，并可在栏目间进行关联、复制、移动等操作；

第二十三，支持实时发布和定时发布，稿件从签发到上网时间在秒级完成；

第二十四，提供实时、彻底的撤稿处理，可以实现实时无痕迹撤稿；

第二十五，支持各栏目按指定时间段批量自动发布页面；

第二十六，以 XML 格式提供数据导入、导出接口；

第二十七，提供操作日志记录；

第二十八，可设置对某栏目下的新闻进行评论，可根据需要将新闻评论设置为先审后发、先发后审、只可看不可评论、暂停新闻评论功能等模式；

第二十九，同内容聚合系统、抓取系统无缝结合，可以方便地实现各种导入配置，实现自动导入和手工导入；

第三十，完善的访问量统计，为科学决策提供各类可靠数据，访问量不但可以精确到频道、文件，而且可以精确到编辑；

第三十一，完善的编辑、频道工作量统计，为人员绩效考核提供准确的数据。

二、服务门户的信息查询

服务门户的信息查询主要是由门户为公众用户提供针对各委办局各类开放数据的信息查询功能，根据每个城市的机构设置和数据开放程度，所提供的内容不尽相同，但共性的是都要解决以下几个问题。

第一，对于访问量大的共性信息，需要通过技术手段实现数据的聚合，以在统一平台上快捷地提供给客户；对于变化快、实时性强的个体数据则需要通过代理技术代理用户到其他委办局的第三方平台进行数据查询。上述两种情况都涉及与其他系统的数据接口交互，目前主要采用 Web Service 及 RESTful 方式，此外。本书还提供一种基于大数据爬取技术的"聚门户"数据聚合技术。

第二，对于公众用户的个体信息的查询，涉及不同委办局的不同信息系统的登录及实时查询，这就需要采用统一门户技术来解决。

第三，目前，公众用户的注册为了防止假冒及信息泄露，需要采取统一用户身份认证技术。

（一）统一门户技术

统一门户也被称为单点登录（Single Sign On，SSO）技术，指的是在多个应用系统中，用户只需要登录一次就可以访问所有相互信任的应用系统。统一门户是为了方便用户访问组织机构内所有的授权资源和服务，简化用户管理，基于轻型目录访问协议（LDAP）或数据库，对组织机构内所有应用实行统一的用户信息的存储、认证和管理。

统一门户平台一般包括以下三个部分。

1. **目录服务**

目录服务是统一身份认证平台的基础，以面向对象的数据库和LDAP的方式集中管理用户信息，保证数据的一致性和完整性，为数字化公司中的各类应用提供用户信息共享。

2. **统一身份管理**

统一身份管理要充分考虑客户单位业务的需求，包含组织机构及用户管理、数据维护等功能，提供职位变更的身份转换、组织机构的拆分和合并等，为统一门户提供一个方便安全的身份管理平台。

3. **统一身份认证管理**

统一身份认证管理主要为其他系统提供认证服务，用户只需要登录一次，即在通过一个应用中的安全验证后，再访问其他应用中的受保护资源时，不再需要重新登录验证。

最为核心的统一身份认证平台实现了各系统统一身份认证，用户实现一个账号与密码统一登录所有系统。系统建设以目录服务和认证服务为基础的统一用户管理、授权管理和身份认证体系，将组织信息、用户信息统一存储，进行分级授权和集中身份认证，规范应用系统的用户认证方式。系统提高了应用系统的安全性和用户使用的方便性，实现全部应用的单点登录。公司工作人员在调动、调级、调职等变更后，或公司体制改革、组织机构变动后，用户的身份和权限在各系统之间同步协调。系统采用层次化、模块化的设计，整体分为接口层、核心层、门户层三层。系统从可扩展性、高性能、系统的松耦合性、安全性等角度进行了充分的考虑，为安全信息系统的管理提供了一个商业级、智能化的访问管理平台。统一身份认证平台架构如图4-1所示。

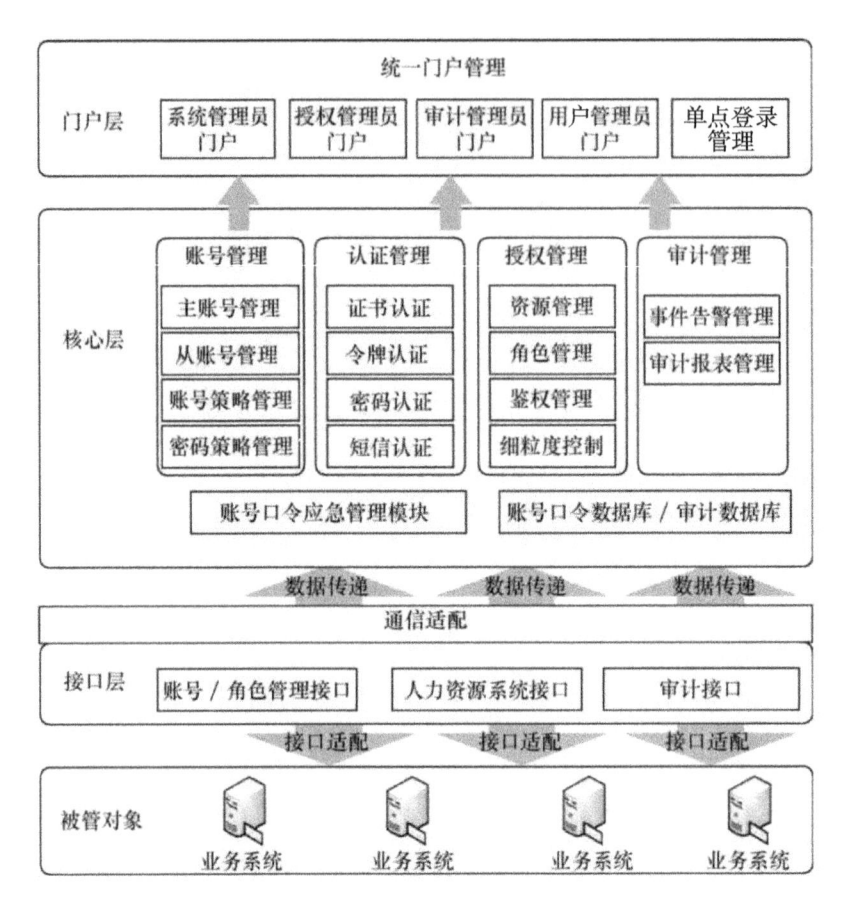

图 4-1 统一身份认证平台架构

（1）接口层功能

接口层的主要功能是实现核心层与外部产品、用户资源系统之间的数据交互，包括账号类、认证类、授权类和审计类四个方面的接口。其中，账号/角色管理接口实现资源从账号的收集和同步管理，认证接口实现与第三方强身份认证产品的联动和主账号认证，访问控制策略接口实现访问控制策略的下发，审计接口能接收外部系统产生的各类日志。通过数据接口层完成系统与各种应用系统的相关接口通信，包括与单位人力资源管理系统主账号同步的信息以及与业务系统通信的认证、授权信息，最终传递至核心层进行业务处理。

（2）核心层功能

系统核心层由账号管理、认证管理、授权管理和审计管理四个子系统，以及账号口令应急模块和账号口令数据库/审计数据库共同构成。核心层处理完毕的业务信息上传到门户层以提供给系统管理员、审计管理员、授权管理员等不同人员进行业务使用。核心层具体的功能模块如下。

①主账号管理。

②从账号管理。

③账号策略管理。

④密码策略管理。

⑤令牌认证管理。

⑥证书认证管理。

⑦密码认证管理。

⑧短信认证管理。

⑨资源管理。

⑩角色管理。

⑪鉴权管理。

⑫细粒度控制。

⑬事件告警管理。

⑭审计报表管理。

（3）门户层功能

系统核心层对账号管理、认证管理、授权管理、审计管理的业务处理结果，通过统一门户对普通用户和管理员用户进行呈现，具体功能模块包括如下内容。

①系统管理员门户。

②用户管理员门户。

③授权管理员门户。

④审计管理员门户。

⑤单点登录管理。

（二）Web Service

Web Service 是一个平台独立的、低耦合的、自包含的、基于可编程的 Web 的应用程序，可使用开放的可扩展标记语言（XML）标准来描述、发布、发现、协调和配置这些应用程序，用于开发分布式的互操作的应用程序。

Web Service 技术，能使运行在不同机器上的不同应用无须借助附加的、专门的第三方软件或硬件，就可相互交换数据或集成。依据 Web Service 规范实施的应用，无论它们所使用的语言、平台或内部协议是什么，都可以相互交换数据。

Web Service 是自描述、自包含的可用网络模块，可以执行具体的业务功能。Web Service 也很容易部署，因为它们基于一些常规的产业标准以及已有的一些技术，诸如 XML、超文本传输协议（HTTP）。Web Service 减少了应用接口的花费，为整个企业甚至多个组织之间的业务流程的集成提供了一个通用机制。

Web Service 平台需要一套协议来实现分布式应用程序的创建。任何平台都有它的数据表示方法和类型系统。要实现互操作性，Web Service 平台必须提供一套标准的类型系统，用于沟通不同平台、编程语言和组件模型中的不同类型系统。这些协议有：

（1）XML 和 XSD

XML（标准通用标记语言下的一个子集）是 Web Service 平台中表示数据的基本格式。除了易于建立和易于分析外，XML 主要的优点在于它既与平台无关，又与厂商无关。XML 是由万维网协会创建的，万维网协会制定的 XML Schema（XSD）定义了一套标准的数据类型，并给出了一种语言来扩展这套数据类型。

Web Service 平台是用可扩展标记语言架构（XSD）作为数据类型系统的。当用某种语言（如 VB. NET 或 C#）来构造 Web Service 时，为了符合 Web Service 标准，所有使用的数据类型都必须被转换为 XSD 类型。

（2）SOAP

简单对象访问协议（Simple Object Access Protocol，SOAP），是用于交换 XML 编码信息的轻量级协议。它有三个方面的内容：XML-envelope 为描述信息内容和如何处理内容定义了框架；将程序对象编码成 XML 对象的规则；执行远程过程调用（RPC）的约定。SOAP 可以运行在任何其他传输协议上。例如，我们可以使用简单邮件传输协议（SMTP），即因特网电子邮件协议来传递 SOAP 消息，这可是很有诱惑力的。

Web Service 希望实现不同的系统之间能够用"软件—软件"对话的方式相互调用，打破软件应用、网站和各种设备之间格格不入的状态，实现"基于 Web 无缝集成"的目标。

（3）WSDL

网络服务描述语言（WSDL）是用机器能阅读的方式提供的正式描述文档而基于 XML 的语言，用于描述 Web Service 及其函数、参数和返回值。因为它是基于 XML 的，所以 WSDL 既是机器可阅读的，又是人可阅读的。

第四章　基于大数据技术的智慧城市电子政务建设

（4）UDDI

UDDI 目的是为电子商务建立标准。UDDI 是一套基于 Web 的、分布式的、为 Web Service 提供信息注册中心的实现标准，同时包含一组访问协议的实现标准，使得企业能提供 Web Service 注册，并使其他企业发现并访问这些 Web Service。

（5）RPC 与消息传递

Web Service 本身其实是在实现应用程序间的通信。我们有两种应用程序通信的方法：RPC 与消息传递。使用 RPC 时，RPC 系统试图实现一种位置上的透明：服务器暴露出远程对象的接口，而客户端就好像在本地使用这些对象的接口一样，这样就隐藏了底层的信息，客户端也就根本不需要知道对象在哪台机器上。

（三）RESTful

1.REST 与 RESTful

REST 描述了一个架构样式的网络系统，例如 Web 应用程序。它首次出现在 2000 年罗伊·菲尔丁的博士论文中，他是 HTTP 规范的主要编写者之一。在目前主流的三种 Web 服务交互方案中，REST 相比于 Web Service 的 SOAP 以及 XML-RPC 更加简单明了，无论是对统一资源定位系统（URL）的处理还是对 Payload 的编码，REST 都倾向于用更加简单的方法。值得注意的是，REST 并没有一个明确的标准，而更像是一种设计的风格。REST 指的是一组架构约束条件和原则，满足这些约束条件和原则的应用程序或设计就是 RESTful。

Web 应用程序最重要的 REST 原则是，客户端和服务器端之间的交互在请求之间是无状态的。从客户端到服务器端的每个请求都必须包含理解请求所必需的信息。如果服务器在请求之间的任何时间点重启，客户端不会得到通知。此外，无状态请求可以由任何可用服务器回答，这十分适合云计算之类的环境。客户端可以缓存数据以改进性能。

在服务器端，应用程序状态和功能可以分为各种资源。资源是一个有趣的概念实体，它向客户端公开。资源的例子有应用程序对象、数据库记录、算法等。每个资源都使用统一资源标识符（URI）得到唯一的地址。所有资源都共享统一的接口，以便在客户端和服务器端之间传输状态，使用的是标准的 HTTP 方法，如 GET、PUT、POST 和 DELETE。Hypermedia 是应用程序状态的引擎，资源表示通过超链接互联。

2.RESTful 与 RPC

使用 RPC 样式架构构建的基于 SOAP 的 Web 服务成为实现面向服务的结构（SOA）最常用的方法。RPC 样式的 Web 服务客户端将一个装满数据的信封（包括方法和参数信息）通过 HTTP 发送到服务器；服务器打开信封并使用传入参数执行指定的方法；方法的结果打包到一个信封并作为响应发回客户端；客户端收到响应并打开信封；每个对象都有自己独特的方法以及仅公开一个 URI 的 RPC 样式 Web 服务，URI 表示单个端点。它忽略了 HTTP 的大部分特性且仅支持 POST 方法。

由于轻量级以及通过 HTTP 直接传输数据的特性，Web 服务的 RESTful 方法已经成为最常见的替代方法，可以使用各种语言（如 Java 程序、Perl、Ruby、Python、PHP 等）实现。

在 REST 样式的 Web 服务中，每个资源都有一个地址。资源本身都是方法调用的目标，方法列表对所有资源都是一样的。这些方法都是标准方法，包括 GET、POST、PUT、DELETE，也包括 HEADER 和 OPTIONS。

在 RPC 样式的架构中，关注点在于方法；而在 REST 样式的架构中，关注点在于资源——使用标准方法检索并操作信息片段（使用表示的形式）。资源表示形式通用超链接互联。

理查森引入了术语 REST-RPC 混合架构。REST-RPC 混合 Web 服务不使用信封包装方法、参数和数据，而是直接通过 HTTP 传输数据，这与 REST 样式的 Web 服务是类似的。但是它不使用标准的 HTTP 方法操作资源，在 HTTP 请求的 URI 部分存储方法信息。几个知名的 Web 服务，如雅虎（Yahoo）的 Flickr API 和 Delicious API 都使用这种混合架构。

（四）"聚门户"数据聚合引擎与网络爬虫

1."聚门户"数据聚合引擎

"聚门户"是南京思柏瑞信息科技有限公司生产的一套数据聚合引擎中间件软件产品，其核心原理是将统一门户技术、爬虫技术与大数据的分布式处理技术、移动化技术进行整合。其功能目标是基于大数据技术同步聚合政企单位多个信息源（信息系统）数据到中间层统一平台，经过数据再处理和转换适配后通过 App、H5 微网站、Web 统一门户形式呈现给终端用户。"聚门户"数据聚合引擎架构如图 4-2 所示。

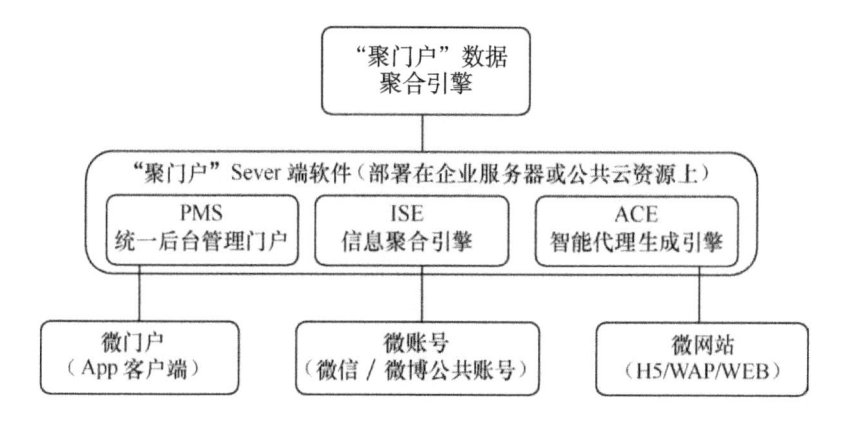

第四章 基于大数据技术的智慧城市电子政务建设

图 4-2 "聚门户"数据聚合引擎架构

第一，PMS 统一后台管理门户提供了客户端及中间件自身的统一配置操作和门户管理。

第二，ISE 信息聚合引擎采用大数据并行处理和爬虫技术完成对政企单位管网及 BS 结构业务系统的信息聚合。

第三，ACE 智能代理生成引擎智能对接后台信息系统，代理用户查询第三方平台数据，并代理用户从移动端向第三方平台提交数据。

"聚门户"数据聚合引擎中间件软件的核心技术如下。

第一，信息抓取。通过爬虫技术实现对政府信息公开等网站信息资源的全文检索，并面向手机和手持终端用户展现。对丰富的网站资源，提供个性化资源的定制选择，构建属于公众自己的个性化移动互联门户。

第二，多信息源聚合。通过使用海量信息聚合技术采集和聚合政府门户网站上指定的各栏目信息和内容，使其按照手机和手持终端的栏目规划进行内容展现。

第三，多客户端适配。在手机客户端方面，系统开发支持面向 iPhone、Android 等各类手机终端的平台。

2. 网络爬虫

网络爬虫，又被称为网页蜘蛛、网络机器人，是按照一定的规则，自动地抓取万维网信息的程序或者脚本。随着网络的迅速发展，万维网成为大量信息的载体，如何有效地提取并利用这些信息成为一个巨大的挑战。传统的通用搜索引擎如雅虎、谷歌等，作为一个辅助人们检索信息的工具，成为用户访问万维网的入口和指南。但是，这些通用搜索引擎也存在着一定的局限性，如：

其一，不同领域、不同背景的用户往往具有不同的检索目的和需求，通用搜索引擎所返回的结果包含大量用户不关心的网页；

其二，通用搜索引擎的目标是提高网络覆盖率，有限的搜索引擎服务器资源与无限的网络数据资源之间的矛盾将进一步加深；

其三，随着万维网数据形式不断丰富和网络技术不断发展，图片、数据库、音频、视频多媒体等不同数据大量出现，通用搜索引擎往往对这些信息含量密集且具有一定结构的数据无能为力，不能很好地发现和获取；

其四，通用搜索引擎大多提供基于关键字的检索，难以支持根据语义信息提出的查询。

网络爬虫按照系统结构和实现技术，大致可以分为以下几种类型：通用网络爬虫、聚焦网络爬虫、增量式网络爬虫、深层网络爬虫。实际的网络爬虫系统通常是几种爬虫技术相结合实现的，"聚门户"数据聚合引擎中间件就是如此。

（1）通用网络爬虫

通用网络爬虫又称全网爬虫，爬行对象从一些种子URL扩充到整个Web，主要为门户站点搜索引擎和大型Web服务提供商采集数据。由于商业原因，它们的技术细节很少公布出来。这类网络爬虫的爬行范围和数量巨大，对于爬行速度和存储空间要求较高，对于爬行页面的顺序要求相对较低，同时由于待刷新的页面太多，通常采用并行工作方式，但需要较长时间才能刷新一次。虽然存在一定缺陷，但通用网络爬虫适用于为搜索引擎搜索广泛的主题，有较强的应用价值。

通用网络爬虫的结构大致可以分为页面爬行模块、页面分析模块、链接过滤模块、页面数据库、URL队列、初始URL集合几个部分。为提高工作效率，通用网络爬虫会采取一定的爬行策略。常用的爬行策略有深度优先策略、广度优先策略。

深度优先策略。其基本方法是按照深度由低到高的顺序，依次访问下一级网页链接，直到不能再深入为止。爬虫在完成一个爬行分支后返回到上一链接节点进一步搜索其他链接。当所有链接遍历完后，爬行任务结束。这种策略比较适合垂直搜索或站内搜索，当爬行页面内容层次较深的站点时，会造成资源的巨大浪费。

广度优先策略。此策略按照网页内容目录层次深浅来爬行页面，处于较浅目录层次的页面首先被爬行。当同一层次的页面爬行完毕后，爬虫再深入下一层继续爬行。这种策略能够有效控制页面的爬行深度，避免遇到一个无穷深层分支时无法结束爬行，不足之处在于需较长时间才能爬行到目录层次较深的页面。

（2）聚焦网络爬虫

聚焦网络爬虫又称主题网络爬虫，指选择性地爬行那些与预先定义好的主题相关的页面的网络爬虫。与通用网络爬虫相比，聚焦网络爬虫只需要爬行与主题相关的页面，极大地节省了硬件和网络资源，保存的页面也由于数量少而更新快，还可以很好地满足一些特定人群对特定领域信息的需求。

聚焦网络爬虫与通用网络爬虫相比，增加了链接评价模块以及内容评价模块。聚焦网络爬虫爬行策略实现的关键是评价页面内容和链接的重要性，不同的方法计算出的重要性不同，由此导致链接的访问顺序也不同。

第一，基于内容评价的爬行策略。DeBra将文本相似度的计算方法引入网络爬虫中，提出了Fish Search算法，它将用户输入的查询词作为主题，查询词的页面被视为与主题相关，其局限性在于无法评价页面与主题的相关度。Herseovic对Fish Search算法进行了改进，提出了Shark-Search算法，利用空间向量模型计算页面与主题的相关度。

第二，基于链接结构评价的爬行策略。Web页面作为一种半结构化文档，包含很多结构信息，可用来评价链接的重要性。PageRank算法最初用于在搜索引擎信息检索时对查询结果进行排序，也可用于评价链接的重要性，具体做法是每次选择PageRank值较大页面中的链接来访问。另一个利用Web结构评价链接价值的方法是HITS方法，它计算每个已访问页面的Authority权重和Hub权重，并以此决定链接的访问顺序。

第三，基于增强学习的爬行策略。Rennie和McCallum将增强学习引入聚焦网络爬虫，利用贝叶斯分类器，根据整个网页文本和链接文本对超链接进行分类，为每个链接计算重要性，从而决定链接的访问顺序。

第四，基于语境图的爬行策略。Diligenti等提出了通过建立语境图学习网页之间的相关度来训练机器学习系统。通过该系统可计算当前页面到相关Web页面的距离，优先访问距离越近的页面中的链接。IBM研究中心的研究人员开发了一个典型的聚焦网络爬虫。该爬虫对主题的定义既不是采用关键词也不是加权矢量，而是采用一组具有相同主题的网页。它包含两个重要模块：一个是分类器，用来计算所爬行的页面与主题的相关度，确定是否与主题相关；另一个是净化器，用来识别通过较少链接连接到大量相关页面的中心页面。

（3）增量式网络爬虫

增量式网络爬虫指对已下载网页采取增量式更新和只爬行新产生的或者已经发生变化网页的爬虫，能够在一定程度上保证所爬行的页面是尽可能新的页面。

与周期性爬行和刷新页面的网络爬虫相比，增量式网络爬虫只会在需要的时候爬行新产生或发生更新的页面，不会重新下载没有发生变化的页面，可有效减少数据下载量，及时更新已爬行的网页，节约时间，但是增加了爬行算法的复杂度和实现难度。增量式网络爬虫的体系结构包含爬行模块、排序模块、更新模块、本地页面集、待爬行 URL 集以及本地页面 URL 集。

增量式网络爬虫有两个目标：保持本地集中存储的页面为最新页面和提高本地页面质量。为实现第一个目标，增量式网络爬虫需要通过重新访问网页来更新本地页面内容，常用的方法有统一更新法，爬虫以相同的频率访问所有网页，不考虑网页的改变频率；个体更新法，爬虫根据个体网页的改变频率来重新访问各页面；基于分类的更新法，爬虫根据网页改变频率将其分为更新较快网页子集和更新较慢网页子集两类，然后以不同的频率访问这两类网页。为实现第二个目标，增量式网络爬虫需要对网页的重要性排序，常用的策略有广度优先策略、PageRank 优先策略等。IBM 开发的 Web Fountain 是一个功能强大的增量式网络爬虫，它采用优化模型控制爬行过程，并没有对页面变化过程做任何统计假设，而是采用一种自适应的方法根据先前爬行周期的爬行结果和网页实际变化速度对页面更新频率进行调整。

（4）深层网页爬虫

Web 页面按存在方式可以分为表层网页和深层网页。表层网页指传统搜索引擎可以索引的页面，以超链接可以到达的静态网页为主构成的 Web 页面。深层网页是指那些大部分内容不能通过静态链接获取的、隐藏在搜索表单后的，只有用户提交一些关键词才能获得的 Web 页面。例如，用户注册后，内容才可见的网页就属于深层网页。深层网页中可访问信息容量是表层网页的几百倍，是互联网上最大、发展最快的新型信息资源。

深层网页爬虫爬行过程中最重要的部分就是表单填写，包含两种类型，具体内容如下。

首先，基于领域知识的表单填写。此方法一般会维持一个本体库，通过语义分析来选取合适的关键词填写表单。有学者提出一种获取表单信息的多注解方法，将数据表单按语义分配到各个组中，对每组进行多方面注解，结合各种注解结果预测一个最终的注解标签；郑冬冬等利用一个预定义的领域本体知识库来识别深层网页页面内容，同时利用一些来自 Web 站点的导航模式来识别自动填写表单时所需进行的路径导航。

其次，基于网页结构分析的表单填写。此方法将网页表单表示成 DOM 树，从中提取表单各字段值。有学者提出一种 LEHW 方法，该方法将 HTML 网页表示为 DOM 树形式，将表单区分为单属性表单和多属性表单，分别进行处理；孙彬等提出一种基于 XQuery 的搜索系统，它能够模拟表单和特殊页面标记切换，把网页关键词切换信息描述为三元组单元，按照一定规则排除无效表单，将 Web 文档构造成 DOM 树，利用 XQuery 将文字属性映射到表单字段。

在 HIWE 系统中，爬行管理器负责管理整个爬行过程，分析下载的页面，将包含表单的页面提交表单处理器处理，表单处理器先从页面中提取表单，从预先准备好的数据集中选择数据自动填充并提交表单，由爬行控制器下载相应的结果页面。

"聚门户"数据聚合引擎中间件就是采用了上述数种爬虫技术，并结合大数据并行处理技术、数据分析技术等实现的一套中间件，它在爬虫技术方面有以下特点：

①可定制模块为用户提供爬虫代码生成界面，并使用不同的模式帮助用户快速生成爬虫代码。

②标准化模块完全实现了万维网联盟（W3C）制定的"XQuery Scripting Extension 1.0"（下面简称 XQSX）标准，并以此脚本作为爬虫定义语言。XQSX 作为 XQuery 的补充，很好地弥补了 XQuery 的不足，它在 XQuery 的基础上添加了诸多语言元素，如声明、控制流以及用户自定义过程，从而使 XQuery 在保持高效数据解析能力的同时成为真正意义上的结构化 XML 查询语言。

③丰富的预定义模块。系统爬虫模块为最终用户提供了丰富的 API 接口，供用户在生成自己的爬虫程序时使用。

④可扩展性模块。系统在提供了极其丰富的内建接口的基础上，也为用户提供了二次开发接口，最终用户可以利用该接口为爬虫模块提供更多的用户定制功能。爬虫模块本身编写的过程混合使用了 C++、Java 两种语言，并提供了统一的扩展接口，因此，用户可以根据自己的喜好，自由地选择上述两种语言作为用户定制功能的开发语言。

⑤支持爬虫并发，即要求引擎支持不少于同时对 100000 个 URL 做实时爬虫搜索。

⑥支持关键词匹配筛选搜索。

⑦支持搜索结果按某种标准排序（时间顺序、关键词匹配程度）。

⑧支持多种搜索引擎模块，不同企业客户的云爬虫可以挂接不同的引擎模块。

⑨支持一定的处理功能，如去重、筛选、模板适配、数据分析、关键词检索、语义分析等。网络爬虫功能如图 4-3 所示。

图 4-3　网络爬虫功能

（五）身份实名认证

政务服务门户需要构建基于实名制的信息服务体系。通过构建可信的网络服务身份认证系统，建立跨部门的实名制互认机制，共享实名认证资源，实现统一门户（单点登录）和个性化信息推送，提升市民服务体验，推进诚信信用应用。

实名认证的实现方式分为线下认证、线上认证、身份证/市民卡 NFC 刷卡认证三种认证方式。

第一，线下认证指用户提交手机号并上传手持身份证或市民卡的上半身照片，由后台工作人员通过人工核对方式进行认证。

第二，线上认证是利用相关政府部门或电信运营商已建立的实名认证渠道，当用户在城市智能门户请求线上实名认证时，用户自选本人已实现实名认证的方式并输入认证信息，由相关方验证请求信息，通过验证后即注册为实名用户。可线上实名注册验证包括如下方式：

①市民社保卡号、社保卡密码及手机号码。

②身份证号码及手机号码。

③个税查询账号、个税密码及手机号码。

④身份证号码、车辆发动机号、车架号及手机号码。

⑤身份证号码、移动电话号码、查询密码。

⑥身份证号码、户口本户号及手机号码。

⑦网上预约挂号市民卡号、密码及手机号码。

第三，身份证/市民卡 NFC 刷卡认证是用户通过具有 NFC 功能的手机读取身份证/市民卡信息，经身份证/市民卡中身份信息验证后完成实名认证。南京思柏瑞信息科技有限公司的身份证 NFC 刷卡认证技术已经广泛应用于各地政务和公安体系。下面重点介绍身份证 NFC 刷卡认证技术。

近年来，二代居民身份证阅读器被广泛用于涵盖政府、金融、证券、公安、交通、石化、社保、教育、税务、电力、公司办公自动化、娱乐消费等部门和行业。它采用国际上先进的 TypeB 非接触 IC 卡阅读技术，配以公安部授权的专用身份证安全控制模（SAM），以无线传输方式与第二代居民身份证内的专用芯片进行安全认证后，将芯片内的个人信息资料读出，将此信息上传至计算机，并完成解码、显示、存储、查询和自动录入等功能。

二代居民身份证读卡器是一种能判断身份证是否伪造的设备，像验钞机一样，能对身份证真伪进行有效识别。二代居民身份证内含有 RFID 芯片，通过二代居民身份证读卡器，身份证芯片内所存储的信息，包括姓名、地址、照片等将一一显示。RFID 芯片采用智能卡技术，无法复制，高度防伪，配合二代居民身份证读卡器，假身份证将无处藏身。

二代居民身份证信息云端集中识别平台利用各电信运营商现有的优势，实施网络化集中解码的身份证识别系统。系统设计理念是给每个末梢终端配备读头/RFID 阅读设备，读头和电脑/手机连通；或者配备具备 NFC 功能的安卓智能手机。解码设备只需要安装在网络服务器上，通过网络技术，将多个业务终端通过内网连接至一个安全解码设备上，这样能大大减少解码设备的数量，从而实现在保证数据安全的前提下，达到降低成本、缩短采购周期的目标。此平台可对外提供开放、稳定、高效的二代居民身份证识别能力，对智慧政务平台提供公众用户身份认证支撑。

三、服务门户的信息交互

信息交互主要指各类网上办事、线上受理的业务，需要政府工作人员通过后台予以审核、审批、回复、批件等。该板块的目标是整合各类政务服务事项和业务办理信息，建成覆盖全市、部门协同、整体联动、一网办理的"互联网+政务服务"平台，逐步实现政务服务"一号申请、一窗受理、一网通办"，提升政务服务智慧化水平，让群众和企业办事更方便、更快捷、更高效。

为了通过服务门户实现信息交互、网上办事，除了需要前面讲到的技术，还需要一个关键技术——工作流技术。

（一）工作流概述

工作流指业务过程的部分或整体在计算机应用环境下的自动化，是对工作流程及各操作步骤之间业务规则的抽象、概括描述。工作流主要解决的问题是为了实现某个业务目标，利用计算机在多个参与者之间按某种预定规则自动传递文档、信息或者任务。工作流的概念源于生产组织和办公自动化领域，是针对日常工作中具有固定程序的活动提出的一个概念，目的是通过将工作分解成定义良好的任务或角色，按照一定的规则和过程来执行这些任务并对其进行监控，达到提高工作效率、更好地控制过程、更好地服务客户、有效管理业务流程等目的。尽管工作流已经取得了较大的成就，但对工作流的定义还不够统一和明确。1993年，工作流管理联盟作为工作流管理的标准化组织而成立，标志着工作流技术逐步走向成熟。工作流管理联盟将工作流定义为一类能够完全自动执行的经营过程，根据一系列过程规则，将文档、信息或任务在不同的执行者之间进行传递与执行。

（二）工作流 2.0

工作流 2.0 的定义是实现工作过程管理的自动化、智能化和整合化。工作流 2.0 最主要的特征是可以实现数据整合和数据统计，消除"信息孤岛"，既能实现 OA 办公系统内部工作流之间的数据整合，如借款与报销、预算与决算等，又能实现 OA 办公系统工作流与其他业务系统之间的数据整合，如 HR、ERP、CRM 等。

如果为工作流 1.0 贴上标签，那就是"无纸化、重复工作、流程'孤岛'、系统'孤岛'、数据'孤岛'"；工作流 2.0 对应的则是"智能化、效率提升、外部数据整合、内部数据整合"。毫无疑问，工作流 2.0 更加智能，更加整合，能够实现数据的同步交换和共享，这些特征更受用户欢迎，能有效帮助企业简化多余流程，是未来工作流技术发展的方向。

（三）工作流的实施

工作流的实施需要三个基本步骤：映射、建模和管理。映射是第一个步骤，首要任务是确定并且文档化组织内全部现有的手工和自动化的业务流程。建模则是开发一个有助于建成流线型业务过程的模型。管理阶段是软件实施以及跨越全部工作部门、业务单元甚至是整个企业的无缝系统集成。为了确保工作流系统能够无缝地实施到组织机构中，项目组必须遵从已经定义的、经过实践确认的、行之有效的工作方法，并且在每个工作阶段都必须有可以度量的结果。一个深思熟虑的实施计划被有经验的团队执行，是成功地采用和实施工作流的决定因素。下面，笔者介绍一个可供典型组织机构采纳的高层工作流。

建立项目管理办公室。项目管理办公室的组成是第一步，也是最重要的一步。项目管理办公室的成员须经过严格挑选，他们代表组织内的业务、运营、审计等部门。产品供应方的产品专家、技术支持人员和管理人员也必须参与其中，以与用户互补。通常在项目管理办公室中还包含变更管理顾问，有助于办公人员形成不同的思路。项目管理办公室从整体上确立项目的实施范围、目标、实施时间框架以及优先级等。

业务分析。项目组分析用户现有的业务流程，找出哪些流程需要优化和改进，以达到最佳效果，并分析每个流程的时间线和期望的结果。项目组与关键人员进行谈话，收集信息，从而决定工作流系统如何满足需求。

确定目标。确定最佳目标是建立在详细分析业务流程的基础之上的。工作流项目的目标定义应该清晰并可以进行验证，好的目标往往意味着项目的成功。在实施过程中，项目组必须确认达到的结果是它们所期望的结果。例如，如果目标是缩短开发票周期两周，则必须分析现有的时间跟踪、记账和开发票等流程。

确定实施计划。目标确立后，由用户和软件供应商组成的项目组展示工作流解决方案具备的各种模块，根据用户提出的特定需求定义它们的功能和特性，并基于业务的优先级，共同决定每个模块的上线时间。

将业务流程在工作流系统中建立模型。在实施过程中建立业务模型是一个极重要的步骤。用户应当同软件产品应用专家合作，以在易用性和功能需求之间达到平衡。用户可以在部署阶段对模型进行测试，以确保该模型符合实际要求。

实现流程和软件集成。在这个阶段，项目组将确定现有的需要与工作流系统交互的流程与系统。如果处理不当，新旧流程的集成将失败。流程集成的一个重要方面就是在多系统之间消除或最小化冗余数据，并在多个系统间复制这些数据。流程必须紧密集成，数据必须能跨越不同的流程和应用，顺畅流动。

项目组必须确保工作流系统符合用户组织机构的安全标准，这一点经常在部署阶段被忽视。部署工作流系统包括两部分内容。第一部分是技术，包括硬件和软件的安装、备份、恢复以及网络安装等，这与一般的IT应用实施相似。第二部分是上线试运行，试运行小组应具有代表性。项目组必须与试运行小组就项目的重要性进行沟通，并确保提供足够的培训，使试运行小组能够对试运行工作得心应手。项目组应建立清晰的沟通渠道，保证在试运行期间可以及时反馈用户的意见和建议。试运行将鉴别出原来设计和计划的缺点，并为项目组硬件和软件在大规模上线运行前出现的问题提供解决依据。这也可以提高用户对于新流程的接受程度，因为用户觉得他们也参与了项目的开发部分，解决方案不是强加给他们的。

一般认为，采用阶段性实施工作流系统可使用户更快地获得效益。阶段性实施还给予用户更多的时间了解、评估他们进一步的需求，项目实施期间也方便进行修改。另外，阶段性实施项目可以降低风险。

在系统评估时，在每一个阶段完成后，项目组都应该基于项目开始设定的目标，对已经完成的结果进行评估，同时分析所获得的结果，并与最初的设计目标相对照，确保工作流在现有的业务环境中优化出更合理的解决方案。

（四）工作流管理系统

工作流管理系统是定义、创建、执行工作流的系统。在最高层上，工作流管理系统应能提供以下三个方面的功能支持。

第一，建造功能：对工作流过程及其组成活动定义和建模。

第二，运行控制功能：在运行环境中管理工作流过程，对工作流过程中的活动进行调度。

第三，运行交互功能：在工作流运行中，工作流管理系统与用户（业务工作的参与者或控制者）及外部应用程序工具进行交互。

由于信息技术的发展和日趋激烈的商业竞争，人们不再满足于独立、零散的办公自动化和计算机应用，而是需要综合的、集成化的解决方案。作为一种对常规性事务进行管理、集成的技术，工作流管理系统的出现是必然的。它具有以下作用。

①改进和优化业务流程，提高业务工作效率。
②实现更好的业务过程控制，提高顾客服务质量。
③提高业务流程的柔性等。

第三节　智能办公

本节将围绕政府行政部门的内部办公和针对外部公众用户提供服务的行政审批系统展开介绍。需要注意的是，在很多场合下这两个部分并不是独立的，而是互相关联的。很多对外部的行政审批事务都可能要转换为内部的办公功能，由内部各部门按照工作流机制进行行政业务处理。

第四章 基于大数据技术的智慧城市电子政务建设

一、办公自动化系统

（一）OA 概述

办公自动化（Office Automation，简称 OA）是将现代化办公和计算机技术结合起来的一种新型的办公方式。办公自动化没有统一的定义，凡是在传统的办公室中采用各种新技术、新机器、新设备从事办公业务，都属于办公自动化的领域。通过实现办公自动化，或者说实现数字化办公，可以优化现有的管理组织结构，调整管理体制，在提高效率的基础上，增强协同办公能力，强化决策的一致性。

政务 OA 系统是政务行政机关采用 Internet/Intranet 技术，基于工作流的概念，以计算机为中心，采用一系列现代化的办公设备和先进的通信技术，广泛、全面、迅速地收集、整理、加工、存储和使用信息，使企业内部人员方便快捷地共享信息，高效地协同工作，改变过去复杂、低效的手工办公方式，为科学管理和决策服务，从而达到提高行政效率的目的。一个企业实现办公自动化的程度也是衡量其实现现代化管理的标准之一。办公自动化的定义为：利用先进的科学技术，使部分办公业务活动物化于人以外的各种现代化办公设备中，由人与技术设备构成服务于某种办公业务目的的人机信息处理系统。

OA 强调办公的便捷、效率高，具有易用性、健壮性、开放性、严密性、实用性。

1. 易用性

没有全面的应用做基础，一切都是空谈。管理落地必须面向全员，所以软件也必须能够被全员所接受。如果易用性不强，这个前提就不存在了，管理落地就只能是空谈。所以就支撑管理落地的软件而言，网页风格可能是考虑因素之一。

2. 健壮性

OA 必须具备超大用户、高并发应用的稳定性。管理落地必须面向全员，所以支撑落地的软件也必须能保证全员应用的稳定性，尤其是针对集团型企业，软件必须具备超大用户、高并发应用的稳定性，否则，一旦出问题，即使是小问题，也可能影响集团业务，从而造成不可估量的损失。坚持网络风格是最大限度提升软件健壮性的一种有效手段，因为这样一来，决定应用并发数的并不是软件平台本身，而是硬件和网络速度；换言之，从理论上讲，类似的软件平台没有严格的并发数限制。

3. 开放性

OA能够与其他软件系统完成必要的关联性整合应用。管理落地理念在现实管理中渗透管理的各个方面，而没有哪一套软件能够独立地满足所有方面的管理需求，所以支撑制度落地的软件必须具备全面而广泛的整合性，能够从其他软件系统中自动获取相关信息，并完成必要的关联性整合应用。从技术上看，采用整合性强的技术架构作为底层设计对软件的整合性有决定性的帮助。如此，软件能预留大量接口，为整合其他系统提供充分的技术保障。同时，现实的整合经验也必不可少，因为整合应用不仅涉及技术层面，还包括整合实务技巧、整合项目把控等实际操作技能要求。

4. 严密性

OA必须同时实现信息数据上的大集中与小独立的和谐统一。就政府机构而言，从制度落地的现实需求来看，OA一方面必须有统一的信息平台，另一方面必须给各个行政部门相对独立的信息空间。所以软件不仅要实现"用户、角色和权限"三维管控，还必须同时实现信息数据上的大集中与小独立的和谐统一，即必须实现"用户、角色、权限、数据"四维管控，具备全面的门户功能。

5. 实用性

软件功能必须与管理实务紧密结合，否则药不对症，反而可能有副作用，而且必须适应企业管理发展的要求。现实中，企业一方面需要软件最大可能地满足现有需求，另一方面，管理本身也是一个不断发展的过程，所以企业又需要软件能够满足发展需求。面对这个现实与发展间的矛盾，业界有三种常见的解决模式：项目化、产品化和平台化。

（二）OA基础架构

OA平台基于分层、标准和构件等进行架构，采用领先的四层技术架构，遵循J2EE、SOA、WFMC、W3C XForm、JSR168、WSRP等标准，部署了大量构件，采用Java语言编写，以多维门户形式展现。OA平台支持各种部署模式、各种操作系统、各种数据库和中间件，并具备完备的配置体系、接口体系和插件体系，从而支持未来的扩展空间。

因J2EE的开放性，OA平台支持各种服务器、操作系统、数据库、中间件和应用软件。OA平台采用标准J2EE结构，由Java语言开发；系统配置由XML

技术完成；数据库采用关系型数据库和非关系型数据库分离的技术。同时OA平台支持多种关系数据库，系统通过JDBC服务连接数据库，并使用连接池提高系统性能，通信协议采用HTTP、TCP/IP。

OA平台整个应用划分为三个相对分离的逻辑层，每一层都有一套已定义的接口。

第一层为表示层，是展现给工作人员和相关使用者的图形界面，包含HTML表单、Java Applet、JSP等能够显示数据的任何系统。该界面通过规定的工作流程和接口来完成日常的事务处理和业务流程。

第二层为中间层，是使用者为了获取数据需要（通过表示层）调用的代码。表示层接收到数据后将其格式化并显示出来。OA平台的这种应用逻辑与用户界面的分离极大地提高了应用设计的灵活性。OA平台可以在不改变应用逻辑的情况下采用不同的图形用户界面，只要应用逻辑层为表示层提供明确定义的接口即可。OA平台的中间层利用Java语言，以Servlet和Beans等技术实现，表现形式为组件包，即类库形式。OA平台将用户管理、低层数据访问、数据传输以及数据分析等具有抽象适应性的功能进行封装，按照功能、逻辑和使用方法等不同定义若干个组件包，并统一规范为核心API（Core API），为上层透明访问提供清晰、明确的接口。在整个OA平台应用中，中间层起着非常重要的作用，主要包括安全系统、应用体系和技术平台等，并与数据层一起构成了办公系统工作的基础。

第三层为数据层，即数据中心。数据层主要包括办公信息及数据的管理和维护、数据交换、数据抽取以及数据过滤等。OA平台部署了数据引擎、消息引擎、门户引擎和工作流引擎，从而使各孤立的构件和模块成为一套有机的生态系统。

（三）政务OA的功能

智慧政务的一个核心目标是加强政府部门办公系统无纸化办公，建设和完善政府部门管理及办公平台。政务OA的主要需求是搭建服务于政府部门的管理部门，是具有多项功能的综合服务平台。平台功能应包含以下几个方面。

1. 公文管理

建设本行政单位的信息组织和管理平台，主要实现政府行政部门/委办局的OA系统发文起草、发文审核、核稿、签发、盖章成文、套红、分发、收文登记、批示、承办、归档等功能。

2.信息共享与工作交流

实现政府部门内部信息共享与工作交流，如会议通知、电子邮件、内部论坛等。

3.综合流程审批管理

实现政府部门内部流程审批，如行政审批、财务申报审批、领用审批等。

4.短信平台

实现内部办公系统的待办短信提醒、短信群发，如会议通知短信、政策宣传短信等。

5.移动办公系统

实现政府部门移动办公应用，使工作人员在手机上随时随地处理公文、查看单位信息等。移动办公是目前 OA 发展的新趋势，也是迎合移动互联网技术的必然结果。

通过 PC 版办公与手机版办公相结合的做法，实现 PC 与手机的优势互补，极大地方便用户。移动办公系统的实现原理图如图 4-4 所示。

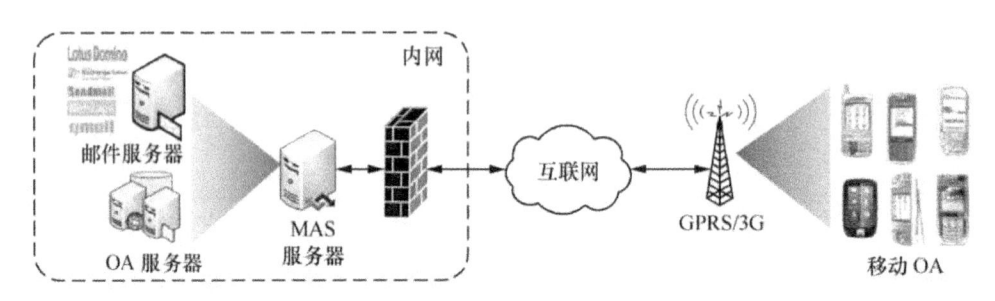

图 4-4 移动办公系统的实现原理

移动办公系统的推出给用户带来价值，表现在以下三个方面：

①拓展办公空间：处理办公事务不再受网络与设备的限制，随时随地可以办公。

②提高办公效率：重要公文或任何事务不再因负责人出差而迟迟得不到处理，由于移动办公的方便性，任何时间、地点工作人员均可以审批公文、回复邮件、查看重要信息，使办公无处不在、无时不在。

③节省办公成本：通过随时随地办公，高效利用时间。

二、行政审批系统

（一）行政审批系统概述

在"依法、公开、公平、公正、高效"的政府管理理念不断深入的今天，如何采用信息技术，改善政府对公众的服务职能及行政效能，是摆在政府各级行政领导面前的一个迫切问题，也是智慧政务的主要建设目标。

行政审批系统的建设，实质上是用计算机网络系统辅助各个政府部门审批人员，完成各项行政审批业务。在采用计算机网络系统的情况下，原来许多人工操作、人工处理、人工传递的业务可以由计算机网络系统完成，使工作简化、失误减少、效率提高。在设计与构建行政审批总体方案时，不仅要设计严密的技术方案，而且要考虑许多非技术的或与目前人工处理相依存的问题。这些问题对方案设计有极大的影响，如果未考虑或考虑不够，就会造成虽然所设计的方案技术很好，但不符合实际，不容易被接受。因此，需要考虑以下问题：

第一，电子文件与纸质文件要并存。

第二，计算机处理和人工处理相结合。

第三，外网网站与对外办事窗口并存。

第四，联审项目统一受理与并联受理相结合。

第五，网上联合审批和政务人员会商相结合。

第六，网上数据交换和纸质文件流转并存。

第七，统一审批平台和各部门专业系统相结合。

因此，在建立行政审批系统时，我们首先必须制定包括人和计算机网络相结合的业务组织方案，恰当地发挥计算机网络和人两方面的作用。在建设中，必须实事求是地去决定：哪些业务处理模式要改，哪些要保留；哪些工作由计算机做，怎么做；哪些工作由人去做，与计算机如何结合。只有这些问题处理好了，才能顺利建设行政审批系统。一味地宣传计算机、新技术的作用，什么都用计算机去做，或相反只在很少的地方用计算机，对原来工作并没有多大改进，这两种倾向都是错误的。

业务组织方案要解决如下几个问题：

①用户模型：使用系统的人的类型。

②办事模型：在统一平台下，将各种人工办理的审批事务归纳为几种形式加以处理。

③业务模型：审批业务的几种类型，即办件、转报件、联办件等。

④审批类型：包括审批、核准、审核、备案。

⑤流程种类：即时办理流程、部门内流转处理、一站式网上处理。

⑥一站式模式：需解决统一表格问题、证照保存与审核认可窗口设置等。

行政审批系统与电子政务门户网站、审批及监察数据交换平台互连互通，紧密联系，共同构建面向老百姓的、开放的、透明的审批服务功能，同时与政务电子监察平台互联互通，全面加强对行政审批的有效监督。

行政审批系统的三大目标包括如下内容。

内容一：规范审批操作流程。

系统加强了业务中心对各窗口部门的监督管理功能，方便前来中心办事的市民和企业，所有的收办件都受到计算机程序监督，所有审核处理环节必须在网上处理，真正做到公开、公平、公正，提高行政办公效率，减少差错。

内容二：实现跨部门审批与各部门内部审批业务的无缝连接。

系统综合了各种审批业务流程，解决了各部门"信息孤岛"的问题，减少了信息的垄断，因而能够很大程度上提高政府服务效率，提高社会公平；并且实现政府内部的协同作业，提高办事效率，简化办公流程，降低办公成本。

内容三：信息公开。

系统提供外网功能，通过与因特网的信息交换，建立政府与企业和社会公众之间网上行政审批与监察的通道，实现网上咨询、查询、申请、审批、投诉、监督等业务功能，成为真正的网上办公、办事在线服务平台，拉近企业、居民与政府部门间的距离，提升政府形象。

（二）行政审批系统架构

根据政府审批服务的特殊性和具体情况，在行政审批业务处理上，将采用跨部门协同审批平台和部门独立审批系统总体设计的思路进行设计。行政审批系统架构如图 4-5 所示。

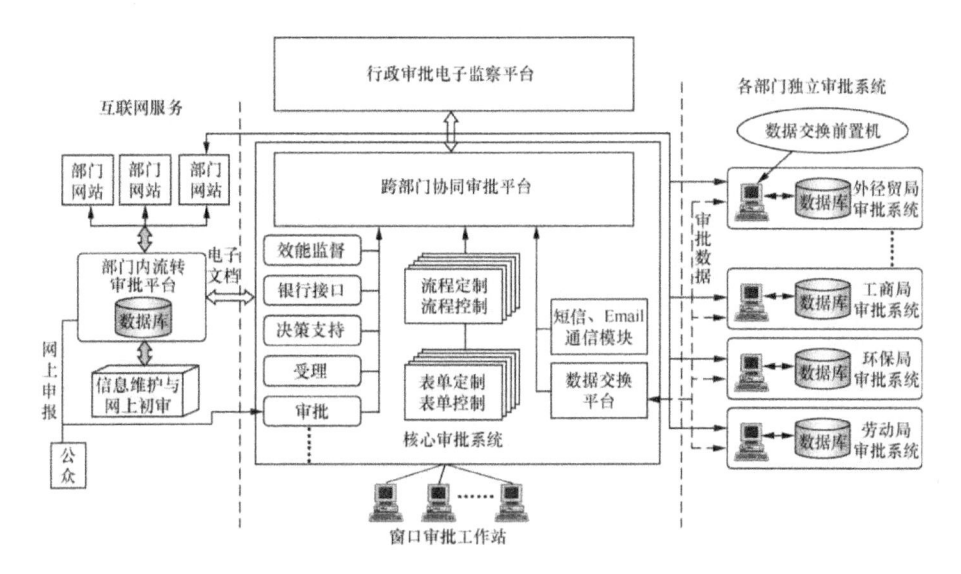

图 4-5　行政审批系统架构

上述系统框架充分考虑了政府现有审批业务处理的几种模式。

①进驻审批大厅的大部分单位已经建设了独立的部门审批业务系统。

②部分部门还未建设审批业务系统或建设不完整。

③由于部门间的审批系统一般都独立建设，因此部门间的业务一般不关联。

④各部门间已经建设完成的系统由于建设的时期不同，采用了不同技术和应用软件进行构建。

⑤由于各个部门间的办事环境一部分集中，另一部分可能构建在局域网内，物理上无法连通。

针对以上的现状分析，现有的设计模式将采用如下解决方案。

方案一：对于已经建设的独立审批业务系统，将继续保持原有系统正常的运作模式，不破坏原有业务模式。那么接入协同平台的方式将采用后台嵌入数据的方式，数据交换的方式将采用中间数据库，并通过交换平台进行数据交换，从而保证各自系统的安全性。

方案二：对于部门内部没有审批系统的单位，我们将在协同审批平台上构建这些部门的审批业务系统，这部分新构建的审批子系统将填补以前部门系统的空白。

方案三：对于各部门独立建设的系统，由于业务不关联，在实现跨部门审批上无法发挥作用，因此将要构建的协同审批平台需把后台交换过来的各类数据进行协同处理，并配备数据流处理模块和业务流处理模块，把业务流和数据流通过协同平台统一配置。

方案四：各个部门建立的系统将作为一个黑匣子进行处理，只是开放共享的数据流。

方案五：对于在物理上无法连通的系统，将采用上报数据分组的形式进行数据上报。

（三）业务处理模式规范设计

下面针对政府行政审批项目在信息化处理过程中的业务处理模式规范进行设计。

1. 用户模型

行政审批系统的用户可以抽象为四种，分别是申请者、审批者、监管者及管理者。

（1）申请者

申请者指行政审批的申请者，包括自然人和组织机构两大类。其中，自然人包括本国公民和外国人，组织机构包括企业单位、事业单位和其他社会团体。

（2）审批者

审批者指行政审批的处理人，也就是具有行政审批权的政府部门及其具体处理审批实物的工作人员。审批者是行政审批的执行者。

（3）监管者

监管者指行政审批的监管者，一般包括各级领导和监察人员。

（4）管理者

管理者指对系统资源进行具体管理的工作人员，一般被称为系统管理员。

2. 办事模型

在目前的政府审批制度改革的过程中，各地政府不断推出新的审批模式，公众的办事模式也随之发生变化。目前行政审批系统支持的公众办事模式包括以下四种。

（1）窗口申报，窗口领证（传统型）

第一种办事模式是，申请人在窗口领取资料，手工填写后在窗口进行申报，最后在窗口进行办理。这是传统的办事模式，也是目前主要的办事模式。它的优点是老少皆宜，不必会上网，不必会打字，缺点是手工填写资料，容易出错；申请人往往需要来回跑（先到窗口来领取申报表格，回家填写后再来窗口递交资料，若不是即办型业务还须到窗口领证）。

（2）表单下载，窗口领证（传统型）

第二种办事模式比"窗口申报，窗口领证"要方便一些，即不用先去窗口领取空白表格，而是从网上下载空白表格填写后打印或打印后填写，然后再到窗口进行申报。显然，这种方式比"窗口申报，窗口领证"要少跑一次。

（3）网上申报，窗口领证（传统型）

第三种办事模式则更加人性化，申报在网上进行，如果办理成功，再到窗口领证。

（4）网上申报，网上领证（理想型）

第四种办事模式是，申报和领证都在网上进行，享受全程网上服务。这是理想的办事模式，也是将来发展的方向。它的优点是没有空间限制，不用跑路；缺点是申请人必须学会上网打字；审批结果必须是数字的；此外，对于必须本人亲自到现场的审批无法处理。

3. 业务模型

（1）业务类型

即办件：申请人即来即办、即办即走的业务。由于即办即走，即办件业务不必承诺时限，不必打印回执。

承诺件：申请人必须先提交申请资料，然后根据承诺的时间前来领取结果的业务。承诺件必须限定审批时限，并且在受理回执上注明承诺时限。

转报件：审批人收取申请人的申请资料后，先进行初步审查，初审合格后再上报上级主管机关进行核准的业务。转报件也会像承诺件一样出具受理回执，并承诺时限。

联办件：一个部门无法独立完成审批，必须多个部门进行协作完成的业务。联办件是跨部门的审批业务。

（2）审批类型

审批：该类型的审批指严格意义上的审批。这种类型的业务只有指导性标准和规范，很多内容无法量化，主要靠主观性判断进行决定。由于存在主观性判断，这种类型的审批往往设立比较复杂的作业程序，而且减少审批人与申请人的直接接触。

核准：该类型的审批有统一的标准和规范，可以根据考核、检验或检测结果决定。这种类型的审批几乎没有主观判断的干扰，一般程序简单。

审核：该类型的审批有统一的标准和规范，可以根据考核、检验或检测结果决定，但是有关资料需要进行实质性审查。此类审批难点不在核准，而在资料的实质性审查。构建行政审批系统，可实现政府部门之间的互联互通，有效地将形式审查转变为实质审查。

备案：该类型的审批不是严格意义上的审批，只要根据申请人提交的材料进行形式上的审查即可。此类审批申请人没有造假的意思，审批人也没有滥用职权的必要。一般的审批程序为收文、审查、复核、发文，通过"审查、复核"机制来减少失误。例如，进出口企业财务主管变更时，需要到海关相关部门进行备案。对于备案的审批业务，基本可以实现"网上申报，网上办理"。

4. 流程种类

（1）即时办理

该类审批事项在窗口申报、受理，当场审批，属于最简单的审批事项。

（2）单部门流转处理模式

单部门内审批指只需要单个部门内各个岗位，如承办人、科长、处长、局长，多级流转审批的事项。对于跨部门审批事项在未实现一站式之前，也属于这种情况。此种类型的审批事项是网上审批的主体。通过提炼各种典型业务和流程，构建标准的业务处理模式，并通过统一的应用软件平台对相应的流程进行控制与审批。为了加强对各部门内部审批事项的管理，在进行需求调研的基础上，对受理信息格式、回执格式以及审批界面和效能监管信息等作必要的规范，即统一受理回执。

（3）跨部门流转处理模式

此种模式按一站式网上审批模式处理。此时，我们要梳理各审批事项跨部门流转的流程，以便在设计中加以体现。

5. 多部门协同审批机制，实现联合审批

要实现联合审批，关键是多部门间的协同审批，多部门协同审批的核心是流程的控制和信息的交互。本部分阐述的系统通过两种方式启动多部门协同审批的流程。

一是基于动态配置的业务流程，参与联合审批的各个部门都在网上联合审批平台办公，审批信息都在网上联合审批平台直接共享；一些部门可能还有上级部门下发的证照管理系统等，可以通过数据实时采集平台进行数据交换，达到共享的目的。

第四章　基于大数据技术的智慧城市电子政务建设

二是参与联合审批的部门中，少数部门使用自己的业务系统。业务系统和联合审批系统通过数据实时采集平台进行数据交换，把这些部门的审批信息收集到网上联合审批平台，同时把网上联合审批平台上其他部门的审批结果送回业务系统，这样达到信息共享，构造业务上的并联审批。信息交换方式如图4-6所示。

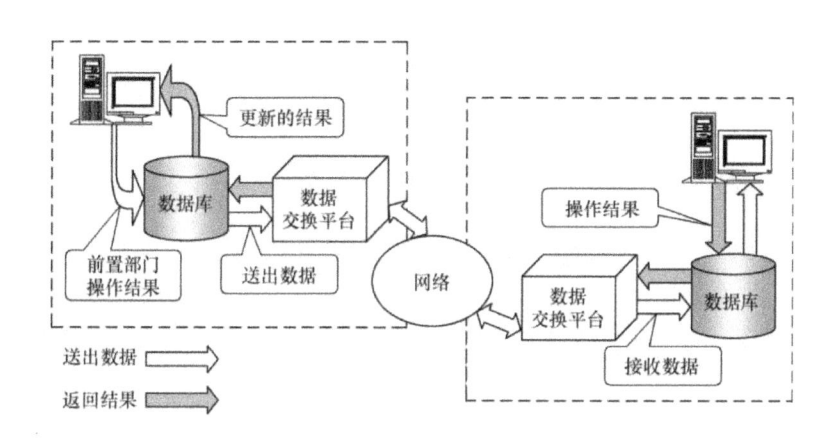

图4-6　信息交换方式

6. 部门内多科室的协同办公机制

行政审批业务是一系列复杂的行政业务，不仅在同一业务中不同部门的操作模式不尽相同；而且对于不同的业务同一部门的操作模式也不尽相同；甚至在同一业务中的不同环节同一部门的操作模式也不尽相同。

如果不具体情况具体分析，对所有业务和所有部门采取相同的操作模式，势必增加劳动强度，降低行政服务效率，增加行政成本；但是，如果为所有业务和所有部门分别设计一套操作模式，既不便于规范业务，也大大提高了联网办公系统的复杂度，因此，必须建立一个能够满足所有部门业务需要的行政审批平台。方案如下。

第一，引入"业务事务"的概念，用来表示审批业务中不可分割的处理过程，作为描述一切审批业务处理的基本元素。一个业务事项对应一个页面或一个按钮，是系统实现审批处理的基本单元。目前已经规范的事务包括选事项、收文、回执、受理、分发、录入、发文、联审、送审、上报、下放、拟办、暂停、激活、核准、提交、退回、签发、转出、转入、协商、转发、公告、通知、打印、查询、数据交换等。

第二，引入"业务岗位"的概念，用来表示审批业务中不可分割的基本阶段（环节），作为描述一切审批业务环节的基本元素。一个业务岗位往往对应一个菜单项，是系统实现审批业务的基本环节。目前，业务岗位已经规范的环节有登记、受理、录入、分发、承办、审核、签发、出文、回复、监管、管理、查询等。

第三，引入"业务角色"的概念，用来表示审批业务中在一定业务岗位上完成一系列业务事务的不可分割的基本角色，并通过角色复合实现对新角色的描述，作为描述一切审批业务角色的基本元素。基于业务角色，我们可以通过业务岗位和业务事务的组合分别定义各部门各个业务环节的工作模式，达到在审批平台（系统）上动态构建部门业务的目的。目前已经规范的基本角色包括登记人、受理人、录入人、分发人、承办人、审核人、签发人、出文人、回复人、监管人、管理员等。可以根据实际情况，对各部门的角色进行个性定义。

第四，引入"业务资料"的概念，用来表示审批业务中所有的基本资料。对各种表格、批文、证照、回执等进行统一管理，准确保存各种资料的历史信息。

（四）网上联合审批平台的设计

网上联合审批平台主要解决三种业务：即来即办件、单部门内流转审批业务和跨部门联合审批业务。

网上联合审批平台利用通用网上联合审批平台构建。通过该平台搭建的系统使原来分散在各职能部门的并联审批业务，经过规范和优化审批业务流程，开发出具有自动流转和管理功能的网上联合审批平台，实现各项审批事项在平台上自由配置和自动流转审批，共享审批信息资源，减少审批表格的重复填报和录入，改变传统的审批模式和工作习惯，方便企业办事，提高政府工作效率。

跨部门联合审批业务是网上联合审批平台解决的重点，在内资企业、外资企业、"三来一补企业"（来料加工、来样加工、来件装配及补偿贸易）和基建项目等相关的审批项目中，信息资源大部分由政府部门掌握，但大量的政府信息资源分散在各行政主管部门手中。各个行政主管部门在审批过程中获得的数据仅在本部门或上级业务部门内使用，部门之间互不共享、互相孤立，造成政府资源浪费、信息不一致，审批过程重复，审查工作强度大，审批效率低。通过网上联合审批平台，可以解决这些跨部门审批业务信息共享的问题以及并联审批项目的监督检查。网上联合审批平台总体结构如图4-7所示。

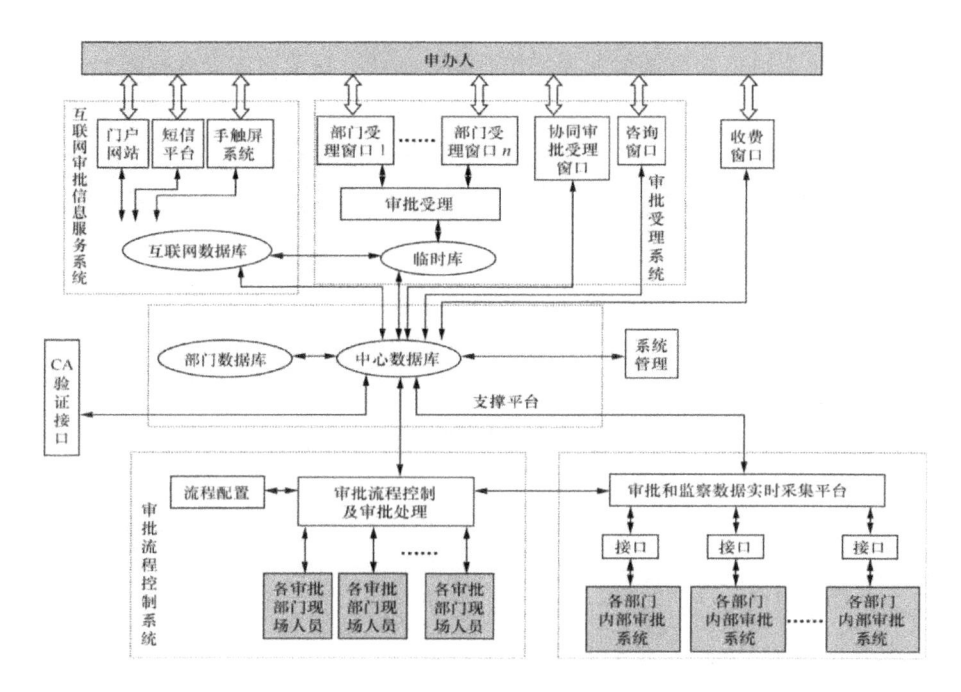

图 4-7 网上联合审批平台总体结构

1. 基本功能

网上联合审批平台的功能主要包括以下五项：

第一，利用互联网发布网上审批信息和在网上填报有关表格。

第二，实现审批业务在各部门内部或部门间网上自动流转处理。

第三，共享审批信息资源，减少重复填报和录入，强化部门间对相关资料的确认能力。

第四，基于更广泛的审批信息资源，提高各部门的审批能力和水平。

第五，对各审批单位进行实时监督和管理。

2. 网上联合审批平台的主要功能模块

网上联合审批平台主要由互联网审批服务、审批受理、审批流程控制、表单定制、网上联合审批共享、网上联合审批监督等子系统组成。

互联网审批服务子系统：主要是面向社会和市民提供审批事项发布、审批事项说明、办事流程、办事承诺、通知和查询等功能；提供审批申报表格下载、上传工具、联网交互预审功能以及与预审相关的各种规则和功能检查功能。这些功能已面向公众，例如，要申办营业执照，可以直接查询申办营业执照需要的材料和必须经过的步骤等，不必再分散地到各个部门去查询。互联网审批服务功能可以在行政审批门户网站上构建，也可以在区联办中心的网站上构建。

审批受理子系统：受理和处理申办人通过互联网填报或窗口填报的审批事项基本表，对所提交的申请表格和资料进行检查，对符合要求的申请加以受理，对不符合要求的予以退回或补交资料，打印统一格式的受理回执或不予受理回执。如果是多人联合审批的业务，系统则要进行审批业务的流转。对于有申请表格的业务可以进行数据的录入，对于需要发证照的审批事项可以进行证照信息的录入。在多人联合审批时，系统可以进行审批过程的反复处理或者退回承办意见，对审批处理全程监督。

审批流程控制子系统：根据审批事项的类型，按事先设置的流程顺序，控制审批事项在各个部门间流转审批。系统自动控制前置审批部门间的签发意见互相沟通功能，举行网上"联席"会议。审批流程控制模块利用前面提到的稳定的工作流引擎来构建。

表单定制子系统：由于每项审批事项都可能需要承办人提交很多申请表格，表格的样式及内容各异，为了处理这种繁杂的申请表格和证照显示界面，一套通用的表单定制功能是十分必要的。表单定制功能，可以满足政府要求的各个表单信息，对这些表单进行增加、修改、删除、查看、打印等。在网上联合审批平台中，同一企业的各个申请表单之间能够共享相同的企业基本信息，这样可以减少申请人填写信息的量。

网上联合审批共享子系统：网上联合审批平台主要是解决跨部门审批之间的信息共享问题。网上联合审批共享模块主要是解决部门间审批共享的问题，主要有以下几方面的共享信息。

第一，申请者提供的重复信息。在申请行政许可的过程中，由于审批部门之间为"信息孤岛"形式，申请人往往需要在不同的部门之间提交很多证照或身份证明的多份复印件，需要提交多份相同的申请材料，这样申请人麻烦，审批部门也麻烦。网上联合审批共享子系统会把前置审批部门审核过的证件或已经提交过的申请材料在网上共享，而且后面的审批部门认可，申请者不用再重复提交。

第二，申请事项的基本信息。在申请行政许可的过程中，申请人在各个部门填写的申请表格，往往会有很多信息是重复的，这样会造成申请者同一信息填写多次，出错的概率更大。因此，可以建立各种各样的共享资源库，对于重复出现的信息，可以从共享资源库中提取。

第三，前置审批部门的审批信息。前置审批部门的审批意见、证照、批文，构成一个审批信息库，后面的审批部门可以自动根据流程查看这些审批共享资源。

网上联合审批监督子系统：网上联合审批监督模块主要对跨部门协同审批项目参与的各方进行监督检查，可以从时限、流程、规范等方面进行监察，监察结果纳入绩效测评的一部分。

3. 构建审批信息共享资源库

跨部门审批的关键是审批信息的共享，利用审批及监察数据交换系统，与参与协同审批的各个部门的业务系统进行数据交换，建立审批信息共享资源库。审批信息共享资源库主要由电子证照信息、企业法人或项目基本信息、部门审批活动信息、企业经营活动信息等组成。

共享资源库建立后，由政府统一安排利用，参与资源建设的各个部门可以通过审批及监察数据交换系统实时地利用共享资源库；其他系统也可以通过接口的方式来查询共享资源库。

共享的目的是利用。对于共享资源的利用，主要有以下几个方面：

①为审批系统提供证件/批文防伪辅助。

②为所有审批的收文、审核等环节提供批文/证件/回复的电子显示。

③为公众提供申报辅助，推进"一表式"服务。

④为公众进行在线申报表单填写时提供辅助信息，减少填报工作量，降低出错概率。

⑤为工作人员提供录入辅助，减少重复录入。

⑥为政府部门工作人员进行表单录入、意见撰写、证照制作时提供辅助信息，减少书写工作量，降低出错概率。

⑦为有关系统提供公共服务。

⑧为各部门审批系统提供统一银行收费接口服务、统一短信发布服务、统一电子邮件服务等。

⑨为其他审批公众实施在线申报提供辅助信息，减少填报工作量，降低出错概率。

⑩为有关系统提供基础数据。

通过构建审批信息共享资源库，为国家资源信息库提供基础数据，为政府智能决策系统提供基础数据，为其他公共服务系统提供基础数据。

4. 网上联合审批的方式

网上联合审批平台重点解决的是跨部门协同审批如何正常、有序、高效地进行，要求必须在各个业务系统之间有信息交换、业务协调，工作人员不需要操作两套业务系统。由此可见，网上联合审批平台必须和各部门原有的业务系统很好地集成。

网上联合审批主要包括数据协同和实体协同。数据协同指单个部门独立完成的审批事项，按协定在受理环节从共享数据库已有数据中调阅和下载必须提供的申报材料，而不用申请人提供；在做出审批决定后未印发决定文书（证、照）前，交换审批决定的数据，并放入共享数据库。

实体协同包括网上联合办理和一站式联合办理。网上联合办理包括两种情形：一种情形是制定经协定各方认可的前后置流程，前置部门在做出决定或初审后未印发决定文书（证、照）或未按程式决定前，通过网络程序自动、实时告知后置部门，后置部门将此数据信息视为申请人向本部门提供的申报材料之一。另一种情形是从既定的申请条件、申报材料、许可（批准、登记、备案、认证认可）内容中，按照举办项目涉及事项进行组合并在网上公布，申请人按组合事项自行决定申报，系统确定一个网上召集单位并以协定方式规定涉及事项办理部门提出许可（批准、登记、备案、认证认可）与否的意见或初审结果。系统自动撮合并经召集单位确认后通过共享数据以协定交换数据方式告知申请人及涉及办理单位，如果所有涉及部门均许可（批准、登记、备案、认证认可），则申请人可同时进行实体申报（网上具备条件的可上网申报），实施机关可同步审批并送达结果；如果有一个涉及部门不予许可（批准、登记、备案、认证认可），则不进行后续申报及办理。

一站式联合办理相当于"联收联审"，即以协定方式确定牵头部门、规定统一的申请条件和申报材料。相同申请条件的申报材料由牵头部门统一受理并转告机关，不同申请条件的申报材料由相关部门同步受理、同步审查，并按规定时限提出是否许可（批准、登记、备案、认证认可）的意见，按协定通过共享数据库交换给牵头部门。牵头部门向申请人统一告知结果，由申请人在统一系统模块或在同一服务大厅各窗口领取结果文书（证、照）。其中，需要在系统开放申报项目条件和材料的统一模块，在服务大厅设置综合咨询及受理发文窗口，协定"联收联审"交换数据权责，协定"联收联审"条件固定组合和个案组合，规定许可（批准、登记、备案、认证认可）决定时限，协定系统临时故障防崩溃的补救措施。

无论数据协同，抑或实体协同，关键是整合现行部门业务流程、再造优化业务流程。因此，网上联合审批子系统必须以整合、再造为主线，制定数据标准、规定交换权责、协定流转程式、友好表达诉求，达到有序申请、善意审批，从而实现业务流程与行政实施机关、行政相对人各方的协同。

为了避免部分单位同时使用两套系统，又能达到审批信息共享协同应用的目的，我们建议采用前台嵌入信息共享协同应用处理，后台通过数据交换嵌入共享数据。利用审批及监察数据交换平台将各部门信息交换到本系统，构建共享信息库，支持两种嵌入。共享信息库建立之后，各个部门按两种途径利用这些共享信息。

通过交换利用后台的数据库实现共享信息，即后台嵌入数据的方式。毕竟很多部门的系统运行比较稳定，开发多年，可继续保留，这时可只通过数据交换从共享信息库中把自己需要的信息交换回去，不改变原来应用只改变数据提供的方式和渠道。原来由系统输入的信息，改由通过后台交换提供，当然也可进一步改造原来的审批系统，更好地利用这些共享数据，这样，就实现了工作人员只在一个系统中操作。

采取后台嵌入数据的方式，虽然能继续保持原来部门系统的功能，却无法增加协同处理功能，为此采用前台界面集成联合审批共享模块加以弥补，同时达到只操作一套系统的目的。由独立的用户验证机制，各个单位可以把此模块直接在界面上集成到自己的系统中。工作人员在处理业务时，就可以在同一计算机界面上进行查询、共享其他部门的信息，实现联合审批及数据对碰等防伪打假等识别操作。

三、政务电子监察平台

政务电子监察平台是指行政监察机关运用网络技术，对行政审批事项实施监控、监督的系统，业务上应实现行政审批实施监督管理、行政审批事项预警管理、行政绩效的评估管理等。政务电子监察平台应实现由个人行为监督转变为个人行为与行政程序监督并重，有时候检查转变为全程监察，由单一监督转变为全方位监督。政务电子监察平台可以自动对违反审批条件、审批程序超过审批时限、违规收费等情况发出警告信息，自动对政务公开内容的完整性、时效性进行预警，自动对审评环节过程进行预警检查，自动对远程审批部门和审批人员进行绩效评估和排名。

政务电子监察平台从应用功能划分，主要由绩效及满意度调查平台、政务公开监督子系统、行政审批监督子系统、投诉举报处理子系统、内部办文监督子系统、综合绩效测评子系统、综合查询子系统、统计分析子系统等组成。其中，综合查询子系统、统计分析子系统是和网上联合审批平台统一构建的。

（一）绩效及满意度调查平台

该平台是以"方便群众监督、方便群众参与、方便群众办事、方便群众投诉"为宗旨的一个面对社会公众的调查窗口。该网站专门开设了一个与电子监察相关的栏目。电子监察是建设廉洁政府的一大举措，大量的监察结果需要在网站上公开、公布。电子监察栏目下开设以下子栏目。

1. 满意度调查

定期发布不同的主题进行满意度调查，调查结果直接进入内网的绩效管理模块，作为各个部门绩效测评的一项指标。

2. 绩效测评

按周、月、季度、半年、年度定时公布各行政审批实施机关的绩效测评情况。绩效测评情况分各行政审批实施机关的得分情况和排名情况，以柱状图的形式表示各行政审批实施机关的得分情况，以列表的形式表示各行政审批实施机关的排名情况；还可以按年度查看已经发布的绩效测评情况，也可以按照行政审批实施机关查看某个实施机关的历史得分情况和排名情况。

（二）政务公开监督子系统

1. 系统架构

为了实事求是、客观公正地评价各行政机关的政务公开工作情况，及时发现和纠正有关问题，促进政务公开工作，根据《中华人民共和国行政监察法》《中华人民共和国政府信息公开条例》的规定，结合规范化管理的要求，设计了政务公开监督子系统，目的是通过电子计算机技术，精确快捷地评测出真实的结果，提高政务公开水平。其系统架构如图4-8所示。

第四章 基于大数据技术的智慧城市电子政务建设

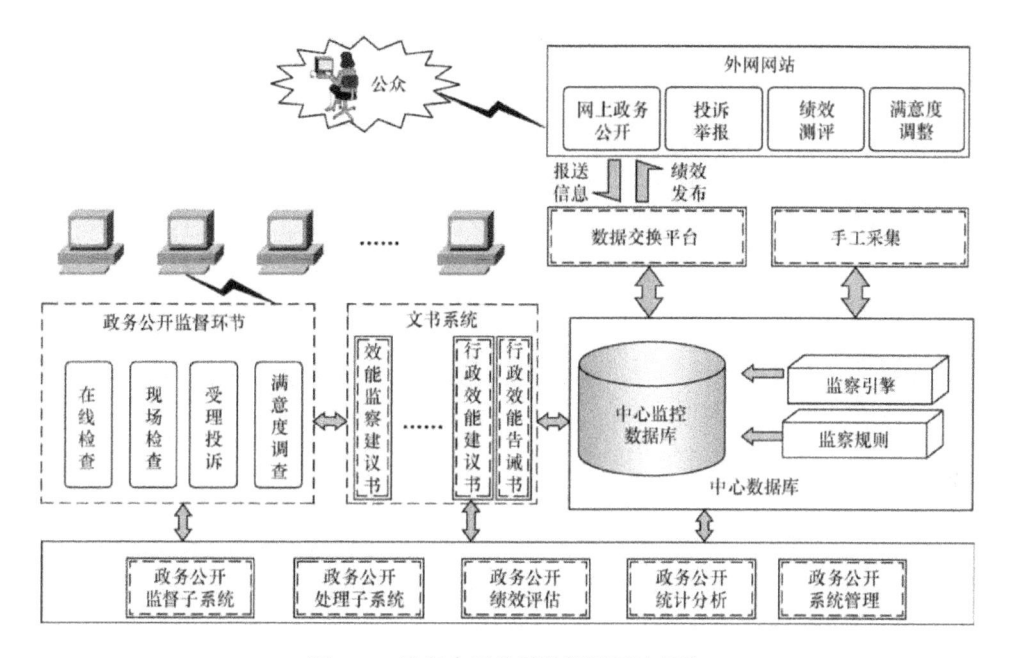

图 4-8 政务电子公开监督子系统架构

2. 功能设计

（1）数据采集功能

数据的来源主要有两个方面。一方面，通过数据接口和外网网站实现交换，本部分的数据采集由系统的数据交换平台实现。本部分交换的数据包括各单位政务公开各部分内容的网络链接地址、网络投诉信息、满意度调查结果以及信息更新标志等。另一方面，通过人工录入的方式，把实际调查和现场检查的数据录入系统内。本部分的信息主要包括每个季度监察机关对办事现场的检查结果、现场满意度调查报告、投诉信箱事件受理等。

数据采集功能包括本季度数据采集情况查看功能、历史数据采集情况查看功能、数据录入功能等。通过本系统，用户可以轻松地了解整个政务公开系统的数据采集情况，可以把监察过程中的原始数据录入本系统，统一原始数据的入口。

（2）政务公开监督功能

政务公开监督功能体现在对政务公开的四个评测环节进行监督。系统将根据数据采集系统得到的初始数据提供方便快捷的监督手段。四个评测环节包括在线检查、现场调查、受理投诉、满意度调查。

在线检查部分的监督，系统将提供数据接口提供的各个单位的政务公开条例中要求公开的网络链接地址，同时根据条例中规定的内容，提供需要公开的标准，为检查人员提供对照的标准。

现场调查、受理投诉、满意度调查等都将采用各自的评测标准进行设计。同时系统还将提供辅助监督的助手工具，例如，系统可以根据政务公开的原则，辅助监督人员制订监督计划；对于上一次检查被处罚的单位，系统会提醒监督人员再次重点监督本部分单位，直到完全符合政务公开要求为止。系统还将建议监督单位进行例行检查，在一个评估周期的初期列出全部的计划，辅助监督人员更好地完成监督工作，真正实现辅助办公的功能。

（3）政务公开处理功能

根据政务公开监督的结果，可以在政务公开处理系统中进行处理。政务公开处理功能主要体现在以下几个方面：对于政务公开监督过程进行评估确定，操作人员可以根据监督的历史记录对各个机关进行扣分、奖励分等操作，并在该系统中根据扣分的结果提供不同的处理流程，如生成"行政效能建议书""行政效能告诫书""处罚通知书"等。这些功能将为监督单位提供辅助的处理功能。

（4）政务公开绩效评估

政务公开绩效评估子系统主要用来评估各机关单位在一个评估周期内的评估结果。评估内容主要包括以下三项。

①评估周期内各机关单位的分数统计明细，系统通过统计表、图表等方式展现。

②评估周期内各机关单位的扣分和奖励情况明细。

③评估周期内各机关单位的被投诉情况以及处理情况明细等。

（5）系统统计分析功能

系统的统计分析功能体现在为监察机关提供决策分析。该系统可以对整个系统的数据进行横向和纵向的数据对比和查询。对比的结果将通过直观的统计表格和图形展现。通过该功能，监察机关可以非常清楚地了解到各机关政务公开工作做得好与坏，在哪些方面存在普遍问题等。

（6）系统管理功能

系统管理功能主要涉及系统的参数配置、权限管理、日志查看等。

（三）行政审批监督子系统

行政审批监督子系统的主要业务是监察局对行政审批部门监察，主要功能是在行政审批部门的业务系统采集的监察数据的基础上对部门业务进行自动监控。

凡违反办事程序的，系统提供时限判别、收费监督、流程跟踪、资料数据对比、异常处理监督、统计分析预警等自动判别检查和辅助判别检查，及时发现问题，事先、事中提醒市级部门、区级部门和行政审批人，避免发生行政过错。行政审批监督子系统主要包括以下模块，如图 4-9 所示。

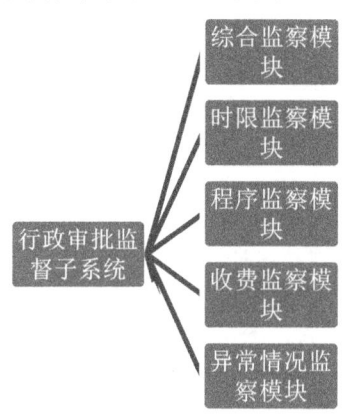

图 4-9　行政审批监督子系统主要模块

①综合监察模块。综合监察模块主要对业务从时限、收费、程序等各个方面进行综合监察，对出现违规现象的机关，综合提示处理。系统运行界面显示各个行政审批实施机关总的监察情况。

②时限监察模块。在系统中设置行政审批的审批事项的时限，采集每笔具体的审批业务，自动对将超期的审批事项预警，并将预警信息以邮件、短信等方式自动通知办理单位。审批事项超过设定期限，系统自动出示黄牌，并自动生成督办通知书发送到审批单位，短信通知承办人，同时设定一个督办期限。督办期限过期仍未办理的，系统出示红牌。对于超期至红牌的事项，系统自动通过区协同办公系统发送监察建议书到审批机关。在这一模块中，工作人员可以查看预警的业务、超期出示黄牌的业务、超期出示红牌的业务、督办情况，手动处理超期业务等。

③程序监察模块。程序监察主要是针对审批办理过程的监察。程序监察对象包括行政审批的内容、法律依据、数量及方式、审批条件、申请材料、申请表格、受理机关、决定机关、审批程序、证件及有效期、法律效力、年审或年检。对每项审批事项的业务规范预先在系统中设置，当进行程序监察时，工作人员可以直接调出比对。

④收费监察模块。对每项行政审批事项的收费进行设置，模块能够自动比对

各笔审批业务的收费,违规收费的亮红灯,并对违规收费的行政审批实施机关进行处理。

⑤异常情况监察模块。异常情况主要包括不予审批、不受理、补交材料等事项。对于发生异常的事项,查看理由和法律依据,没有理由或理由不充分的,模块可以要求给出解释处理。异常不能给出合理原因,必须扣分。异常情况监察是电子监察平台的重点监察内容。

(四)投诉举报处理子系统

投诉举报处理子系统主要是通过面向公众的门户,接收各类针对行政审批的投诉和举报情况。对投诉和举报的情况需要与上述其他子系统进行对接,例如,和异常情况监察模块对接,实现案件智能研判,对于多方信息验证有问题的投诉和举报形成预警和立案。此外,该系统也对各类举报和投诉情况进行统计,以作为其他各类子系统的考核评测依据。

(五)内部办文监督子系统

内部办文监督子系统主要是政府办文行政效能的监督,主要对部门之间的发文、收文情况进行监督;对各个部门内部的行文进行监督。监督主要是对行文时限和落实情况进行监督检查。

(六)综合绩效测评子系统

系统根据行政绩效测评量化标准对行政审批业务量化评分,将业务过程中所涉及的办理人和办理制度进行综合打分,通过量化评分衡量各部门的行政效能。综合绩效测评子系统主要分为以下模块。

考核评分管理模块。根据办事程序、时限、过程等指标,对各行政审批实施机关、行政审批人的行政效能进行考核、打分和评定;可以查看各部门的详细得分和排名情况,可以手动把得分和排名情况发布到行政审批外网网站的绩效测评栏。

政务公开绩效管理模块。记录管理政务公开的情况,主要有网上政务公开检查情况、场所政务公开检查情况等。

行政审批绩效管理模块。主要管理各个审批部门出现行政审批扣分情况的现象。

办公自动化绩效管理模块。主要管理各个行政部门在办公过程中出现行政审批扣分情况的现象。

满意度调查管理模块。电子监察平台将定期或不定期地从行政审批的事项中随机抽查，通过电话、邮件、走访等方式对行政申请人进行满意度调查。调查的对象包括审批个人与审批部门，在本模块对调查结果进行打分，得出满意度排名。对满意度的调查结果，系统可以定期发布到绩效测评栏。

（七）综合查询子系统

综合查询子系统能够根据不同需求，实现各种条件下的单项查询和组合查询功能，支持无限次跟踪查询。

综合查询功能可以查询的信息包括行政审批事项信息、投诉信息、监察处理过程等。

系统具有固定条件查询功能、自定义条件查询功能、模糊查询功能等。

（八）统计分析子系统

统计分析子系统包括以下模块。

统计报表模块。可提供灵活、可设置的统计分析功能，实现固定格式统计、自定义统计等统计方式，并以数据报表和图形的方式直观地表达出来。数据报表可以是标准报表，也可以自行修改标准报表、设计用户自定义报表，以方便地对报表文件进行管理；可以对统计产生的报表结果进行保存，以备后查；可以将生成的报表打印出来，也可以将生成的报表以 Word、Excel、HTML 文件格式保存。

动态分析模块。对任何时间段，各部门的行政审批事项受理情况做出分析，并与上一年该时间段做同比分析。对任何时间段，各部门的受理数、不予受理数、超期数、正常办结数等进行分类，与上一年和与前一时间段增减百分比进行分析。对任何时间段，各部门的被投诉情况做出分析，并与上一年该时间段做对比分析。

第四节　智能决策

智慧政务的最后一个核心主题是数据层的智能决策，包括智慧政务所有业务的数据库。作为全局的数据提供者，整合所有业务数据库，建立审批、监察、公共服务业务数据模型，并且通过大数据技术对政务管理者、领导者实现智能决策。本节主要讨论两个核心技术：政务数据交换共享整合协同平台和大数据政务决策支持。

一、政务数据交换共享整合协同平台

政务数据交换共享整合协同平台根据功能可分为两个部分。

第一部分，基础数据和共享数据的交换服务和路由流程管理。该部分是交换平台的基础，包括静态交换数据、动态交换数据、图形数据及表格、统计资料等属性数据。

第二部分，各子系统之间接口的实现。根据事先制定好的规范、标准，实现各子系统之间的数据共享和传输操作。在接入中心平台时，系统应按集成要求设计，各类数据接口遵循系统集成规范。

政务数据交换共享整合协同平台的功能主要包括如下内容。

（一）数据汇总

政务数据交换共享整合协同平台支持各个分支数据源汇总数据到数据中心。采集公共数据的过程可以看成一个数据汇总的过程，通过整合协同平台将各业务部门的公共数据采集回来，汇集到数据中心的缓存数据库，经过数据管理系统的比对、校验、转换得到一致的数据。

（二）数据分发

数据分发是从数据中心的角度，主动向各数据使用方提供数据的过程。通过公开数据服务，依照数据使用权限的规则，从数据中心把数据分发到各个数据使用部门，实现数据共享、信息联动。

（三）数据存取访问

政务数据交换共享整合协同平台提供实时按需的数据存取访问服务，通过统一标准的数据接口，以 XML 格式作为标准数据格式，通过标准的 Web 服务对各种技术平台提供访问支持。

（四）数据转换

数据转换可以把某个数据库的数据转换成标准 XML 格式数据集。通过数据转换，实现将各种异构数据转换成统一标准规范、具有一致性和完整性的公共数据。

（五）任务定制

数据接口系统应该允许用户自己配置和管理相关的服务，例如，数据提取服务、数据发送服务、数据接收服务、数据存储服务等。

（六）支持用户自定义接口

数据接口系统应该是一个开放的系统，要提供一些可扩充的接口以及二次开发接口，支持用户基于这些接口定义自己的特色服务。

（七）支持监控管理

对数据服务进行监控管理、用户权限管理、运行日志查看、性能统计。通过数据服务日志可以记录、跟踪数据交换的细节。对数据交换节点进行管理，提供安全策略指南、服务器安全管理配置。

二、大数据政务决策支持

（一）大数据——城市管理智慧化的"军师"

大数据使数据共享成为可能，政府管理层既有数据库可以实现高效互联互通，极大地提高政府各部门间协同办公能力，提高为民办事的效率，大幅降低政府管理成本，最重要的是为政府决策提供有力的支撑，它的源源不断的"智慧"将推动智慧城市向更加智慧、更加科学、更加高效的目标迈进。

1. 应急处理方面

以疾病预防为例，大数据的使用可以将用户的每日数据输入医疗数据系统，通过对匹配病原情况的数据筛查，可以准确地找到感染群体、规模、特征，同时可以快速调整处置方法，达到应急管理的重要目标。

2. 环保处置方面

以太湖蓝藻监测为例，通过传感器捕获太湖水质情况，可以得到溶解氧、水温、电导率、氨氮、pH值等参数。但仅仅获得这些数据还不够，政府还需要结合视频图像、人工采集和卫星遥感的数据一起分析，多源异构的数据才能保证判断的可靠性，使得政府的决策更加可靠。

3. 城市规划方面

通过对城市地理、气象等自然信息和经济、社会、文化、人口等人文社会信息的挖掘，可以为城市规划提供强大的决策支持，强化城市管理服务的科学性和前瞻性。

4. 交通管理方面

通过对道路交通信息的实时挖掘，有效缓解交通拥堵，并快速响应突发状况，为城市交通的良性运转提供科学的决策依据。安防领域，通过大数据的挖掘，可以及时发现人为或自然灾害、恐怖事件，提高应急处理能力和安全防范能力。

（二）大数据——公共服务便捷化的"源头"

大数据的发展将极大地改变政府的管理模式。其包容性将模糊政府各部门间、政府与市民间的边界，"信息孤岛"现象大幅消减，数据共享成为可能，从而提高政府各机构的协同办公效率和为民办事效率，提升政府社会治理能力和公共服务能力。具体而言，依托大数据的发展，有利于节约政府投资、加强市场监管，从而提高政府决策能力、提升公共服务能力，实现区域化管理[①]。

利用大数据整合信息，将工商、国税、地税、质监等部门所收集的企业基础信息进行共享和比对，通过分析，可以发现监管漏洞，提高执法水平，达到促进财税增收、提高市场监管水平的目的。建设大数据中心，可加强政务数据的获取、组织、分析、决策。通过云计算技术可实现大数据对政务信息资源的统一管理，提高设备资源利用率、避免重复建设、降低维护成本。

借助大数据，政府还能逐步实现立体化、多层次、全方位的电子政务公共服务体系，推进信息公开，促进网上办事实时受理、部门协同办理、反馈网上统一查询等服务功能实现，加快推进智能化电子政务服务和移动政务服务新模式的初步应用，不断拓展个性化服务，进一步增强政府与社会、老百姓直接的双向互动、同步交流。

（三）大数据在智慧政务上的决策支持应用目标

一是提高决策数据服务水平。围绕政府决策需要，以建设决策支持电子政务系统为抓手，充分整合各级各部门现有办公应用和业务系统数据资源，逐步建立

---

① 王世福，张振刚. 迈向新时代的智慧社会：中国智慧城市发展战略研究 [M]. 北京：科学出版社，2021.

支撑领导决策研判的决策数据资源库，提供更加及时高效的信息获取方式，丰富展现形式，为政府决策提供全面、准确、便捷的数据服务；充分利用职能部门各类专业系统和大数据智能分析模型，开展统计分析、预测预警和评估研判，使领导能够及时掌握经济运行与社会发展的实际状况和发展趋势，不断提升决策能力。

二是支持政务服务"一张网"建设。按照政务服务网"四个集中"（权力事项集中进驻、网上服务集中提供、政务信息集中公开、数据资源集中共享）、"七个统一"（统一导航、统一认证、统一申报、统一查询、统一互动、统一支付、统一评价）要求，加快推进权力事项、审批业务、行政执法、电子证照等共享数据库建设，推动行政审批事项上网运行，全面整合社会保障、公共安全、医疗卫生、国民教育、劳动就业、养老服务等公共管理和公共服务领域的政务服务资源，不断完善网上服务与实体大厅服务、线上服务与线下服务相结合的一体化政务服务模式，提升政府网上公共服务水平。

三是运用大数据加强对市场主体服务和监管。加大金融、工商登记、税收缴纳、社保缴费、交通违法、安全生产、质量监管、统计调查等领域信用信息的整合力度，运用大数据推动社会信用体系建设，建立健全市场主体守信激励机制和失信惩戒机制，着力构建公平诚信的市场环境。在行政审批、市场监管、环境治理、食品药品安全、电子商务等领域率先开展大数据示范应用，完善对市场主体的全方位服务，加强对市场主体的全生命周期监管，有效提升政府对市场主体服务和监管的水平。

第五章 基于大数据技术的智慧城市民生服务建设

运用大数据、云计算、区块链、人工智能等前沿技术推动城市管理手段、管理模式、管理理念创新,从数字化到智能化再到智慧化,让城市更智慧一些,是推动城市治理体系和治理能力现代化的必由之路。

第一节 大数据在智慧医疗中的应用

智慧医疗能够优化就医流程,合理配置医疗资源,满足人们的医疗需求,是一项迫切需要完成的民生工程。

一、智慧医疗的概述

(一)产生背景

疾病和死亡或许是人类最大的恐惧,从远古时代开始,人就一直在寻找治疗疾病的方法,对疾病的抗争从未停止。随着我国人口的增长、城市化进程的发展,医疗设施难以满足人们对医疗的需要,各大城市普遍存在"看病难、看病贵"的问题。

"看病难"可分为两种:一是"绝对性"看病难,是指由于医疗资源绝对不足无法满足基本医疗卫生服务需求的"看病难",这往往发生在我国中西部经济落后、交通不便、地广人稀的偏远农村地区;二是"相对性"看病难,是指由于优质医疗资源相对于居民需求的不足,造成患者去大医院找专家看病"难"。

随着城乡医疗保障体系的普及,"看病贵"的状况得到了一定程度的改善。为解决医疗体系"看病贵、看病难"的问题,2009年我国"新医改"方案提出要把基本医疗卫生制度作为公共产品向全民提供,实现人人享有基本医疗卫生服务。具体任务包括扩大基本医疗保险覆盖面、提高基本医疗保险保障水平、规范基本医疗保险基金管理、完善基本医疗保险制度体系、提高基本医疗保险经办服务能力和水平等。

在过去几十年中，我国医院信息化经历了从无到有，从局部到整体，从医院向其他各个业务领域不断渗透的发展过程，已初具规模并取得了长足的进步。我国医院信息化历程可分为三个阶段：

第一阶段是计算机技术应用阶段。在这一阶段，将传统业务管理模式计算机化，实现计算机技术在医疗卫生系统的直接应用。

第二阶段是依托计算机网络技术加快业务领域的信息系统建设阶段，如公共卫生、卫生监督、妇幼保健、新型农村合作医疗等信息系统建设。2003年的SARS危机以后，我国在几年时间内，完成了覆盖中央、省、市、县、乡五级的网络直报系统建设，各级疾病预防控制机构和卫生行政部门可以同时在线报告信息，极大地提高了传染病疫情等报告的及时性和准确性，同时加强了国家和省两级突发公共卫生应急指挥决策系统建设，极大地提高了突发公共卫生事件的应急反应和危机处置能力。在医院，信息化建设的重点转移到临床信息系统建设，如逐步推广HIS、PACS、RIS、LIS等临床信息系统。

第三阶段是近年来的区域医疗探索阶段。部分经济发达地区，如上海市闵行区、广州市番禺区和福建省厦门市都开展了基于健康档案的区域卫生信息化建设工作，部分实现了区域居民健康档案在医院、社区之间的共享以及基于健康档案的"电子双向转诊服务"。

虽然我国医疗信息化发展迅速，但目前也存在发展不平衡、应用不充分、系统建设不完整、投入不足、技术人才短缺等问题。

医疗体系中的方方面面无不影响着我们每个人的生活，而目前的医疗体系却难以满足人们的需求，"智慧医疗"则提供了一条建立更优质医疗体系的道路。

（二）概念和特征

近年来，随着智慧城市这一新理念逐渐被人民熟悉和接受，智慧城市应用层中智慧医疗的概念也被提出来，并处在探索阶段。目前已有不少相对成熟的观点。

智慧医疗是指通过应用物联网、云计算、移动互联网、大数据等新一代信息技术来提高医疗卫生管理和服务的智能化水平。智慧医疗是智慧城市巨大系统中的一个部分，是综合应用医疗物联网、数据融合传输交换、移动计算等技术，通过信息技术将医疗基础设施与IT基础设施进行融合，以"医疗云"数据中心为核心，跨越了原有医疗系统的时空限制，并在此基础上进行智能决策，实现医疗服务最优化的医疗体系。

当前的医疗系统并没有完全地成为一个整体的系统，更像分散在茫茫医疗体系海洋中的一个个孤岛，或大或小，没有与其他的部分形成联系。而智慧医疗将以更全面的互联互通、更智能的洞察成为未来完全整合的医疗系统。

1. 因全面感知、自动获取而更迅速

智慧医疗基于物联网相关技术，通过多种渠道进行更深刻的感知，获取来自传感器、仪表和系统的一切数据，观察、监测医疗系统中每个部分、每个个体、每个环节的确切情况。传感器无处不在，在病房里、在手术室里、在病服里，甚至在药品中。人们所关注的任何医疗系统或流程的健康运行都可以被度量、被感知及被发现。

2. 因信息互联而更准确

"信息孤岛"导致"看病贵""看病难"。智慧医疗将个体、器械、机构整合为一个协同团体，将临床医生、护士、研究人员、保险公司和患者联系起来，通过全新的方式进行沟通和互动、共享信息、协同工作，打破信息壁垒，以无缝协同的方式开展工作，增加社会、机构、个人的三重效益。

3. 因数据全面而更智能

智慧医疗体系提供全社会范围内的医疗信息，并进行持续分析，优化配置整个社会的医疗资源，以满足不断变化的需求，优化绩效，整合预测模型，并为个人提供更高价值的服务。

4. 以患者为中心

在以前，医疗卫生行业信息化建设是以部门为中心的，即以各级卫生主管部门、各类医院为中心。患者的医疗信息分散在不同的医院，没有进行有效的整合，无法提供个性化的医疗卫生服务。而在智慧医疗中，医疗卫生行业信息化建设是以患者为中心的。通过电子病历建立患者医疗健康档案，不同医院之间可以共享患者信息。智慧医疗中医患的交流如图5-1所示。

图 5-1　智慧医疗中医患的交流

5. 远程化

在智慧医疗时代，有时候一些患者不必到医院就诊，而是采用电子设备（如电子血压计）探测血压、心率等，并发送到健康服务中心，再由专业医生进行分析，把诊断结果和治疗方案反馈给患者；患者付费后由物流企业把药品配送给患者。对于医疗卫生条件落后的偏远地区，通过远程医疗系统，也可以享受到大城市的一流医疗服务[1]。

6. 自动化和智能化

在智慧医疗时代，随着医疗分析仪器设备的发展，许多化验、诊断等工作可以自动完成，医疗分析仪器设备会自动生成并打印出化验报告、诊断报告等。植入患者体内的芯片会监测患者生理机能的各项参数，当参数超过一定阈值会自动给予安全警示。智能化医疗设备如图 5-2 所示。

---

[1] 金新政，谭警宇，舒占坤. 智慧医疗 [M]. 北京：科学出版社，2021.

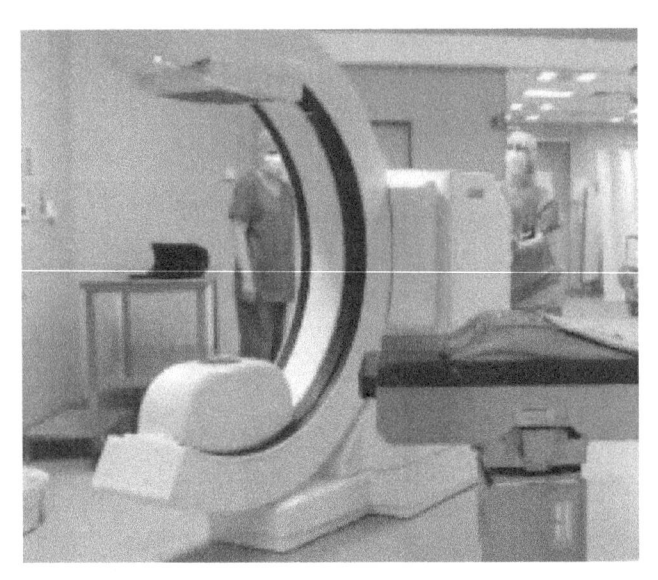

图 5-2 智能化医疗设备

（三）建设框架

医疗改革的推进和目前信息技术的大量应用，推动着我国的医疗体系朝着共享互联的智慧医疗体系发展。该体系覆盖了各大医院、城乡社区、公共卫生，是一个比较完整的城市医疗体系。它以电子病历和健康档案为基础，打破医院之间的信息壁垒，实现医疗信息的共享，充分调动各级医疗资源，平衡城乡医疗资源。智慧医疗体系为解决"看病难""看病贵"问题提供了一条"小病进社区、大病进医院、康复回社区"的新道路，也为公共卫生的预防和监管提供了有效途径。

（四）智慧医院

智慧医院是具备信息化、互联网化、智能化特征的医院。例如，布设无线网络，建立"无线医院"，方便医生和患者上网。利用物联网建立医院周界安防系统，提高医院的安全管理水平。提高医院各类管理信息系统的智能化水平，对患者进行从第一次就医到最后一次就医的全生命周期管理，减少重复输入，提供一站式、个性化服务，提高患者的满意度。建设"智慧门诊室""智慧病房""智慧手术室"，提高诊断、治疗、护理、手术等过程的自动化和智能化水平。

在智慧医疗中，还应推进卫生部、卫生厅、卫生局等各级医疗主管部门的智慧化建设。卫生主管部门通过实施智慧卫生工程，提高卫生管理和公共服务的智能化水平，支撑卫生管理创新。例如，建设智能化的办公自动化系统、智能化的医疗卫生管理和服务系统，为用户提供一站式服务。建立国家卫生云服务平台，实现优质数字医疗卫生资源的共建共享。

信息化对医疗卫生工作具有重要的支撑和保障作用，而深化医改为医疗卫生信息化发展提供了难得的机遇。医改方案明确提出把加强信息化建设作为深化医改的重要技术支撑，特别是当前医改已进入"深水区"，一些制约医疗卫生事业发展的体制机制问题和结构性问题日益凸显，所涉及的利益群体更加复杂。为此，我国卫生主管部门应加强政策引导，积极推进智慧医疗的发展，破解医改难题。

二、大数据在智慧医疗中的应用

通过不断加强信息化建设，卫生部门和医院积累了大量数据。采用大数据技术对这些数据进行挖掘，发现其中一些规律和问题，可以改进卫生部门的政策措施，提高医院的医疗服务水平。例如，美国西雅图儿童医院使用 Tableau 数据可视化软件帮助医护人员减少医疗事故，为医院节省了 300 万美元。2011 年，北京天坛医院在各个挂号窗口安装了人脸识别设备。如果人脸识别设备监控到某人在一周内多次反复挂号，那么医院就会把他列入黑名单。

2016 年 6 月，国务院办公厅出台了《关于促进和规范健康医疗大数据应用发展的指导意见》，提出夯实健康医疗大数据应用基础，全面深化健康医疗大数据应用，规范和推动"互联网＋健康医疗"服务，加强健康医疗大数据保障体系建设。

智慧医疗的发展，在一定程度上提高了现代医疗水平，为人们的健康提供了更加全面的保障。其中，大数据技术在智慧医疗中的应用，可以通过以下几个案例进行分析。

（一）智能 B 超诊断系统

相比较其他类型的医疗工作来说，B 超的难度较大，其需要较为丰富的临床经验，即便如此，也会发生由于人为因素导致的误诊等情况。在这种情况下，智能 B 超诊断系统则能够有效解决该问题，研究人员将以往 B 超诊断过程中的各种数据输入计算机数据库，在智能 B 超完成目标对象信息获取的同时，后台计算机会根据其检查项目进行 B 超数据的比对、分析，进而得出相应的结果。尽管智能 B 超诊断系统的准确度较高，但是，由于早期 B 超数据库的资料相对较少，因此，诊断结果依然需要医生的确认，从而保证 B 超诊断结果的准确性。

(二)智慧社区医疗系统

大数据技术在智慧医疗领域的应用提高了传统医疗工作的效率,在社会医疗体系日益完善的情况下,智慧社区与智慧医疗实现了联网运行,利用大数据技术,能够实现对社区居民身体健康的动态监控,使人们的身体健康得到了有效保障。例如,对年龄较大的老年人群体来说,其发生心脑血管疾病的可能性较大,针对这一情况,智慧社区医疗系统会根据相关对象的具体信息进行特别关注,为超过一定年龄的社区居民建立数据库。在社区居民进行体检的过程中,相关数据会直接发送至大数据信息平台,大数据信息平台会根据其检测结果的变化情况,计算其发生心脑血管疾病的风险,并提出具有针对性的意见和建议,从而保证社区居民的身体健康。

(三)大数据下的智慧医疗档案管理系统

在过去较长的一段时间里,由于计算机技术的应用还未得到普及,医院在患者档案管理方面依然采取了较为传统的管理模式,这种管理模式不仅效率较低,且容易造成档案遗失、破损等一系列问题,给医疗工作的深入开展带来了不良影响。随着智慧医疗的发展,计算机技术、信息管理技术在医院档案管理工作中得到了广泛应用,通过为患者建档的方式,进而对患者进行全寿命周期的健康数据管理。然而,由于相关数据信息量大,需要依靠大数据技术进行医疗数据的搜集、整理、分析,从而使档案管理工作更加有序,同时也便于后期患者的档案数据调取、复核等操作,从而避免了因档案遗失、损坏等造成的医疗纠纷。

(四)基于大数据技术的一站式就诊服务

与传统医疗相比,智慧医疗的优势在于它大大提高了就诊效率,依托大数据技术和医疗设备的联网化,能够为人们提供更加便捷、准确的就诊服务。例如,某病人因感冒引起了发烧、咳嗽等症状,在传统医疗手段下,需要患者测量体温甚至抽血,医生才能够给出对应的治疗方案,这使得身体本就虚弱的患者要长时间排队检查,给患者造成了不便。然而,在智慧医疗普及后,人们可以通过智能医疗设备完成一站式就诊服务,该智能医疗设备能够根据患者的表述获取健康数据信息,在得到患者的健康数据信息之后,与数据库中的相关数据进行比对,从而明确患者的病情。如此一来,则不用经过烦琐的检查等过程,在较短的时间内就能够得到对应的治疗方案。

整体而言，研究与应用医疗大数据，可以大幅提高医疗诊断的准确性，意即医生可透过院内、院际的互通数据，辅以病患本身的健康信息与过往病历，迅速做出较以往相对精确的诊断；可以有效节约宝贵的医疗资源，意即医生能够借助大数据技术来优化治疗方案，避免形成效率低的重复诊治，不致徒增社会医疗成本负担。

第二节　基于大数据的我国高层建筑智能化

随着"互联网+"时代的到来，大数据技术的应用也普及到了各行各业，在推动产业升级、促进产业转型、加快产业发展方面发挥了重要作用。高层建筑智能化是满足城市化发展需要、解决城市用地资源紧张的必然选择，是城市住宅的发展方向。应用大数据技术，推动高层建筑智能化的发展，是"互联网+"背景下时代发展的趋势所在。本节在分析我国目前高层建筑智能化发展现状的基础之上，探讨了大数据技术对高层建筑智能化的推动作用，旨在为大数据技术与高层建筑智能化的进一步融合，提供一种方向和思路。

一、我国高层建筑智能化的发展现状

城市化进程的加快，导致城市土地资源日益紧张，城市高层建筑也越来越多。高层建筑具有占地面积大、内部结构复杂、功能多、人员密集、易燃物品多、火灾风险高等特点，在管理上存在一定的难度。高层建筑内部往往设有公司、餐厅、酒店、公寓等多个不同的区域，人员复杂且密集。相应的，高层建筑配备的设施也很复杂，如配电间、厨房、餐厅、办公室、仓库、机房、咖啡厅等，内部物品种类繁多，火灾防控风险高。高层建筑需要配备比一般建筑更加完善的管理系统，才可以更好地为住户服务。自1984年世界上第一栋智能大楼在美国建成并被投入使用以来，高层建筑智能化作为一种建筑理念，迅速受到了广泛的重视。不同国家和地区对建筑智能化的定义有所不同，但基本内涵是一致的，那就是打造合理、高效、便捷、舒适的生活环境。建筑本身能够为用户和管理者提供详尽、科学的信息反馈，有一套强有力的技术手段作支撑。高层建筑智能化以最先进的科学技术手段为依托，其现代化、智能化的服务受到了越来越多人的青睐。

伴随着"互联网+"计划的实施，高层建筑智能化的发展迎来了又一个高潮。应用大数据技术，对高层建筑内部进行更加科学、有效、完善的监测、管控，为住户提供更加人性化、科学化、智能化的服务，是高层建筑智能化未来的发展方向。有了大数据平台的支撑，高层建筑智能化的发展将融合网络化、人性化的发展特性，更加符合现代人的住房需求和现代城市的发展需要。

二、大数据技术对高层建筑智能化的推动作用

（一）多系统联动，统一智能化管理

高层建筑智能化的一大发展趋势，就是要实现多个系统之间的统一协作、统一管理。如在未来，高层建筑内部将采用统一的数据传输机制、统一的通讯协议、统一的设备编号等。此外，高层建筑内部的各个系统也将实现统一联动，门禁系统、电梯系统、照明设施、空调设施、报警装置等，都采用统一的管理系统，方便不同管理人员之间的联合协作。这种统一管理系统将采用"傻瓜式"操作，利用大数据技术，设置一目了然的设备操作方式，让管理人员为用户提供更加智能化、人性化的服务。门禁系统如图5-3所示。

图 5-3　门禁系统

（二）利用大数据平台，打造全方位智能化服务

高层建筑内部人员密集，功能繁多，存在一定的安全隐患。基于大数据技术的各项智能化服务，能有效解决各项安全问题。例如智能消防系统，在检测到火灾情况时，系统自动控制火灾点附近可能涉及的区域打开灭火装置，同时指挥该区域的人员马上有秩序地逃离现场，做到防灾第一、救灾及时。类似的智能化服务越来越多，智能快递收取箱，解决住户不在家、快递收取困难的问题，让24小时收取快递成为可能；温度智能调节系统，最大限度满足不同人的不同需求。

相信随着大数据技术的不断升级，智能化服务手段会越来越多，高层建筑内部的服务体验也会越来越好。某高层建筑的智能化服务体系如图5-4所示。

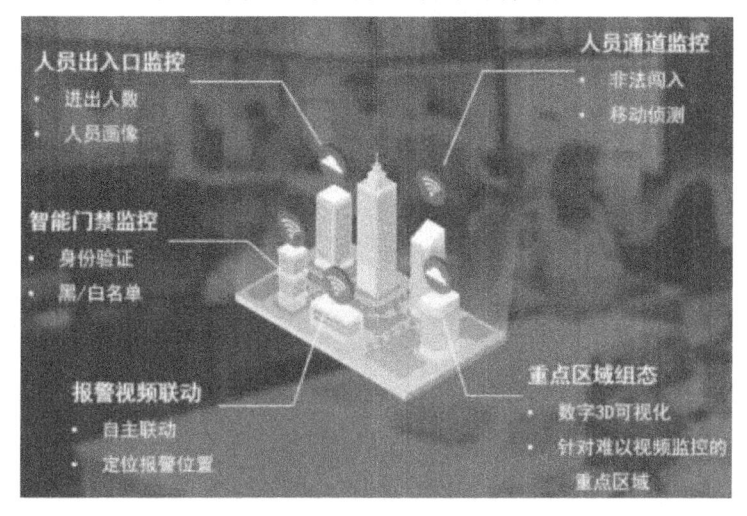

图5-4　某高层建筑的智能化服务体系图

三、构建智能化的运营维护管理系统

高层建筑内部大型机器多，线路复杂，维护管理难度非常大。利用大数据技术构建高层建筑数据信息模型，从而构建起高层建筑内部的运营维护管理系统，时时检测建筑内部的各项信息，实现可视化的控制、交流与信息反馈。这套系统基于大数据平台的信息优势，对高层建筑内部的员工管理、设备维护、日常工作记录、火灾报警等做到24小时实时掌控。这样不仅可以提高管理人员的工作效率，提高建筑物的安全系数，也能实现高层建筑内部信息的及时反馈，方便管理人员根据反馈及时判断故障点，提高服务质量。

四、贯彻可持续发展理念，以绿色智能为发展方向

贯彻可持续发展理念、实现绿色发展，是现代城市发展的方向。以绿色智能为发展方向，必须依托大数据平台，利用信息化的优势来降低能耗，有效提高能源利用率。大数据技术为高层建筑在选用能源、材料等方面提供强有力的技术支撑，做到大范围地采用新技术、新能源，降低能耗，实现绿色发展。高层建筑的绿色智能化，应当是在资源利用与智能发展之间寻求恰当的平衡，而实现这一平衡的前提，就是要利用大数据技术，对高层建筑物内部的各个系统进行集成化管理，统一控制，从而降低管控成本，做到科学节能。

高层建筑智能化是现代城市发展的必然需求，是满足现代人住房需求的必然选择。高层建筑智能化的发展，需要依托现代科学技术，依托大数据技术平台，才能为住户提供更加智能化、网络化、人性化的服务。高层建筑智能化不是为高端群体所设计的高成本建筑体验，其智能化体现的应当是低成本、低能耗与高端服务的有机结合，应当是符合现代社会可持续发展需求的建筑理念。依托现代科学技术，最大限度地采用新能源，是高层建筑智能化理念的正确表达。随着大数据技术的广泛应用与普及，高层建筑智能化的发展必将给人类带来更加舒适、温馨的居住体验。

第三节　基于大数据的智慧社区管理系统

社区就是由在一定地域内发生社会活动和社会关系，有特定的生活方式并具有成员归属感的人群所组成的相对独立的社会生活共同体。在我国，典型的社区就是城市的小区和农村地区的村庄。下面以城市小区为例阐述智慧社区。大数据智慧社区管理如图 5-5 所示。

图 5-5　大数据智慧社区管理

一、内涵和特点

社区是城市的细胞。智慧社区是智慧城市的重要组成部分。智慧社区是指管理和服务智能化水平较高的社区。与传统社区相比，智慧社区具有如下特点：

第五章　基于大数据技术的智慧城市民生服务建设

（一）自动化

在智慧社区中，各类设施的自动化程度较高。例如，采用RFID技术的社区一卡通，在居民进出小区、单元门时，能够自动感应并开启大门；楼道灯具有红外感应功能，居民晚上上下楼时自动开启。

（二）集成化

在智慧社区中，相关设施之间可以相互通信，进行联动。例如，当传感器感知有人翻墙时，立即启动报警系统。与此同时，调转视频监控探头，视频监控探头具有人脸识别功能，自动将捕获的人脸图像发送到公安部门。

（三）智能化

在智慧社区中，信息系统的智能化程度较高。例如，在社区安防领域，社区门禁系统、视频监控系统可以识别人脸；在社区居民服务方面，可以根据某个居民的个人情况推送信息，提醒其办理特定事情。

智慧社区包括智慧社区基础设施、智慧社区管理、智慧社区服务、智慧社区发展环境四部分。其中，智慧社区基础设施包括小区宽带网络（10Mbps以上入户）、三网融合以及智能化的小区设施；智慧社区管理包括计划生育、出租房管理、社会保障、民政等社区管理事务的智能化；智慧社区服务包括保洁、维修、购物、娱乐等各类为社区居民服务的智能化；智慧社区发展环境包括与智慧社区相关的政策法规、标准规范、人才培养等。

发展智慧社区，有利于提高社区管理水平，创新社会管理方式；有利于提高为社区居民服务的水平，使社区更宜居；有利于丰富社区居民的生活，创建和谐社区。

二、大数据在智慧社区中的应用

（一）整合社区中的居民消费数据

智慧社区涵盖了居民消费服务等消费数据，这对于服务型行业来说具有较高的商业价值。具体体现在商家在用户还未进行消费的时候就已经为用户在恰当的时间准备好了服务。利用大数据技术，可以更好地为社区内的居民提供消费服务。

（二）构建智慧社区数据库

通过利用大数据技术全面整理与归纳社区地理信息、社区企业法人信息、人口信息，综合线上与线下数据信息录入方式，在社区平台中构建综合数据库。有了这样一个整合性的数据库，社区管理的准确性、实时性、条理性和可统计性将大大提高。

（三）提供贴心服务

合理运用大数据平台构建应急呼叫平台，为社区居民提供贴心的服务，主要对象为智慧社区中的空巢老人、残疾老人等特殊群体。

（四）大数据+网格化进行新冠肺炎疫情防控

大数据在境外输入监测分析、防控救治、资源调配、复工复产等各环节发挥了巨大的作用。从未来发展趋势来看，在数字化时代，大数据技术管理与应用将发展成我国现代化城市治理体系与能力现代化建设的重要支撑。在智慧社区中，结合社区网格化管理，以大数据技术为支撑，可以真正在技术手段上实现新冠肺炎疫情防控的闭环管理，即"发现上报、受理派遣、处置反馈、任务核查、事件归档、考核评价"六步闭环工作流程。通过六步闭环工作流程，可以实现横向部门与纵向网格的协同配合、高效运作。

（五）进行社区人员管理

通过科学运用互联网技术资源，实现及时采集与更新居民人口动态信息，更好地对社区人员进行管理。智慧社区提供了许多采集人口数据信息的方式，居委会相关工作人员可以在任何时间与地点通过App进行人口数据信息录入。

（六）合理利用资源

运用物联网技术进行资源感知，合理优化社区门禁传感器与二维码识别系统、水电气缴纳与智能卡感知系统等，使这些系统接入统一云平台与大数据底层资源。

（七）做好安全防范

社区全面整合各种数据，如安全监督、天网与网格等数据，给社区居民提供公众号等事件汇报通道，形成社区、街道与上级监督管理部门的联保机制，实现多种安全隐患问题统一处理。

第四节　基于大数据的智慧法政

结合社会管理情况与内容，梳理社会管理资源目录，充分依托社区，建立社会管理工作站、服务站，以信息平台为技术支撑，做好社会管理服务的"顶层设计"。基于镇、社区（村）、单元网格（包括住宅小区、服务业园区、工业园区、重点楼宇等）划分三级管理网格，建设涵盖"人、地、物、事、组织"五位一体的社会服务管理综合数据库，完善"人、房"数据信息，建立人口、房屋、事件和地点数据关联关系，实现"人房关联，以房管人"。通过网格员的不断采集，逐渐构建、完善各种社会服务管理信息数据库，并建立长效更新机制，摸索"一门服务、综合整治、垂直监管、三级联动"的社会管理模式，高效开展网格化社会管理服务工作，提高社会管理服务水平。下面以乡镇网格化管理系统为例进行介绍。

乡镇网格化管理系统的功能见表5-1。

表5-1　乡镇网格化管理系统功能

序号	任务名称	子任务名称	任务内容
1	乡镇网格化管理系统PC端开发	通知公告	内部通知，可同时发送单人或多人
		事件管理	事件上报、事件处理、处理状态显示、评价等（与网格平台对接）
		重点督办	领导批示件的管理
		会议管理	会议文件起草、审核、发布、转发、签订、参会统计
		考勤	考勤区域设置、考勤时间设置、考勤报表统计、单个员工考勤数据分析
		请假管理	请假流程设置、请假审批人设置、请假数据与考勤数据综合统计、请假数据分析、年度请假与应休假对比
		视频权限设置	设置可以参与视频的群组和个人（与区视频平台对接）
		手机交流群	设置手机交流群群组和交流人员（与区平台交流有关模块对接）

续 表

序号	任务名称	子任务名称	任务内容
1	乡镇网格化管理系统PC端开发	工作汇报	设置每一个人的上下级关系，上级领导可以查看下级填写的工作汇报，并对工作情况进行点评
		民主投票	可以设置投票规则、投票群体、投票选项，并对投票的结果进行查看、统计
		党建工作	党员特派员信息报告、上级党建政策下达、党建视频会议、党建交流群（加水印）等
		内部通信录	搭建各乡镇的通信录，支撑部门联系方式、个人联系方式查询
		地图报表	提供网格辖区内的地图报表分析，展示事件发生地点、热力图、事件位置、事件跟踪等信息
		图片报表	通过柱状图、饼图、折线图、漏斗图等可视化图形报表，对网格事件进行综合统计分析
		统计报表	对报表数据形成Excel报表，并支持下载
2	乡镇网格化管理系统手机端开发	安全登录	系统登录绑定手机终端，一个终端只能被一人使用
		通知公告	通知公告提醒、审批、转发、已读/未读、阅读情况查看
		会议提醒	会议开始前响铃提醒、手机签订、手机转发、手机审核、在线回复等功能
		党建工作	党员专员进行党建工作汇报、政策下达、视频交流
		事件上报	手机端进行事件上报、事件位置采集、事件审核、事件批示、事件评价
		重点督办	重点督办事项下达至手机App，通过手机App对督办事件进行回复
		工作汇报	员工可以通过手机进行工作汇报，领导对汇报工作进行点评
		视频会议	实现指定人员视频会议功能（与区视频平台对接）
		交流群	进行内部交流，增加水印（与区平台交流有关模块对接）

续 表

序号	任务名称	子任务名称	任务内容
2	乡镇网格化管理系统手机端开发	考勤	根据考勤区域进行员工考勤打卡，并记录考勤位置，对考勤数据进行统计分析
		请假	实现手机App请假、审批、统计、提醒等功能
		通信录	实现手机通信录的查看、拨电话、发短信功能
		民主投票	通过手机App进行投票、查看投票结果等功能
		统计报表	管理员整理网格数据，向领导手机App推送统计报表数据，支撑数据钻取和图表展示

一、网格化平台

网格化管理与服务，即根据属地管理、地理布局、现状管理等，将管辖地域划分成若干网格状的单元，并对每一网格实施动态、全方位管理，同时根据网格划分，按照对等方式整合公共服务资源，为网格内的居民提供多元化、精细化、个性化服务。

网格化系统是一种数字化管理系统，是依托信息网格技术建成的一套比较精细、准确、规范的综合管理服务系统，通过系统搜集、整合、分析、汇总相关信息和诉求，为辖区内的居民提供主动、高效、有针对性的服务，从而达到优化公共管理服务职能、密切党群干群关系、完善为民办实事长效机制的目的。

（一）平台整体规划

网格化平台架构如图5-6所示。该系统在建设过程中涉及服务器、数据库等硬件采购与管理，其存储、安全、性能以及网络环境等需要持续维护。

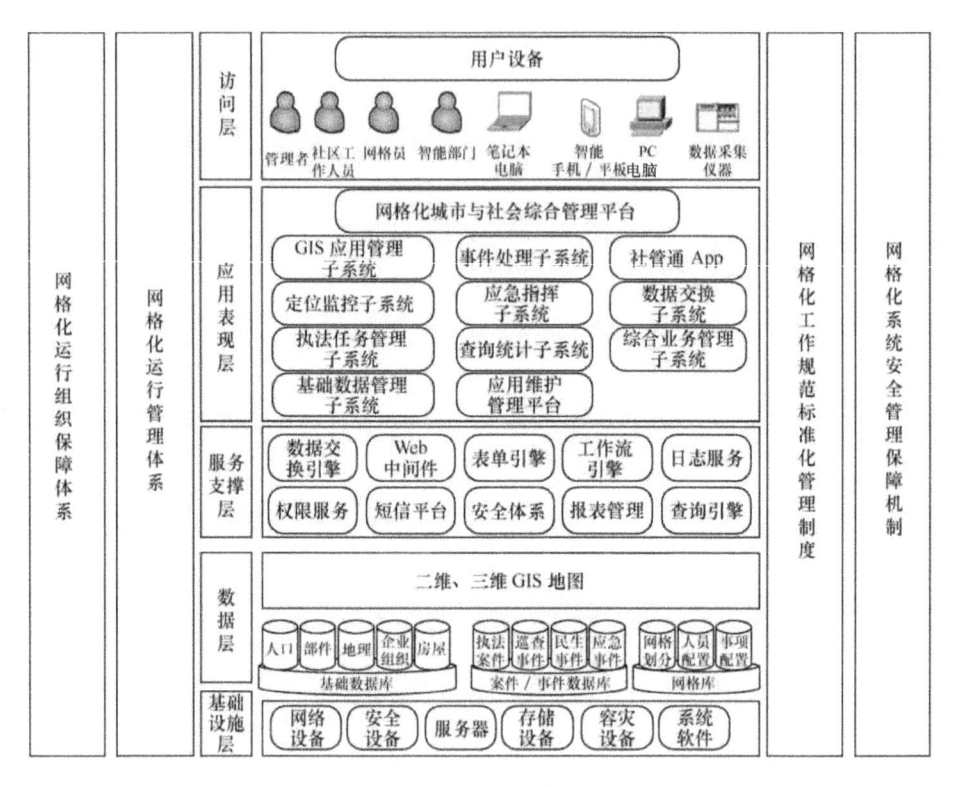

图 5-6　网格化平台架构

（二）平台功能设计

1. 网格通 App

网格通 App 是平台采集基础信息、上报问题、处理反馈的重要方式，它主要用于实现社区网格管理员在自己的工作区域内将发现的问题向信息平台上报以及处理上级部门派遣分配的任务并进行反馈。该系统依托移动设备智能终端，解决社区综合管理的各类问题，通过文本、图像、声音和位置等信息实时传递至管理后台。同时，该系统也可以用于各类基础数据的采集和更新（包括流动人口、出租屋、城市部件）。

网格通 App 是网格管理员运用智能手机版的平台系统采集网格内社区人员、房屋等信息，并上传至社区信息采集数据库。其核心功能包括登录系统、退出系统、问题登记上报、数据采集、民情日志、任务处置（巡查任务）、数据查询、拍照与录音、视频、地图浏览、系统设置、密码修改、个人中心、数据同步、软件更新等。

通过业务事项分类编码以及权限控制，可灵活实现"资源整合，一员多能"的管理目的。网格管理员在上报问题时可通过业务类型分类以及问题的严重程度分层分级上报并自动分发到相关部门进行处理。

2. 网格化管理及展示子系统

网格化管理及展示子系统主要功能包括网格定义、网格人员配置，二维、三维地理信息应用展示以及常用的地图功能。

（1）网格管理

基于数字化地图，将地理空间信息进行网格划分，并将网格管理员、网格事务、网格基础数据等信息进行合理管理。网格化管理及展示子系统是网格化平台建设的基础。数据分类依据各委办局所管理的数据信息进行划分。基础地理数据库可直接为相关部门提供准确实时的基础地理信息，满足网格化平台对基础地理信息的需求。采用网格技术，根据属地管理、地理布局、现状管理、方便管理等，以一定的范围为基本单位，以社区为专题网格，将行政区域划分成若干个网格状的单元。采用地理编码技术对城市部件进行分类分项管理，最终实现社会管理由盲目到精确，由人工管理到信息管理的转变。通过地理编码实现地址空间的相对定位，使城市中的各种数据资源通过地址信息反映到空间位置上来，提高空间信息的可读性，在各种空间范围行政区内达到信息的整合。

（2）专题网格展现管理

基于二维、街景地图结合各项数据进行数据展现，包括网格配置展现、专题网格数据展现、社会网格数据展现、统计图表等。下面主要介绍专题网格数据展现。

专题网格数据展现包括房屋展示、人口展示、事件展示、街景展示，并可依据实际情况进行其他管理对象的扩展展示。

第一，房屋展示。提供涵盖古镇面积的网格化地图展示，实现各责任人的区域划分，查找重点区域负责人等功能；提供全镇在册房屋及规划内房屋的信息数据，和人口信息相关联，实现以人找房功能，在地图上实现搜索重点人员的定位功能。

第二，人口展示。针对重点人群根据社区汇总的住址在地图上标示，实现地图坐标和数据库人员信息绑定；根据人员类别不同、关注级别不同划分不同颜色，以对标示点进行区分。管理人员可通过人口展示查询各类人口数据信息。

第三，事件展示。通过当事人、事由、事件类型、问题等基本信息查询，实现基于 GIS 地图的事件精确定位。

第四，街景展示。以真实的路面街景为亮点，具有三维浏览功能，用户可以实现任意角度的浏览、缩放、漫游。同时，系统还提供测量工具，如距离测量、面积测量等。街景可以真实再现城市自然地形和人造地貌，包括起伏的山形、城市建筑物、道路、河流等，并按照统一的坐标系统，构建和展示无缝的街景智慧社区模型。智慧检测如图 5-7 所示。

图 5-7 智慧检测

3. 事件处理子系统

通过设立区一级、社区级两级中心，分别对不同类型的事件进行不同的处置，实现分层分级管理。区一级监督指挥管理中心可以进行立案登记、任务派遣、任务复核、办结归档的工作，职能部门工作人员可对各社区管理中心派遣的事件详细浏览，包括业务类型、大类、小类、事件描述、事件等级、处理等级、社区管理网格、网格负责人、联系电话、上报时间、现场多媒体信息等，并可以通过地图定位，了解事发位置，处理完毕后，需填写处理意见，并最终对问题的处理结果进行审核。

社区网格管理员通过网格通 App 进行问题上报后，社区或职能部门可依据上传的文字、图片信息进行问题确认，并决定是否可进行下一步任务派遣。后台管理人员可进行签收、回退、发送、打印、导出、督办、附件上传、意见填写、详情查看、转上级部门处理等。

依据问题的处理等级（简单问题、一般问题、突出问题、重大问题），系统将问题分类发送至相应的处理部门，后台管理人员则可实时对问题的处理反馈情况进行跟踪、确认，直至结案。

第五章　基于大数据技术的智慧城市民生服务建设

4. 业务短信子系统

业务短信子系统覆盖广,部门多样结合,事件大到应急处置、小到矛盾调节,通过该系统可以有效实现调度、通知、事件信息描述等,提高系统内部沟通的效率。业务短信子系统也可以通过开放接口的形式接入。

5. 统计考评子系统

统计考评子系统基于平台综合业务受理系统和地理信息系统,运用基层综合治理综合评价模型,将信息化技术、监督评价的工作模式应用到网格化基层综合治理中,建设网格化基层综合治理综合评价系统。通过基于平台的信息存储和信息查询,实现对历史数据按期或实时的统计,将其以图形或表格的方式显示出来。通过系统建设,推进基层综合治理监督达到主动、精确、快速、直观和统一的目标,从而建设完善的网格化基层综合治理综合评价系统,形成良好的城市管理监督机制。

（1）基本功能

报表可以将事件按事件来源、事件分类、预警级别、处理状态以及事件发生地点等分类统计,并提供饼图、柱状图、趋势图、分布图等图形展示。

考核主要针对各级机构、相关职能部门及其工作人员,坚持绩效目标量化、科学客观、公平公正、实事求是和奖惩结合的原则。具体的考核办法由各区自行制定实施。

第一,统计分析。系统具有数据的统计与分析功能、各类报表的输出功能,包括查询、统计和打印等。

第二,绩效考核。系统具有对事件处理过程中工作人员工作情况的考核功能,包括查询、统计和打印等。

第三,统计报表导出。系统具有将统计查询结果以 Excel 格式导出的功能。

（2）常用字段类型

常用字段类型包括整数类型、双精度浮点、文本类型、日期、时间。

（3）相关计算方式

相关计算方式依据实际需求定制开发。

（4）说明

第一,统计报表展现形式：报表、折线图、柱状图、饼图、锥状图、分布图。

第二,报表输出格式：打印,导出 Excel。

第三，多维度查询：按照时间查询（年、月、日、日期段、季度）。

第四，区域查询：区、县、社区（乡区）、社区（村组）、网格编号。

第五，事件查询：治安事件、矛盾纠纷等社会管理事件。

第六，状态查询：待办、办理中、办结、销案等事件状态查询。

6. 定位监控子系统

定位监控子系统具备案卷信息和地图信息一体化管理功能，并满足大屏幕管理显示要求；能够定位基层综合治理问题的地理位置，能够分类显示基层综合治理问题的当前状态信息；能够实时显示网格管理员在岗情况及位置信息，并且可以对历史轨迹回放；具有查询基层综合治理问题、办理过程等详细信息的功能；实现地图与属性信息的互动查询；实现图文一体化的综合评价结果大屏幕展示功能。该系统具体包括行政区划、部件展现、事件展现、轨迹监督四个功能。

7. 人员定位子系统

人员定位子系统的功能包括实时定位、轨迹回放、指令发送等。该系统主要用于实时定位执法人员、网格管理员的实时位置。轨迹回放支持对单个人员或批量人员在任意一天某个时间段的轨迹记录进行查询回放。回放轨迹记录可显示该人员的巡查路线起点、终点，停留地点、停留时间，人员的姓名、部门、联系方式等基本信息以及在巡查轨迹上上报的事件信息。后台管理员可点击在线人员，并可直接向在线人员进行单个、批量的指令信息发送，并对发送的信息指令记录[①]。

8. 基础信息采集管理子系统

地区网格化管理建设所包含的数据内容涉及空间数据和非空间数据两大类。空间数据主要以城市基础地形图和城市管理专题图的形式存在。非空间数据主要以业务事件数据、字典数据、企业信息数据、人口信息数据等多媒体形式存在，包括结构化数据和非结构化数据。结构化数据主要指有一定结构，可以划分出固定的基本组成要素，以表格形式表达的数据，用关系数据库的表、视图表示；而非结构化数据指没有明显结构，无法划分出固定的基本组成元素的数据，主要是一些多媒体数据。基础信息采集管理子系统如图 5-8 所示。

---

① 曾卿华，周尚波. 智慧城市管理设计与实践 [M]. 重庆：重庆大学出版社，2020.

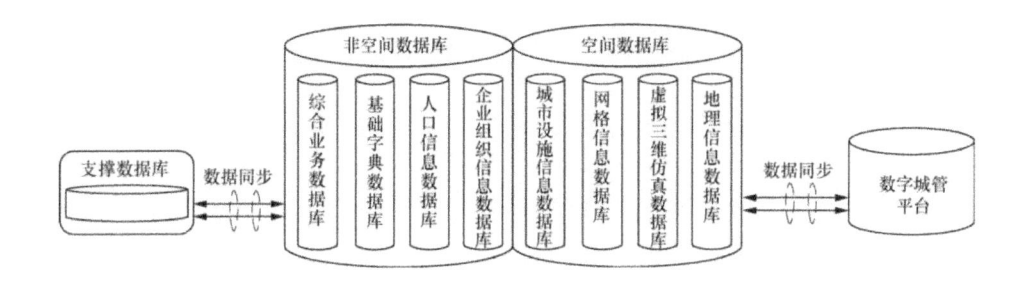

第五章 基于大数据技术的智慧城市民生服务建设

图 5-8 基础信息采集管理子系统

由于人、地、物、组织数据属于基础业务数据，涉及部门多、数据量大，为加快推进数据建设，需要在项目筹建办的组织下，协调相关部门根据承建单位的数据采集标准规范，开展各类台账数据的整理工作。承建单位再根据各业务部门反馈回来的数据进行编码、关联等标准化处理，为人、地、物、组织专题图层展现、空间分析等功能的实现提供必要的基础。基础信息采集管理子系统主要对人口数据、房屋数据、社区数据等进行维护更新，在现实数据发生改变时，通过系统实时更新，保证系统数据最新。下面主要介绍人口数据。

（1）人口基础数据库建设

根据计生、民政、公安等部门的数据情况，可充分共享各部门人口信息数据，通过身份证号码统一识别索引。人口基础数据库主要的信息包括人口基本信息、公安户政信息、暂住人口信息、劳动就业信息、失业人员信息、养老保险信息、医疗保险信息、失业保险信息、工伤保险信息、税务登记信息、常住人口计划生育信息、流动人口计划生育信息、新生儿信息、死亡注销信息等。

按照人员类型，人口基础信息可分为人口（常住人口、流动人口、入境人员）、重点监控人群（刑释解教人、社区服刑人、吸毒重点人、精神病人、信访重点人、犯罪青少年和其他重点人）和重点服务人群（空巢老人、残疾人、低保户、优抚对象、失业人群、育龄妇女）。

人口基础数据库具有以下两个功能。

第一，人口基础信息采集和更新维护。

该功能面向社区居委会、社区科室提供社区人口基础信息采集录入和更新维护等数据。

第二，人口基础信息综合查询和统计分析。

该功能面向社区领导和居委会干部提供辖区人口基础资源的综合查询、分布统计、人口变动情况统计等。

第三，历史数据查询。

该功能针对死亡人口、迁出和注销户籍、流动人口等历史数据提供综合查询。

（2）地理编码

地理编码是依据国家的标准规范统一进行区域的行政编码。

（3）法人组织数据

法人库基于政府专网收集全区各部门、行业关于法人的信息，组建全区法人单位数据库，搭建全区统一法人基础信息共享平台，在此基础上实现各行业、部门间的信息共享、交换、应用。数据一般源于工商局、税务局和质监局等，由工商局统一管理。各共享部门内部的数据更新通过各自的工作机制完成，由共享平台直接与该部门的业务数据库连接，实现数据交换。系统建成后，将收集到法人相关的各种基础信息，形成国家四大基础信息库之一的法人信息库。其具体功能包括企业和个体户信息采集和更新维护、企业和个体户信息综合查询和统计分析。

第一，数据更新机制。

为了确保平台的正常、高效运行，支撑平台的基础数据要保证真实性。综合考虑城市建设和发展步伐，我们在数据更新机制方面提出如下建议。

①更新周期：一年一次。

②更新内容：涉及基础地形图、城市管理等，为了有效地避免重复投资和重复建设，对变化比较大的区域基础地形图进行有针对性的局部修测；对新增的城市管理部件进行有针对性的普查，而不是重新普查，最大限度降低数据更新费用。

第二，数据共享机制。

平台的建设，一方面将充分整合与共享政府已有的信息化资源，包括基础地理信息资源，视频监控资源，人、地、物、组织数据资源等；另一方面将充分挖掘政府实用的信息化资源，如专题数据资源、业务数据资源等。

9. 应用维护管理子系统

应用维护管理子系统主要由系统管理员使用，可以设置每个办公人员的各种权限，方便地对网络进行监控，可灵活扩展自定义定制业务流程。

应用维护管理子系统可以建立各业务应用系统的计算机模型。系统管理员可以使用系统支撑维护管理系统修改应用模型，避免使用数据库系统进行系统维护，从而保证数据库的安全，并大大提高维护效率。系统管理员无须了解数据库的具体结构，就可以正确地使用系统支撑维护管理系统进行日常维护与数据扩展。应用维护管理子系统主要解决平台本身维护和管理的问题，包括账号分配、权限设定、业务类型扩展等。其核心功能为系统维护、系统管理、用户管理、部门管理、社区管理、编码管理、业务事项管理、数据字典等。

二、警务助理平台

（一）建设内容

依托互联网，建立"一村一警"管理平台，使警务助理对采集上报的各类基础数据、事件信息进行分类研判、处置、反馈，并可进行逐级上报处理，实现上级公安机关对警务助理"一村一警"工作的量化考核。

警务助理作为城乡社区警务工作的补充力量，在社区民警的指导下，配合社区民警开展工作，实现本村人、地、事、物、组织等各类治安要素底数清、情况明，发案少，秩序好，治安形势平稳，群众满意度高。

1. 了解社情民意

警务助理应及时收集邪教、非法组织、暴恐活动等危害国家安全、影响政治稳定的各类信息；及时收集社会各界对国际、国内重大事件的议论和反映；及时收集分包村的矛盾纠纷、安全隐患及违法犯罪苗头等影响安全稳定的各类信息。

2. 采集基础信息

警务助理应全面、准确、及时采集、录入辖区基础地理、实有人口、出租房屋、场所行业、重点单位、危险物品、矛盾纠纷、社情民情等方面的基础信息和工作动态信息，绘制分包村住户方位图，并移交派出所辖区民警进行实时更新和维护，进行网上信息比对，核查违法犯罪线索和情况。

3. 排查化解矛盾纠纷

每月在分包村（社区）开展治安纠纷排查，依靠社区民警和村（居）两委班子，运用法律法规进行教育、疏导、调解，引导当事人依法合理地反映诉求，减少发生因治安纠纷调解不及时而出现重大"民转刑"案件。

4. 组织协控治安要素

警务助理应组织开展安全教育，通过微信群、QQ群，发放宣传资料，在警务工作站、村委、学校等显著位置设置宣传栏，在行政村（社区）文化场所定期开展安全和法制讲座，积极向群众宣传防火、防盗抢、防诈骗、防破坏、防交通事故、反恐防恐等安全防范知识及法律常识，定期通报辖区治安形势和警情，努力增强群众的安全防范意识、自我防范能力和法律意识，提升群众遵纪守法、遵守社会公德的自觉性。

5. 组织开展群防群治

警务助理应结合分包村实际，争取村（居）两委班子的支持，加强治保会建设，指导组建立群防群治队伍，指导物防、技防建设，对易发生违法犯罪活动的场所、街道、区域组织巡逻和联防，形成群防群治网络。

6. 积极举报违法行为

警务助理应协助做好违法线索搜集工作，及时发现和查处辖区内非法生产烟花爆竹的"小作坊""黑作坊"，制假贩假的"小工厂"，危害群众餐桌安全的"小窝点"，横行乡里的"小恶霸"，从事非法宗教活动的"小聚点"，小偷小摸的"小团伙"，协助办理辖区治安行政案件，为侦破刑事案件提供线索。

7. 走访服务辖区群众

通过走访困难群众，了解群众需求，受理群众的报警求助，为困难群众代办、发放身份证（户口簿），加强与民政、村（居）两委班子等部门的对接，有针对性地开展服务管理。对于群众求助，属于职责范围的，及时办理；不属于职责范围的，积极帮助联系主管单位，并提供力所能及的帮助；对确实无法解决或提不正当要求的，应主动说明情况，得到群众理解。

（二）系统架构

警务助理平台的架构如图5-9所示。

第五章　基于大数据技术的智慧城市民生服务建设

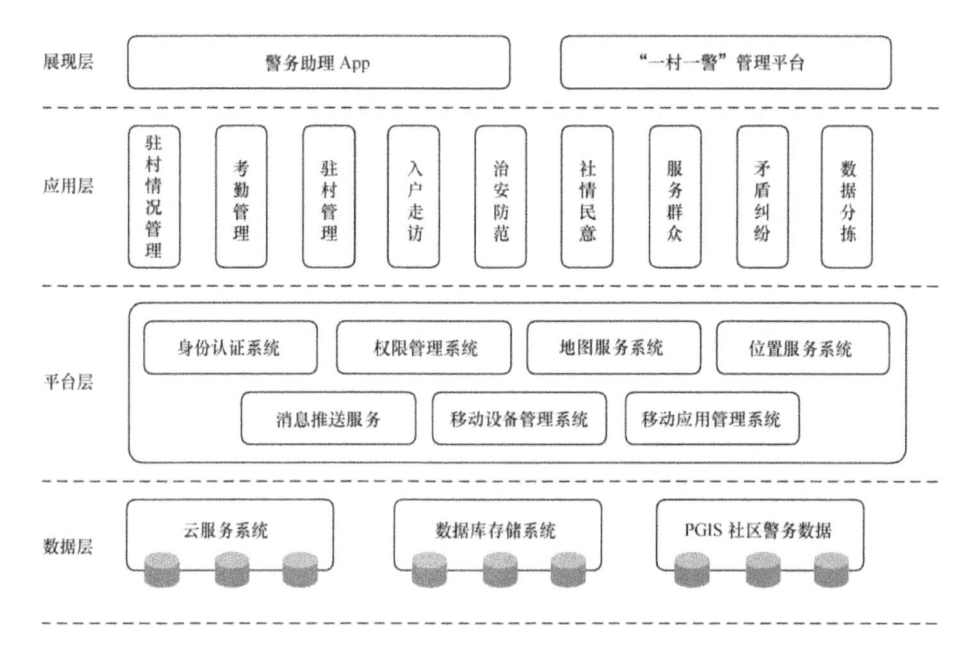

图 5-9　警务助理平台的架构

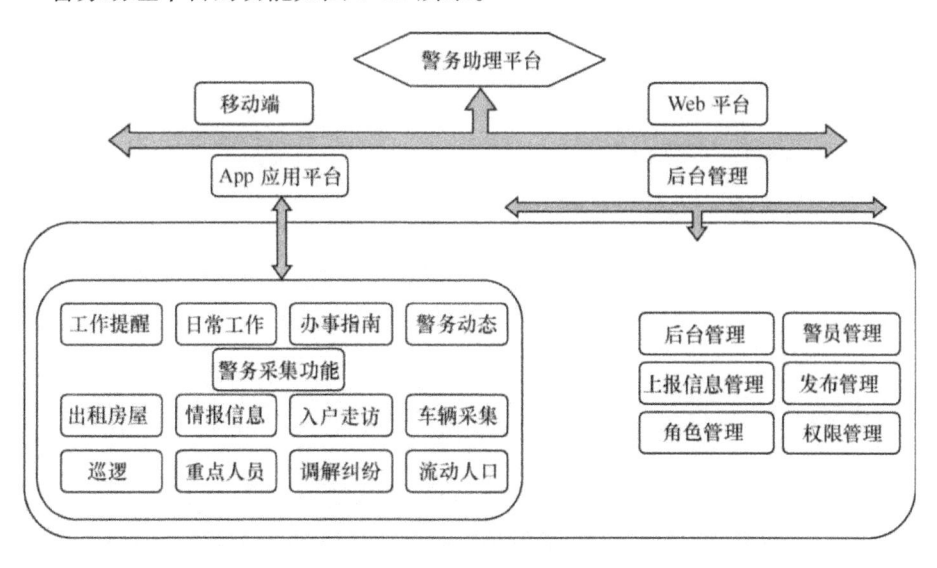

（三）警务助理平台的功能

警务助理平台的功能如图 5-10 所示。

图 5-10　警务助理平台的功能

1. 签到签退

平台提供警务助理到村签到功能，签到时记录警务助理姓名、时间、地址、签到图片等，并通过移动终端的自动定位功能，获取签到位置的坐标信息。

驻村警务助理开展工作，利用移动终端签到，签到应包含自拍图片信息、自动记录地理位置坐标信息等，同时启动相机自动拍摄周边环境。

2. 工作提醒

后台推送消息至 App 端，可查看签收、警务动态等信息。

3. 日常工作

（1）出租房屋信息登记

平台对辖区内的出租房屋信息进行登记采集，包括地址、房主姓名、房主身份证号、房主联系电话、承租人姓名、承租人身份证号码、承租人户籍地址、出租时间、停租时间。

（2）入户走访

警务助理协助管理辖区实有人口，对辖区内的常住人口、流动人口及出租房屋、重点人口等信息进行协助管理。掌控辖区内的人口构成，掌握流动人口流入、流出情况，定期对重点人口进行调查。

（3）常住人口信息采集

警务助理对辖区内的常住人口信息进行采集，包括姓名、性别、身份证号码、常住地址等。

（4）流动人口信息登记

警务助理对辖区内的流动人口信息进行登记，包括姓名、身份证号码、性别、联系方式、居住地址、户籍地址、流入缘由等。

（5）重点人员走访

警务助理对辖区内的重点人员进行走访，采集相关信息，包括姓名、身份证号码、重点人员类型、走访时间、走访地点、走访情况等。

（6）情报信息采集

警务助理采集填写违法事件线索的严重性、事件详细描述、危险倾向、涉事人、处理情况描述等信息。

（7）巡逻

警务助理可对所包的驻村（格）所属行政村（网格）、辖区情况概况、管辖包村（格）民警等信息进行备案管理。各级管理员可对下属级别的村（格）警务助理信息进行查询、统计、修改、变更等动态管理（注销权限归属市局一级管理员）。

（8）贵重物品信息登记

警务助理进行贵重物品，如车辆、首饰等信息登记。

4. 警务动态

（1）法律宣传

该模块能够查询民众日常关注的法律信息，驻村警务助理可以在日常警务工作处理过程中方便地查询所需法律信息，宣传法律知识，依法服务群众。采集信息包括宣传地点、法律类型、情况描述等。

（2）交通安全

该模块对存在交通安全隐患的违法行为、交通事故以及影响交通安全的相关行为活动进行现场信息的采集。

（3）消防规范

开展日常消防安全检查，采取走村串户、走街串巷的形式，对"小场所"、学校的火灾隐患进行排查整治，重点检查场所的消防安全责任制落实情况、防火工作和灭火器材配备情况，及时发现火灾隐患并督促其整改；对辖区村民进行走访，提醒其安全用火、用电、用气，并养成良好的日常防火习惯；对群众的火灾隐患举报、投诉进行及时查处。在民俗节日期间，警务助理组织开展防火巡查，消除火灾隐患。

5. 管理后台

（1）消息推送

通过管理平台向警务助理 App 发送实时通知消息，指导警务助理日常的警务工作。

（2）查询统计

通过制式、非制式报表查询统计相关数据，并区分各级权限。统计页面单独做；查询页面在录入页面分级做，总表可查询分表数字和具体信息情况。采录使用先核再采，避免数据重复，有效杜绝虚假信息。

（3）数据分析

根据警务助理 App 采集的各类数据，运用大数据分析手段，对辖区内的治安状况、隐患状况、人员状况、违法情况等进行数据分析，为领导决策提供基础的数据支撑。

（4）权限管理

权限设置：警员、派出所、中队、大队。

（5）警务业务数据管理

上报信息管理：出租房屋、流动人口、关注人员、信息上报、车辆采集、巡逻轨迹、调解纠纷、入户走访（实有人口、实有单位、实有房屋）。

（6）发布管理

将工作提醒、警务动态等信息推送到 App 端。

第六章　基于大数据技术的智慧城市生态宜居建设

大数据具有规模性、高速性、多样性等特点,通过提取智慧城市建设中有价值的、多样化的数据,总结经验、发现规律、预测趋势,为智慧城市生态宜居建设奠定基础。

第一节　智慧生态环境

一、政策概览

2018年3月,十三届全国人大会议决议组建生态环境部,将国家发展和改革委应对气候变化和减排职责,国土资源部的监督防止地下水污染职责,水利部的编制水功能区划、排污口设置管理、流域水环境保护职责,农业部的监督指导农业面源污染治理职责,国家海洋局的海洋环境保护职责,国务院南水北调工程建设委员会办公室的南水北调工程项目区环境保护职责整合并入原国家环境保护部,并对外保留国家核安全局牌子。目前,我国生态环境部的职责主要包括统筹协调和监督管理重大环境问题,负责监督管理环境污染防治(包括水体、大气、土壤、噪声、光、恶臭、固体废物、化学品、机动车、农村环境等的污染防治),指导、协调、监督生态保护工作,监督管理核安全和辐射安全等。鉴于原智慧环保业务主要对应生态环境部的各项业务,升级后的智慧环保统称为智慧生态环境。

近年来发布的有关智慧生态环境建设的政策文件主要有《生态环境监测网络建设方案》(国办发〔2015〕56号)、《生态环境大数据建设总体方案》(环办厅〔2016〕23号)、《"十三五"生态环境保护规划》(国发〔2016〕65号)、

《"十三五"国家信息化规划》（国发〔2016〕73号）等政策，相关的政策见表6-1。

表6-1 近年来有关智慧生态环境建设的政策文件

序号	文件名称	发布机构	时间
1	《生态环境监测网络建设方案》（国办发〔2015〕56号）	国务院	2015年7月26日
2	《关于加快推进生态文明建设的意见》（中发〔2015〕12号）	国务院	2015年5月5日
3	《生态环境大数据建设总体方案》（环办厅〔2016〕23号）	环境保护部	2016年3月8日
4	《"十三五"生态环境保护规划》（国发〔2016〕65号）	国务院	2016年11月24日
5	《"十三五"国家信息化规划》（国发〔2016〕73号）	国务院	2016年12月15日
6	《关于深化环境监测改革提高环境监测数据质量的意见》（厅字〔2017〕35号）	国务院	2017年9月21日
7	《国家环境保护标准"十三五"发展规划》（环科技〔2017〕49号）	环境保护部	2017年04月10日

二、政策要求

通过对《生态环境监测网络建设方案》《生态环境大数据建设总体方案》等重点政策的研究发现，当前我国在智慧生态环境建设中急需达成的目标主要包括完善生态环境监测网络、建立生态环境大数据平台、提高生态环境监测数据质量、推动生态环境数据全面整合与共享、推进生态环境数据开放、完善生态环境法律法规与标准规范六个方面。

（一）完善生态环境监测网络

中共中央 国务院《关于加快推进生态文明建设的意见》提出："利用卫星遥感等技术手段，对自然资源和生态环境保护状况开展全天候监测，健全覆盖所

第六章　基于大数据技术的智慧城市生态宜居建设

有资源环境要素的监测网络体系。"生态环境监测是生态环境保护的基础,是生态文明建设的重要支撑。国务院办公厅于2015年发布《生态环境监测网络建设方案》,方案中提出:"到2020年,全国生态环境监测网络要基本实现环境质量、重点污染源、生态状况监测全覆盖,各级各类监测数据系统互联共享,监测预报预警、信息化能力和保障水平明显提升,监测与监管协同联动,初步建成陆海统筹、天地一体、上下协同、信息共享的生态环境监测网络,使生态环境监测能力与生态文明建设要求相适应。"

我国环境监测工作经过多年的发展建设,已经改变了靠"眼睛看、鼻子闻、耳朵听"的落后面貌,建成了较为完善的生态环境监测网络并及时向人民群众发布各类监测信息。当前,全国环保系统按照空气质量新标准建成了发展中国家最大的空气质量监测网,所有地级以上城市都按照新的空气质量标准开展了PM2.5在内的六项主要空气污染物监测,并实时发布监测信息。同时,水环境监测网络不断完善,县域生态环境质量监测取得重大进展,完成了土壤环境背景值调查和土壤环境质量专项调查,空气质量预报预警和颗粒物源解析工作全面开展。2012年成功发射环境一号C星,与环境一号AB星3星组网,形成了环境卫星"2+1"星座,实现了2~3天对全国覆盖一次的遥感监测,初步建成了天地一体化监测系统。环境监测工作实现了从手工到自动,从粗放到精准,从分散封闭到集成联动,从现状监测到预测预警的全面而深刻的转变,为生态文明建设和环境保护工作提供了强有力的支撑。此外,水利、国土、海洋、农业、气象、林业等部门也根据各自管理需要建立了相应的监测网络,开展了地表水、地下水、海水、土壤、生态等领域的监测。

但是,面对当前生态文明建设的新形势和新要求,我国生态环境监测事业发展还存在网络范围和要素覆盖不全,建设规划、标准规范与信息发布不统一,信息化水平和共享程度不高,监测与监管结合不紧密,监测数据质量有待提高等突出问题,难以满足生态文明建设的需要,影响了监测的科学性、权威性和政府的公信力。为此,必须加快推进生态环境监测网络建设改革,紧紧围绕影响生态环境监测网络建设的突出问题,强化监测质量监管,落实政府、企业、社会的责任和权利。同时依靠科技创新和技术进步,提高生态环境监测立体化、自动化、智能化水平,推进全国生态环境监测数据联网共享,开展生态环境监测数据分析,实现生态环境监测和监管有效联动。

《生态环境监测网络建设方案》明确提出要全面设点，完善生态环境监测网络，一是"统一规划、整合优化环境质量监测点位，建设涵盖大气、水、土壤、噪声、辐射等要素，布局合理、功能完善的全国环境质量监测网络"；二是加强生态监测，包括"建立天地一体化的生态遥感监测系统，研制、发射系列化的大气环境监测卫星和环境卫星后续星并组网运行；加强无人机遥感监测和地面生态监测，实现对重要生态功能区、自然保护区等大范围、全天候监测"。

《"十三五"生态环境保护规划》对大气、水、土壤环境质量监测提出了具体要求。

第一，大气。大气环境质量监测点位总体覆盖80%左右的区县，人口密集的区县实现全覆盖；提高大气环境质量预报和污染预警水平，强化污染源追踪与解析，地级及以上城市开展大气环境质量预报；同时新建大气辐射自动监测站400个。

第二，水。地表水环境质量监测，点位总体覆盖80%左右的区县；建设国家水质监测预警平台；加强饮用水水源和土壤中持久性、生物富集性以及对人体健康危害大的污染物监测；加强重点流域城镇集中式饮用水水源水质、水体放射性监测和预警；新建饮用水水源地辐射监测点330个。

第三，土壤。土壤环境质量监测，点位实现全覆盖；统一规划、整合优化土壤环境质量监测点位；充分发挥行业监测网作用，支持各地因地制宜补充增加设置监测点位，增加特征污染物监测项目，提高监测频次；新建土壤辐射监测点163个。

从政策文件上可以看出，从土壤环境质量监测到生态环境、自然资源的监测，目前我国生态环境领域的监测网络建设还有很大的发展空间。生态环境监测网络的建设是智慧生态环境监测业务建立的基础，只有完善生态环境监测网络，全面设点，实现环境质量和污染源监测全覆盖，才能为后续的监测预警、风险防范、污染治理等提供数据基础。

（二）建立生态环境大数据平台

相比较气象、统计、地矿等部门，生态环境部门成立时间晚，专业力量较为薄弱，同时因为不是垂直管理，因此环境数据的产生量长期不及其他专业部门，其收集、整理、传输等也常常缺乏一致性。另外，由于生态环境部门的信息化建设采用按需建设的模式，缺乏系统性的顶层设计、全局规划与集约运营，我国环

第六章 基于大数据技术的智慧城市生态宜居建设

境信息化工作存在着基础设施建设分散、重复建设和资源闲置等问题。

2016年3月17日,国家"十三五"规划纲要正式发布,提出实施国家大数据战略。纲要把大数据作为基础性战略资源,全面促进大数据发展。国务院《促进大数据发展行动纲要》等文件要求推动政府信息系统和公共数据互联共享,促进大数据在各行业的创新应用。

建立生态环境大数据平台的工作最先在《生态环境监测网络建设方案》中提出,该方案提出要加快生态环境监测信息传输网络与大数据平台建设,同时加强对生态环境监测数据资源的开发与应用,开展大数据关联分析,为生态环境保护决策、管理和执法提供数据支持。

《生态环境大数据建设总体方案》是我国首次发布的关于生态环境大数据建设的顶层方案,方案中提出构建了"一个机制、两套体系、三个平台"的生态环境大数据总体架构。一个机制是生态环境大数据管理工作机制,两套体系分别是组织保障标准规范体系、统一运维信息安全体系,三个平台分别是大数据环保云平台(基础设施层)、大数据管理平台(数据资源层)和大数据应用平台(业务应用层)。大数据环保云平台是集约化建设的IT基础设施层,为大数据处理和应用提供统一基础支撑服务。通过"一朵云"模式建设环保云平台,打破原有环境信息化重复建设的格局,实施网络资源、计算资源、存储资源、安全资源的集约建设、集中管理、整体运维,既提高了资源利用率,也降低了环境信息化成本,减少了资源浪费。大数据管理平台是数据资源层,针对目前环保领域的结构化业务数据、非结构化审批文档数据、实时监控数据、卫星遥感数据等多种类型的数据,应用系统提供数据资源传输交换、存储管理和分析处理等支撑服务。大数据应用平台是业务应用层,为大数据在生态环境综合决策、环境监管和公共服务等各领域的应用提供综合服务。大数据环保云平台如图6-1所示。

图 6-1　大数据环保云平台

生态环境大数据的数据来源不仅包括环保系统内部业务数据，还包括其他部委的数据资源、互联网数据、物联网数据等结构化、弱结构化、非结构化的与生态环境相关的数据。《生态环境大数据建设总体方案》一方面要求建设生态环境质量、环境污染、自然生态、核与辐射等国家生态环境基础数据库，同时接入国家人口基础信息库、法人单位资源库、自然资源和空间地理基础库等其他国家基础数据资源，并且建立生态环境信息资源目录体系，实现系统内数据资源整合集中和动态更新；另一方面要求拓展吸纳相关部委、行业协会、大型国企和互联网关联数据，形成环境信息资源中心，实现数据互联互通。

此外，生态环境大数据平台的建设离不开生态环境基础数据库的建设。《"十三五"生态环境保护规划》提出："建立典型生态区基础数据库和信息管理系统。建设和完善全国统一、覆盖全面的实时在线环境监测监控系统。加快生态环境大数据平台建设，实现生态环境质量、污染源排放、环境执法、环评管理、自然生态、核与辐射等数据整合集成、动态更新，建立信息公开和共享平台，启动生态环境大数据建设试点。"此外，针对国土资源数据、自然资源、地理信息等方面提出了相应的建设要求，包括建设国土资源基础数据、不动产登记信息管理基础平台、农村土地流转管理信息平台、自然资源信息共享服务平台、地理信息公共服务平台。这些政策文件要求，一方面有利于加快建设与完善生态环境基础数据库，补充生态区基础数据、国土资源基础数据、不动产登记信息、农村土

第六章　基于大数据技术的智慧城市生态宜居建设

地流转信息等数据信息；另一方面有利于加快环境生态大数据的整合共享，实现生态环境质量、污染源排放、环境执法、环评管理、自然生态等跨业务、跨领域数据的共享。

（三）提高生态环境监测数据质量

环境监测是环境保护的"眼睛"，生态环境监测数据是客观评价环境质量状况、反映污染治理成效、实施环境管理与决策的基本依据。由于种种原因，当前生态环境监测数据质量存在两方面突出的问题。

一是人为干预导致数据失真。地方不当干预环境监测行为时有发生，如指使相关人员通过干扰采样设施等手段篡改、伪造监测数据等现象，损害了政府的公信力。排污单位监测数据弄虚作假屡禁不止。有些企业为了逃避监管，蓄意干扰监测现场采样，篡改、伪造监测数据。环境监测机构服务水平不同，部分社会环境监测机构、环境监测设备运营维护机构受利益驱动，或屈从于委托单位的要求，编造数据、做假报告牟利；或者为了抢占市场低价竞争，为了降低成本不按规范开展监测活动，监测质量堪忧。

二是客观局限导致数据不准。由于监测方法标准体系和监测质量管理体系不完善，或因人员能力不足等造成监测数据不准确、不科学；相关部门因环境质量监测点位不一致、方法标准不统一、信息发布缺乏会商机制，导致不同部门同类环境监测数据不一致，引发公众对环境监测数据的怀疑。

针对这些问题，中共中央办公厅、国务院办公厅于2017年9月21日印发《关于深化环境监测改革提高环境监测数据质量的意见》，对今后一个时期加强环境监测数据质量管理、确保监测数据真实准确做出了全面规划和部署。

《关于深化环境监测改革提高环境监测数据质量的意见》提出："到2020年，通过深化改革，全面建立环境监测数据质量保障责任体系，健全环境监测质量管理制度，建立环境监测数据弄虚作假防范和惩治机制，确保环境监测机构和人员独立公正开展工作，确保环境监测数据全面、准确、客观、真实。"

与此同时，生态环境部也在积极推进国家环境质量监测事权上收工作，探索如何减少地方干预环境监测数据。《生态环境监测网络建设方案》提出："适当上收生态环境质量监测事权，准确掌握、客观评价全国生态环境质量总体状况。"全国地表水监测事权上收以及全国土壤环境质量监测网建设工作也在同步开展，确保环境监测数据的权威有效。

（四）推动生态环境数据全面整合与共享

生态环境数据类型多，数据来源渠道广，结构复杂，分散在气象、水利、国土、农业、林业、交通等不同部门。因此，要想挖掘隐藏在生态环境数据背后的潜在价值，实现数据共享是关键，也是解决生态环境问题的前提和基础。为此，《生态环境监测网络建设方案》提出，建立生态环境监测数据集成共享机制，各级环境保护部门以及国土资源、住房城乡建设、交通运输、水利、农业、卫生、林业、气象、海洋等部门和单位获取的环境质量、污染源、生态状况监测数据要实现有效集成、互联共享；同时重点排污单位要按照环境保护部门的要求及时上传监测结果。《生态环境大数据建设总体方案》提出，要加强数据资源整合，严格实施《环境保护部信息化建设项目管理暂行办法》，建立生态环境信息资源目录体系，利用信息资源目录体系管理系统，实现系统内数据资源整合和动态更新。

由于数据归属权分散，跨部门数据的共享工作也变得极其困难，如各部门共享数据的边界没有明确的界定、共享的数据没有明确的使用方式，造成生态环境领域的数据壁垒高筑。因此，《生态环境大数据建设总体方案》提出，要推动数据资源共享服务，明确各部门数据共享的范围边界和使用方式，厘清各部门数据管理及共享的义务和权利，制定数据资源共享管理办法，编制数据资源共享目录，重点推动生态环境质量、环境监管、环境执法、环境应急等数据共享。同时，基于环境保护业务专网建设生态环境数据资源共享平台，提供灵活多样的数据检索服务，形成以向平台直接获取为主、以部门间数据交换获取为辅的数据共享机制，研发生态环境数据产品，提高数据共享的管理和服务水平。可以看出，厘清部门数据管理的边界和权限、梳理数据资源共享目录，同时建立数据共享交换平台，才是目前解决环境数据共享问题的必要措施。但是数据资源共享目录也需要动态更新，使数据"活"起来，才能发挥其真正的价值。

（五）推进生态环境数据开放

我国各地政府均已开始了生态环境数据开放的探索，但总体上看，开放数据量少，且多与资源（或能源）数据混为一谈。而当前已经开放的数据多为环境信息公开中已经公开的信息，内容涉及机构信息、行政审批信息、行政处罚信息、空气质量信息、污染源信息、环境监测信息等内容，与生态环境数据开放并不等同。当前已开放的生态环境数据主要存在数据质量参差不齐、数据分类模糊、缺乏统一的元数据规范、数据更新频率低、格式混杂等问题。

第六章 基于大数据技术的智慧城市生态宜居建设

国务院印发的《促进大数据发展行动纲要》提出,在依法加强安全保障和隐私保护的前提下,稳步推动公共数据资源开放,优先推动交通、资源、农业、环境、气象、海洋等民生保障服务相关领域的政府数据集向社会开放。

《生态环境大数据建设总体方案》提出:"建立生态环境数据开放目录,制定数据开放计划,明确数据开放和维护责任。优先推动向社会开放大气、水、土壤、海洋等生态环境质量监测数据,区域、流域、行业等污染物排放数据,核与辐射、固体废物等风险源数据以及化学品对环境损害的风险评估数据,重要生态功能区、自然保护区、生物多样性保护优先区等自然生态数据,环境违法、处罚等监察执法数据。依托环境保护部政府网站建设生态环境数据开放平台,提高数据开放的规范性和权威性。"

生态环境数据的开放,一方面有利于公众了解城市环境的建设情况,另一方面也有利于促进公众参与生态环境的治理与监督,形成共建共治的局面。此外,国家推进生态环境数据的开放,也与大众创业、万众创新的政策理念一致,有利于创业机构利用政府数据进行创新创业。

(六)完善生态环境法律法规与标准规范

目前生态环境领域的国家法律法规与标准体系还不尽完善,首先,现有的生态环境法律法规体系还不健全,如与土壤污染和有毒有害化学物质监管相关的法律制度体系等还不尽完善,有关生态红线、生态补偿、自然资源产权等制度虽然已经在环境保护法等法律中做出了一些原则性规定,但尚缺乏必要的、可操作的法律规范和配套规定;其次,我国生态环境标准也存在滞后和空白,如土壤、生态、自然资源等方面的标准还较缺乏,国家、行业和地方标准方面还存在标准要求不一致等情况,标准执行落地性不强;最后,随着新一代信息技术在生态环境领域的应用,配套的标准还未成体系,如污染源自动监控系统建设、联网、验收标准,自动监控数据传输、审核规范等还未健全,影响了我国生态环境治理工作的智慧化转变。

党的十八届四中全会要求用严格的法律制度保护生态环境,建立健全生态环境的法律制度体系已成为生态环境保护工作最重要的任务之一。《生态环境监测网络建设方案》提出研制环境监测条例、生态环境质量监测网络管理办法、生态环境监测信息发布管理规定等法规、规章,统一大气、地表水、地下水、土壤、海洋、生态、污染源、噪声、振动、辐射等监测布点、监测和评价技术标准规范,并根据工作需要及时修订完善。《生态环境大数据建设总体方案》要求:"加强大数据标准规范研究，结合大数据主要建设任务，重点推进生态环境数据整合集成、传输交换、共享开放、应用支撑、数据质量与信息安全等方面标准规范的制定和实施。"

要加强各部门生态环境监测数据可比性，确保排污单位、各类监测机构的监测活动执行统一的技术标准规范。这就要求标准规范制定出来后，通过对生态环境标准采集数据一致性的比对来检验其技术内容的一致性。

三、趋势与展望

随着我国生态文明建设的持续推进，智慧生态环境建设将在我国生态文明建设进程中发挥重要作用，同时在我国大部制改革的背景下，国家发展和改革委、国土资源部、水利部、国家海洋局等相关部委的部分职责并入原国家环境保护部，成立生态环境部，生态环境保护业务的协调与融合将更加顺畅。这将促进智慧生态环境业务从更全面、更顶层的视角来进行全盘的规划与设计，包括促进我国生态环境法律法规、标准规范体系的健全和完善。结合上述的政策分析，未来我国智慧生态环境领域发展将呈现以下趋势。

（一）大部制改革推动面向监测对象的环境保护业务更加集中统一

目前国家发展和改革委应对气候变化和减排职责、国土资源部的监督防止地下水污染职责、国家海洋局的海洋环境保护职责等均已并入生态环境部门，因此未来智慧生态环境的业务将更加全面地面向监测对象。该措施将促进生态环境监测数据的集中统一，消除部门数据壁垒。

（二）生态环境监测网络的建设将向更智能、更自动化的监测网络体系发展

我国虽然正在大力建设环境监测网络，但是远未完善，环境监测设备的智能化程度不高。随着目前生态环境监测设备技术水平的提升以及行业的成熟，未来各领域的监测设备将能实现自动化与智能化监测，减少了人工干预的影响，在节约监测成本的基础上将提升监测效率。

（三）智慧生态环境的运营服务是未来需求重点

随着未来生态环境监测网络的大规模建设，大量传感设备的布设与运维将对政府部门的工作能力提出新的要求，未来对智慧生态环境监测设备的运维服务需

求将逐年递增。同时，随着生态环境部门对监测数据精度要求的提高，生态环境监测数据的分析与运营也将成为未来政府部门的强烈需求之一，加上目前政府推进购买服务等采购方式的变革，未来智慧生态环境领域设备运维与数据运营服务的提供将成为该领域的重点需求。

第二节 智慧水利

一、政策概览

水利部历来高度重视水利信息化建设，提出了以水利信息化带动水利现代化的总体要求。多年来，水利信息化建设取得了很大的成就，为智慧水利建设奠定了坚实的基础，但智慧水利建设与发达地区的智慧城市建设和相关行业的智慧行业建设还有一些差距。2017年10月，水利部召开干部大会，陈雷部长主持传达党的十九大精神，提出"切实强化依法治水科技兴水，不断提升水利公共服务能力。加快水利重点领域立法进程，全面推进水利综合执法，及时排查化解水事矛盾纠纷。加强水利工程质量安全管理，坚决杜绝重特大安全生产事故。加大水利科技创新力度，积极推进'互联网+'现代水利和智慧水利建设，以水利信息化带动水利现代化"。智慧水利建设已成为水利现代化的重要标志之一。近年来发布的与智慧水利相关的政策文件见表6-2，主要由国务院和水利部等单位发布。

表6-2 近年来有关智慧水务建设的政策文件

序号	文件	发布机构	时间
1	《关于深化水利改革的指导意见》（水规计〔2014〕48号）	水利部	2014年1月
2	《国务院关于积极推进"互联网+"行动的指导意见》（国发〔2015〕40号）	国务院	2015年7月
3	《水利改革发展"十三五"规划》	国家发展改革委、水利部、住房城乡建设部	2016年12月
4	《"十三五"国家信息化规划》（国发〔2016〕73号）	国务院	2016年12月

续 表

序号	文件	发布机构	时间
5	《加快灾后水利薄弱环节建设实施方案》 （水规计〔2017〕182号）	水利部、国家发展改革委、财政部	2017年5月
6	《加快推进新时代水利现代化的指导意见》 （水规计〔2018〕39号）	水利部	2018年2月

二、政策要求

在各地政府和相关行业通过智慧社会建设全面推动社会治理体系和治理能力现代化的背景下，水利部把智慧水利建设作为水利现代化新的着力点，无疑是十分正确的，必将推动新一代信息技术在水利行业广泛应用，通过运用新一代信息技术解决水利信息化中的碎片化和"信息孤岛"问题，在智慧水利的层面上全面提升新时代水治理体系和水治理能力的现代化水平。

水利管理的主要对象是江河湖泊、水资源、水利工程、水旱灾害以及各类涉水主体等，涉及国家防洪安全、供水安全、粮食安全和生态安全，因此，智慧水利建设的总体目标主要聚焦在政府监管、江河调度、工程运行、应急处置、便民服务等方面，构建全国江河水系、水利基础设施体系、管理运行体系三位一体的网络大平台，建设各层级、各专业和相关行业的大数据，以及建立业务支撑、决策支持、公共服务的大系统。

通过对《"十三五"国家信息化规划》《水利改革发展"十三五"规划》等重点政策的研究发现，当前我国在智慧水务领域的发展目标主要包括提升水利感知监测管理能力、推动水利信息资源整合共享、深化水利业务智慧化应用、完善水利技术标准体系。

（一）提升水利感知监测管理能力

水利感知监测是水利综合业务应用的基石，充分利用物联网和移动终端技术，提升感知能力，形成多元化的智能采集体系，满足精细化业务管理及支撑水利智能应用要求。全面提升水利感知监测管理能力，一是建设河流湖泊全面监测

第六章 基于大数据技术的智慧城市生态宜居建设

网格;二是建立水资源管理全面感知网络;三是建设水利工程监测感知网络;四是建设水生态环境感知网络;五是加强感知能力建设。

目前,水利全面感知不够,各类水利设施的监测远未做到全面感知。例如,在水库安全监测方面,仅有73%的大型水库建立了工程安全监测水库,多数中型水库和几乎所有小型水库都没有安全监测设施,大部分小型水库甚至没有水情监测报汛设备。感知手段也存在较大差距,自动化水平不高。

应在全国范围内建成集约完善的水利信息化基础设施体系,显著提高移动和自动采集的占比,建成天地一体的水利立体信息采集体系,实现大型工程监控全覆盖和重点工程在线监管,具体表现在以下六个方面。

一是灾情灾害采集。加强雨情、工情、旱情、灾情信息的采集;加强防洪枢纽工程建设和运行维护信息的采集;整合重要水库、水电站工情信息采集;整合中小河流和山洪灾害预警的水文要素采集;加强灾害前兆、灾体变形、活动信息的群测群防采集;加大墒情采集;利用遥感和移动采集,加大蓄滞洪区和重要防护区的遥感监测、中小河流治理状况的监测,以及严重水旱灾害和突发事件的监测,构建立体监测网络;推进"三北"(东北、华北、西北)地区遥感旱情监测系统建设。

二是水资源监测。在现有取用水户、水功能区和省界断面三大国控监测体系建设成果基础上,进一步扩大监测范围,进一步提高国控省界断面、河流重要断面的水质在线监测能力;推进用水效率监测能力建设;实现大中型管渠、市政用水、企业大户取用水计量全覆盖;加强突发水污染事件应急监测能力建设。

三是水环境监测。应用遥感、物联网等技术,扩大水环境、水生态要素监测覆盖面,提高对水环境的综合监测水平,加大水生态监测力度;建立面源污染和排污口监测体系;加大地下水动态监测。

四是水土保持监测。采用物联网和5G技术,对全国水土保持监测网络和水土监测点进行现代化的升级改造,将野外调查单元纳入信息采集体系,构建全国统一的水土保持信息采集体系。

五是水文监测。进一步加强水文基础设施建设,进行老旧设施的升级改造,提升水文技术装备水平,推进自动监测能力建设。

六是重点水利工程视频监控。在水利部、流域机构和有条件有需求的省级、市级、县(市、区)级水利主管部门建设视频监控中心的视频监控平台,在重点水利工程、防洪重点工程建设地点等设置视频监测站,并实现监控中心与视频会议系统的视频信息互通，加强视频监控系统在大风、大雨、雷电、夜间、腐蚀等恶劣环境下的工作能力。同时，解决架构不同、设备多样、互不兼容、远程调用困难等问题，建立统一的各省、流域自建视频监控平台及接入视频监控点，逐步实现水利视频监控系统的网络化和整合共享。

《水利改革发展"十三五"规划》提出在六个方面提升水利感知监测管理能力，一是推进全面节水型社会建设，健全取水计量、水质监测和供用耗排监控体系；强化水资源安全风险监测预警；加大农业节水力度，加强灌区监测与管理信息系统建设，提高精准灌溉水平。二是改革创新水利发展体制机制，提高水利工程管理现代化水平，加强大坝安全监测、水情测报、通信预警和远程控制系统建设，提高水利工程管理信息化、自动化水平。三是加快完善水利基础设施网络，完善山洪灾害监测预警系统和群测群防体系，对重点山洪沟进行防洪治理；完善水文监测站网体系，提高自动化监测水平。四是进一步夯实农村水利基础，加强水质检测能力建设，完善农村饮水工程水质检测监测体系，提升农村饮水安全监管水平。五是加强水生态治理与保护，建立健全水土保持监管体系，强化水土保持动态监测，提高水土保持信息化水平和综合监管能力；加快国家地下水监测工程建设，完善地下水监控体系，建立国家地下水管理信息系统。六是全面强化依法治水、科技兴水，加强水文监测服务能力建设；加强水土保持监测网络、重要水功能区和主要省界断面水质水量监测体系建设；建立覆盖城镇和规模以上工业用水户、大中型灌区的取水计量设施和在线实时监测体系。

《加快推进新时代水利现代化的指导意见》提出，推进新时代水利现代化，是今后一个时期水利工作的主要目标和努力方向，并明确了加快推进新时代水利现代化的重要举措。一是大力实施国家节水行动，加强用水计量监测；加大节水技术、产品的研发和推广。二是提升水利管理现代化水平，加强水文监测预报，科学调度运用水利工程，强化灾害风险防控，最大程度减轻灾害损失；加强大坝安全监测、水情测报、通信预警和远程控制系统建设，提高水利工程管理信息化、自动化水平。三是全方位推进智慧水利建设，建设全要素动态感知的水利监测体系，充分利用物联网、卫星遥感、无人机、视频监控等手段，构建天地一体化水利监测体系，实现对水资源、河湖水域岸线、各类水利工程、水生态环境等涉水信息的动态监测和全面感知。智慧水利检测如图6-2所示。

图 6-2　智慧水利检测

（二）推动水利信息资源整合与共享

"智慧水利"的资源整合与共享是前提，提高水利行业管理的综合能力和管理水平是目的。由于各级水利部门技术水平、任务来源和资金渠道不同，信息系统及其应用大多分散在不同的业务部门，建设管理各异，运行维护分散而且与具体业务处理紧密绑定，服务目标单一，导致信息资源只能在有限范围由少数人员使用，甚至是单机使用，形成了以部门为边界的"信息孤岛"，客观上形成了难以逾越的数字鸿沟，严重影响了智慧水利的发展。内部专业部门之间的信息共享不足，外部与环保、交通、国土等部门的相关数据还不能做到部门间共享。

《水利信息化资源整合共享顶层设计》提出了水利信息资源整合与共享的目标，在对水利信息化资源进行梳理的基础上，通过水利信息化资源整合、统筹共建以及必要补充，优化水利信息化资源配置，建成三级部署（水利部、流域机构、省级），五级应用（水利部、流域机构、省级、市级、县级）的水利信息化体系，实现信息共享、应用协同、基础支撑和安全保障，并逐步过渡到集中部署、多级应用的水利信息化体系。

《水利信息化资源整合共享顶层设计》提出，进行水利信息化资源整合与共享主要包括以下内容。

1. 信息化资源梳理

通过对由数据资源、业务应用、基础设施、安全体系和支撑保障条件等构成的水利信息化体系的梳理，了解和掌握信息化资源现状，以及它们之间的相互支撑服务关系，通过科学规划、优化配置、统筹共建以及必要补充，明确构建水利信息化资源体系的途径和方法。

2. 数据资源整合与共享

通过对水利数据模型等各种水利数据资源进行整合，赋予各类水利对象统一的"身份标识"，通过数据与对象以及对象间的关联，形成有机联系的水利数据体系，并实现对水利数据资源的有序管理和灵活应用。

3. 业务应用整合与共享

通过面向服务体系架构构建应用支撑平台，按照业务和政务应用流程及其最小工作环节将系统分解为可以独立开展应用的服务，再根据不同业务和政务应用服务需要，构建形成相应的业务和政务应用系统，实现业务应用的整合、共享和协同。

4. 基础设施整合与共享

通过"云"技术应用及统筹改造对基础设施进行整合，充分利用已有、统筹安排在建、适当补充新建必要设备和运行环境，形成集约建设的基础设施体系，并提供可靠的基础设施支撑。

5. 安全体系整合与共享

对政务内网和业务网进行科学定级，并按照内网分级保护、业务网等级保护的要求，通过系统的整合改造，完善安全管理、身份认证、安全防护、安全备份等内容，形成互补有效的安全体系，并提供可控的安全体系保障。

6. 支撑保障条件完善

加强对信息整合与共享工作的领导，明确责任分工，加大资金投入，强化水利信息化专业队伍建设，重点加强水利信息化资源整合有关技术标准和管理办法的规定，通过制定技术标准，重点解决信息共享、应用协同过程中的管理问题。

按照《水利信息化资源整合共享顶层设计》的要求，水利信息资源整合应进行统筹规划，丰富信息源，强化数据整合，促进信息共享，建设一体化的水利信息资源体系，并逐步形成多元化采集、主体化汇聚和知识化分析的大数据能力。

（三）深化水利业务智慧化应用

对于新一代信息技术的应用，水利行业总体上还处于初级阶段。大数据、人工智能、虚拟现实等技术尚未得到广泛应用，智慧功能没有得到充分显现[①]。

在水利业务应用体系方面，应加强应用整合，推进面向水利综合管理的多业务协同；优化水利业务模型，提高水利综合决策支持水平；扩大水利行政管理、执法监督信息化应用覆盖面；积极推进"互联网+水利政务"，积极实施事前审批、事中跟踪、事后评价的精细化过程管理应用，扩展水利电子政务，行政许可事项实现100%网上办理；大力推进移动应用建设，扩大移动办公、移动信息服务覆盖范围。要紧密围绕防洪抗旱减灾、水资源合理配置和高效利用、水资源保护、湖泊健康保障和水法律法规实施等水利体系建设需求，以防汛抗旱、水资源管理、水生态保护、农村水利管理、水利工程管理及执法监督、水利电子政务等水利核心业务为重点，全面深化水利业务应用。具体包含强化防汛抗旱减灾、提升水资源管理水平、扩展水生态环境保护、细化农村水利管理、健全水利管理及执法监督、完善水利电子政务、加强水利综合决策和拓展水利公共服务八方面任务。

《加快推进新时代水利现代化的指导意见》提出："加快推进智慧水利实施，在重点领域、流域和区域率先突破，辐射带动智慧水利全面发展。依托现有水利信息化建设项目，优先推进防汛抗旱、水资源管理、农村水利、水土保持、大坝安全监测、河湖管理等智慧建设。新建水利工程要把智慧水利建设内容纳入设计方案和投资概算，同步实施，同步发挥效益。已建水利工程要加快智慧化升级改造，大幅提升水利智慧化管理和服务水平。"

针对水利行业对新一代信息技术应用不够的问题，在智慧水利建设中要围绕洪水、干旱、水工程安全运行等领域，大力推广大数据、人工智能等信息技术的广泛应用，形成融合高效、智能分析、实时便捷的智慧水利应用大系统。

（四）完善水利技术标准体系

"智慧水利"建设与管理需要统一的技术标准体系，从而实现水利信息系统的开放性和可扩展性，以保障水利信息化的可持续发展。例如，已建的水雨情、水位、水量、墒情等各类站点采集的信息，由于缺乏统一标准规范和设计，导致各类监测信息分散在不同的业务部门，形成数据割据和"信息孤岛"，各级水务相关部门缺乏共享机制。为了实现资源共享，避免重复建设，减少重复开发，需要在信息采集、汇集、交换、存储、处理和服务等环节采用或制定相关技术标准。

[①] 蔡阳. 智慧水利建设现状分析与发展思考[J]. 水利信息化，2018（04）:1-6.

为此，要全面梳理水利信息化管理制度和技术标准，完成水利信息化建设管理、整合共享等相关管理办法的修订与编制，完成整合共享相关技术标准的修订与编制；积极推进泛在感知、智能计算、大数据处理等新技术研究和创新应用示范。在水利技术标准体系的框架下，以水利信息化顶层设计为核心，结合水利信息化建设任务，开展水利业务应用、资源管理、网络设施等方面的信息化管理制度和标准建设。修订基础性、通用性标准和专用标准，建立和完善水利信息化标准管理与协调机制，完善标准形成机制，落实标准指导建设的工作局面。具体包括以下四个方面。

一是推进强制性标准研编。以节水、水生态、水资源保护、水利工程建设与运行等领域为重点，选择较为成熟的领域优先制定强制性标准。

二是完善推荐性标准。按照"确有必要、管用实用"原则，兼顾现状和今后一定时期技术发展的需求，重点制定以社会效益为主、公益性强、市场失灵、行业急需的基础性和通用性技术标准，加大局部修订的力度。

三是培育发展团体标准。继续以"放、管、服"为主线，鼓励水利社团自主制定满足市场和创新需求的标准，增加涉水标准的有效供给。

四是推动标准国际化。不断增强水利技术标准与国际标准的一致性，逐步实现我国水利技术标准上升为国际标准，参与全球水治理国际技术规则制定。

《水利改革发展"十三五"规划》提出，要完善水利技术标准体系，健全节水技术标准体系，完善水资源监测、用水计量与统计等管理制度和相关技术标准体系。

《加快推进新时代水利现代化的指导意见》提出，要大力推进水利科技创新，适应水利现代化发展要求，完善水利技术标准体系。

三、趋势与展望

"十三五"是推进水利现代化进程、提升水安全保障能力的重要时期，国家信息化战略和治水方略的重大调整，以及水利深化改革对水利信息化提出了更高的要求。智慧水利是一项全新的复杂的系统工程，必须充分集中智慧城市行业资源，联合行业内企业参与到智慧水利的规划、设计和实施等各阶段，保证智慧水利建设的先进性。下一阶段我国智慧水利领域发展需在以下几个方面开展工作。

感知能力将全面提升。一是在现有水文监测站网基础上，全面提升防汛抗旱预警预报水平和江河湖泊日常监管能力。二是建立水资源管理全面感知网络,对重要水源地、规模以上取用水户、规模以上入河排污口等进行水量和水质监测。三是建设水利工程运行管理监测感知网,对重点水利工程进行全面感知。四是建设水生态环境感知网络,对重点水域进行生态监测。五是加强感知能力建设,充分利用物联网、卫星遥感、无人机、视频监控等技术和手段,构建天地一体化监测体系,提高感知能力和技术水平。

互联互通将全面加强。一是扩大互联范围,一方面要实现所有河流湖泊、水资源、水利工程、水生态环境等感知对象的联通,另一方面要实现水利部、流域机构、地方各级水行政主管部门、各级各类水利企事业单位的互联互通,并力争做到与相关部门互联互通。二是扩大互联网络通道,按照将海量数据实时传输到各级主管部门和管理运行单位的目标要求进行网络通道建设,并预留适度通道带宽,为拓展水利业务预留必要的空间。

智能应用将全面铺开。随着大数据、人工智能、虚拟现实等新一代信息技术的发展,在智慧水利建设中,新一代信息新技术将广泛应用。如利用大数据技术,结合洪水预报模型,更准确地进行预警预报、分析研判可能的受灾范围、提出应对措施。通过对天气状况、土壤墒情、水源条件、灌溉设施等全面实时监测,结合作物生长规律,计算出最优灌溉方案,进而通过自动控制设施进行精准灌溉,实现节水与农业增产、农民增收双赢。

第三节　智慧气象

一、政策概览

随着信息技术的发展,国家提出了智慧气象的发展理念。当前智慧气象是通过云计算、物联网、移动互联、大数据、智能等新技术的深入应用,依托气象科学技术,使气象系统成为一个具备自我感知、判断、分析、选择、行动、创新和自适应能力的系统,让气象业务、服务、管理活动全过程都充满智慧。

党的十九大开启了全面建设社会主义现代化国家的新征程,气象现代化建设面临新的更高要求。为了贯彻落实党的十九大做出的战略部署,确保完成《国务院关于加快气象事业发展的若干意见》提出的目标任务,对接好《全国气象现代化发展纲要(2015—2030年)》及《全国气象发展"十三五"规划》,气象局制定并印发了《全面推进气象现代化行动计划（2018—2020年）》等政策文件。见表6-3。

表6-3 我国发布的智慧气象方面的相关政策文件

序号	文件/报告名称	发布机构/会议	时间
1	2015年全国气象局长会议	气象局长会	2015年1月22日
2	《气象信息化行动方案（2015—2016年）》（气发〔2015〕60号文）	中国气象局	2015年8月25日
3	《关于印发"十三五"国家信息化规划的通知》（国发〔2016〕73号）	国务院	2016年12月15日
4	《气象大数据行动计划（2017—2020年）》（气发〔2017〕78号）	中国气象局	2017年12月2日
5	2018年全国气象局长会议	气象局长会	2018年1月16日
6	《全面推进气象现代化行动计划（2018-2020年）》（气发〔2018〕65号）	中国气象局	2018年8月11日

二、政策要求

目前，国家对气象发展的要求，以习近平新时代中国特色社会主义思想为指导，紧紧围绕2018年全国气象局长会议确定的气象现代化第一阶段目标，以发展"智慧气象"为重点，围绕国家战略需求，瞄准国际先进水平，在加强核心技术攻关及提升气象服务质量和效益两个维度上下功夫。

（一）加强核心技术攻关

《全面推进气象现代化行动计划（2018—2020年）》提出："以提升气象业务能力为重点，将信息化作为实现现代化的重要手段，以信息化驱动现代化，贯穿现代化的全过程；将智慧气象作为发展方向，着力谋划智能观测、智能预报和智慧服务融合发展，并推动向全球业务发展；要狠抓核心技术攻关、卫星雷达等资料应用、云计算大数据智能等新技术应用，完善开放融合的科技创新机制，确保强'内芯'、用'外脑'。"

第六章　基于大数据技术的智慧城市生态宜居建设

智慧气象要实现精准普惠的气象信息服务，其需要发展的核心支撑技术包括敏捷的气象感知能力、高效可靠的云计算和超算系统、融合应用的专业大数据平台。

一是气象感知能力建设方面。2015年全国气象局长会议中指出现状：气象综合观测和技术支撑能力已经逐渐增强，建成了地基、天基和空基相结合的观测系统；形成了以气象通信网络、高性能计算机、卫星数据海量存储和卫星数据广播为代表的实时气象信息系统，资料获取能力、处理能力和传输能力已有一定提升。但现有气象信息网络以支撑观测数据采集和产品分发为主，不足以支持大范围灾害性天气发生时的跨域应急联防和在线协同工作，也不足以支持龙卷风、下击暴流等超短时效灾害性天气出现后的敏捷响应和快速预警。同时，近年高分卫星、雷达和数值模式数据增长迅猛，现有网络带宽无法满足全国数据共享的时效需求，数据沉积在各级气象部门的现象明显。网络相对封闭，没有充分利用公共云资源、云通道，与气象用户缺乏互动，气象"神经系统"不敏感，严重阻碍了"智慧"气象的建立。

二是计算资源方面。目前超算突破千万亿次，但现实与发展的需求缺口不小。国家级高性能计算机峰值运算能力达到每秒1360.7万亿次，全国8个区域中心高性能计算能力总计340万亿次，初步建立了高性能计算资源的实时监控系统。但针对无缝隙、精准化、智能化预报业务（特别是突发灾害性天气，如龙卷风、冰雹、强对流大风的精准预警）所需的全国1～3千米分辨率、逐12分钟滚动运算的高时空分辨率数值天气预报没有足够的超算资源保障。高性能计算资源与数值模式发展需求严重脱节，已成为发展瓶颈。

针对这样的现状，《气象信息化发展规划（2018—2022）》提出：高性能计算资源向国家级和区域中心集中；加快建设国家级高性能计算机系统，并同期建设异地应急备份系统；统一部署区域气象中心高性能计算机系统，禁止省及省级以下单位盲目自建，并逐步实现国家、区域"两级部署"向国家"一级部署"过渡；开放国家级和区域气象中心高性能计算机系统资源供下级单位使用；鼓励有条件的地区应用国家或地方超算中心资源分担科研工作，或与地方政府共建、共享、共管高性能计算机资源。

三是气象大数据方面。我国依托全国综合气象信息共享系统（CIMISS）构建了国家和省级集约化数据环境，初步实现对国家级、省级核心业务系统和县级预报综合业务平台的数据支撑。但海量数据增长给存储管理、加工处理、信息挖掘工作带来了前所未有的挑战。

《气象信息化发展规划（2018—2022）》提出，数据存储和资料业务向国家级和省级汇聚。具体要求包括：大力推进国家级单位数据存储系统整合，并以异地多点分布方式提高抗灾能力；采用统一技术扩建省级 CIMISS，分担国家级数据中心相关业务；停建零散孤立的地、县级数据存储系统，基层业务应用统一使用国、省两级提供的数据环境，逐步实现"两级布局、多级应用"。

此外，《气象大数据行动计划（2017—2020年）》要求，大力推动气象大数据资源共建共享，统筹气象大数据云平台建设，将其建设成气象部门最完备、最权威的在线数据仓库与数据挖掘应用的云计算平台。

（二）提升气象服务质量和效益

2018年全国气象局长会议上指出，气象业务服务的现状总体上还缺乏有效的统筹和协调，发展效益和效率不高，对社会需求的变化认识不足；科技创新对业务服务发展的贡献率有待提高。

智慧气象的发展目标是为各领域的公共服务提供高效、精准的信息服务。《全面推进气象现代化行动计划（2018—2020年）》《气象大数据行动计划（2017—2020年）》等文件中均提出，要将气象现代化建设成效落实到综合防灾减灾救灾体系建设、生态文明建设、民生服务与社会经济发展等重大战略举措上，推动气象服务高质量发展。

综合防灾减灾救灾体系建设方面，应充分利用部门间政务共享信息，推进气象大数据与多领域、多部门数据的融合应用，利用"互联网+"、人工智能、大数据分析等技术手段，提升气象预报综合研判、精准预警和快速发布能力。

生态文明建设方面，利用多年积累的卫星遥感、地基遥感、地面观测等多源气象资料进行融合分析，在农业气象服务、农村气象灾害防御、智能多源生态环境感知体系、环境预警和风险评估信息网络等方面提供支撑能力。

民生服务方面，应将气象信息资源融入智慧城市的公共服务体系，包括交通、农业、环保、水利、能源、旅游和卫生等行业，支撑智慧行业的精准业务发展，为老百姓日常生活、出行安全、旅游度假、医疗健康等提供有针对性、个性化的指导。

社会经济发展方面，应鼓励运用大数据技术挖掘气象大数据资源，依托气象大数据云平台和国家政府数据统一开放平台，推进可开放气象大数据的社会化、市场化利用，并建设相应的收益机制。在推动气象大数据开放的同时，应制定好相应的数据安全保护准则。

三、趋势与展望

以气象信息化驱动气象现代化，建设智慧气象，是落实创新驱动发展战略和国家信息化发展战略的重要举措，是实现《国务院关于加快气象事业发展的若干意见》和《全国气象发展"十四五"规划》奋斗目标、提高社会发展效益的必然选择。

智慧气象不仅仅是信息化问题，信息化只是智慧气象的一个重要支撑；智慧气象也不是单纯的气象业务问题，而是包括智慧观测、智能预报、防灾减灾和智慧气象服务在内的整体智慧；智慧气象更不是封闭的自成体系的内部发展问题，而是与经济社会系统、人民生产生活以及其他"智慧"的深度融合。

未来，智慧气象将向着无处不在、充分共享、高度协同、全面融合的方向发展。

无处不在即实现与天气气候有关的人与物、人与人、物与物等之间的连接，气象感知无处不在，气象服务无处不在。

充分共享是在互联互通的基础上，在平台的支撑下，各类气象信息基础设施、数据信息资源、技术资源都能充分共享。

高度协同是在气象各业务之间，在气象业务与科技之间，在气象业务、服务、管理活动之间，在气象系统与各行各业的经济社会系统之间能够和谐高效地协作，达到无缝隙连接、无障碍协同、无差异行动。

全面融合是指智慧气象融入国民经济的各个领域和人们的衣食住行之中，促进气象数据的挖掘与应用，基于气象的影响来做出生产生活中的正确决策，以"互联网气象+"改进决策、改进生产、改善生活、改造传统产业。

第四节　智慧能源

一、政策概览

近年来发布的有关智慧能源建设的政策文件主要有《能源发展"十三五"规划》《关于推进"互联网+"智慧能源发展的指导意见》《电力发展"十三五"

规划（2016—2020 年）》《关于促进智能电网发展的指导意见》等，相关的政策见表 6-4。

表 6-4 近年来有关智慧能源建设的政策文件

序号	文件	发布机构	时间
1	《电力发展"十三五"规划（2016—2020 年）》	国家发展改革委、国家能源局	2016 年 11 月 7 日
2	《能源发展"十三五"规划》（发改能源〔2016〕2744 号）	国家发展改革委、国家能源局	2016 年 12 月 26 日
3	《关于推进"互联网+"智慧能源发展的指导意见》（发改能源〔2016〕392 号）	国家发展改革委、国家能源局、工信部	2016 年 2 月 24 日
4	《关于促进智能电网发展的指导意见》（发改运行〔2015〕1518 号）	国家发展改革委、国家能源局	2015 年 7 月 6 日
5	《可再生能源发展"十三五"规划》（发改能源〔2016〕2619 号）	国家发展改革委	2016 年 12 月 10 日

二、政策要求

通过对《能源发展"十三五"规划》《关于推进"互联网+"智慧能源发展的指导意见》等重点政策的研究发现，当前我国在智慧能源建设中急需达成的目标主要包括优化能源生产消费设施、建设综合能源网络、融合能源与通信设施、加强能源互联网体系建设和发展能源新应用模式五个方面。

（一）优化能源生产消费设施

《关于推进"互联网+"智慧能源发展的指导意见》提出：推动建设智能化能源生产消费基础设施；推动可再生能源生产智能化；推进化石能源生产清洁高效智能化；推动集中式与分布式储能协同发展，加快推进能源消费智能化。能源基础设施建设主要包含能源生产、存储和消费过程的基础设施，对于这三类基础设施，《关于推进"互联网+"智慧能源发展的指导意见》针对我国能源的发展现状，有着不同的政策要求。

对于能源的生产环节，国家发展改革委对可再生能源和不可再生能源提出了不同的指导意见。针对太阳能、风能、水能、地热能、潮汐能等可再生能源，其

第六章　基于大数据技术的智慧城市生态宜居建设

政策主要是通过建设智能化生产设施，推进其高效生产，从而提高可再生能源的比重。

对于煤炭、石油、天然气、油页岩、页岩气、可燃冰等不可再生能源，其政策要求是通过改进生产设施，提高能源的利用率，减少其生产过程对环境的污染。对于能源的存储环节，国家发展改革委在指导意见中提出推动集中式与分布式储能协同发展。集中式储能基础设施的建设地点一般为新能源发电基地，对于这些基地，国家发展改革委在意见中提出要配置适当规模的储能电站，实现储能系统与新能源、电网的协调优化运行。分布式储能基础设施的建设地点为小区、楼宇和家居等，意见中提出通过建设这些分布式储能设施，实现储能设备的混合配置、高效管理、友好并网。

对于能源的消费环节，国家发展改革委在指导意见中提出"加快推进能源消费智能化"，其建设地点为家居、楼宇、小区和工厂，其建设内容主要包含一个能源管理中心和多个智能能源终端。

（二）建设综合能源网络

《关于推进"互联网+"智慧能源发展的指导意见》提出，加强多能协同综合能源网络建设，推进综合能源网络基础设施建设，促进能源接入转化与协同调控设施建设。国家发展改革委在意见中对综合能源网络的基础设施、接入转化设施和协同调控设施三个方面进行了阐述。

对于综合能源网络的基础设施，其主要作用为以智能电网为基础，实现其与交通网络、天然气管网和热力管网三大网络的互联互通。综合能源网络基础设施的优先部署区域为新城区、新园区以及大气污染严重的区域。

对于综合能源网络的接入转化设施，国家发展改革委在意见中提到推动不同能源网络接口的标准化、模块化建设，即通过接入转化标准的建设，提高能源互联网对不同类型的能源的接纳能力，实现电、冷、热、气、氢等多种能源形态的灵活转化。

对于综合能源网络的协同调控设施，国家发展改革委在意见中提到要建设覆盖电网、气网、热网等智能网络的协同控制基础设施。以能源互联网的供需平衡为优化目标，通过综合能源网络的接入转化设施，实现智能网络中各类能源的合理分配，达到整体上节约能源的目的。

(三)融合能源与通信设施

《关于推进"互联网+"智慧能源发展的指导意见》提出,推动能源与信息通信基础设施深度融合,促进智能终端及接入设施的普及应用,加强支撑能源互联网的信息通信设施建设,推进信息系统与物理系统的高效集成与智能化调控。能源与通信设施的融合方式主要通过智能终端接入、通信设施建设、信息-物理系统集成来实现。

智能终端接入,主要是针对智能终端配备高级两侧系统及配套设备,实现电能、热力、制冷等能源消费的实时计量、信息交互和主动控制,促进水、气、热、电的远程自动集采集抄,实现多表合一。智能终端的接入可实现高级量测系统和用户之间安全、可靠、快速的双向通信。

通信设施建设,主要是通过优化能源网络中传感器、信息通信、控制元件的布局,对能源网络各类设施进行高效配置,在充分利用现有信息通信设施的基础上,实现能源网络与信息系统的连接与深度融合。同时,要依托先进密码、身份认证、加密通信等技术,加强信息系统安全保障能力的建设。

信息-物理系统集成是指将信息系统和物理系统在多个环节上进行高效集成,实现能源互联网的实时感知和信息反馈。在信息-物理系统集成的基础上,可建设以"集中调控、分布自治、远程协作"为特征的智能化调控体系,实现能源互联网的快速响应和精确控制。

(四)加强能源互联网体系建设

《关于推进"互联网+"智慧能源发展的指导意见》提出的营造开放共享的能源互联网生态体系,培育绿色能源灵活交易市场模式,建设国际领先的能源互联网标准体系这三项建设目标都离不开能源互联网的体系建设。具体地,能源互联网体系以"开放共享"为主要特征,包含市场交易体系、能源补贴机制和质量认证体系的建设。

市场交易体系的建设要求为"多方参与、平等开放、充分竞争",建设目标是"还原能源商品属性"。市场交易的参与主体为售电商、综合能源运营商、第三方增值服务提供商和小微用户。市场交易的建设内容为能量辅助服务、新能源配额、虚拟能源货币等。从建设层次上分,能源交易市场的建设包含能量批发交易市场和零售交易市场。

能源补贴机制主要是利用风电场、光伏电站等分布式可再生能源,对能源互联网平台的能源进行实时补贴,补贴具体包含对能源的计量、认证和结算等步骤,从而更好地实现能源互联网各类能源的合理性分配，减少能源的浪费。

质量认证体系的建设内容主要包含产品检测平台和质量认证平台，从而实现对能源互联网产品的质量把控和质量认证。同时，要建立能源互联网企业和产品数据库，定期发布测试数据，实现能源互联网产品检测和质量认证平台的数据共享。

（五）发展能源新应用模式

《关于推进"互联网+"智慧能源发展的指导意见》提出，对能源互联网要求发展储能和电动汽车应用新模式，发展智慧用能新模式，发展能源大数据服务应用。具体而言，发展能源新应用模式包含车网协同的智能放电模式，用户自主的能源服务模式和实现能源大数据的集成共享。

车网协同的智能放电模式，是指利用电网、车企、交通、气象和安全等数据，建设基于电网、储能、分布式用电等元素的新能源汽车运营云平台，从而促进电动汽车与智能电网间能量和信息的双向互动，实现无线充电、移动充电和充放电智能导引等新运营模式。

用户自主的能源服务模式，是指用户自主提供能量响应、调频、调峰等能源服务，依托互联网平台，进行实时、动态的能源交易，通过能源的消费状况来引导能源的生产，从而实现分布式能源的一体化生产和消费。

实现能源大数据的集成共享，是指通过拓宽能源大数据的采集范围，实现能源、气象、经济和交通等领域数据的集成和融合。通过打通政府部门、企事业单位的数据壁垒，促进各类数据资源的整合，借助能源系统模型，实现能源统计、分析和预测等业务功能。

三、趋势与展望

《关于推进"互联网+"智慧能源发展的指导意见》设定了宏大的发展版图，在国家和地方政府的政策指导下，要充分利用大数据、人工智能、先进储能、能源转换等关键技术，结合各地区实际发展情况，推动智慧能源设备及互联网络的研发与应用，其具体的发展方向如下。

试点部署与应用推广：互联网+智慧能源的示范项目建设的范围包含市内、园区以及跨地区能源互联网；建设内容包含综合示范项目、多能协同示范项目、电动汽车示范项目；建设对象包含能源基础设施、能源交易市场、能源大数据应用等。部署完成之后，对示范项目进行评估，选取效益良好的项目进行推广。

因地制宜地部署能源生产、存储和消费设施：根据地区各自的自然资源分布状况、能源分布情况、经济发展状况，各地区在坚持国家能源战略大方向的前提下，因地制宜地针对区域具体情况，制定区域各自的能源发展策略，最大限度地发挥区域能源优势。

市场驱动：能源互联网的特征之一是以满足用户能源消费需求为导向，通过各类智能设备终端，结合大数据、云计算等新一代互联网技术，建立能源互联网市场机制和市场体系，完善能源的生产、配送和消费价值链，逐步扩大能源市场的规模，使之成为经济增长的重要驱动力。

大众参与：能源互联网跨行业、跨产业界和社会界，与消费者联系密切。智慧能源将改变传统能源的生产方式和消费方式，这将给大众的生活方式带来很大变化。此外，国家能源战略离不开大众的支持，大众对智慧能源参与程度的提高，也将进一步巩固能源互联网的发展成果。

第七章　基于大数据技术的智慧城市园区建设

近年来，随着城市化进程的加快，"智慧城市"这一新兴词汇应运而生。众多发达国家将智慧城市建设作为经济发展和建立长期竞争优势的重要战略。目前美国、新加坡、丹麦、瑞典等国家已纷纷迈入这一试验田，中国也将北京、天津、上海等90个城市纳为首批智慧城市试点建设区域，着力打造智慧城市建设。在智慧城市这一先行概念的引导之下，"智慧园区"的理念也进入了公众的视野。那如何打造大数据背景下的"智慧园区"？本章将进行详细论述。

第一节　建设目标

运用物联网、云计算、多媒体等现代信息技术，帮助园区在信息化建设方面构建统一的组织管理协调架构、业务管理平台和对外服务平台，为园区管理者以及企业提供创新管理与运营服务，具体包括以下方面。

一、资源整合

通过搭建统一入口的信息平台，使园区管理者、园区企业、员工形成一个紧密联系的整体，盘活园区内的资源，获得高效、协同、互动、整体的效益。

二、管理服务

平台为园区提供管理服务，进一步提升园区内部的政务管理能力和服务水平，同时增强园区在推动企业创新上的服务能力。

三、企业服务

平台通过企业管理云的搭建和物联网传感技术的配置，为园区企业提供信息收集、传输和反馈通道；通过对这些信息的汇总分析，为园区的安全管理、风险控制和应急指挥建立决策支持平台。

四、品牌宣传

通过搭建园区门户平台，利用信息检索、虚拟展示等功能，可以让公众了解园区及企业，在更广阔的范围内提升园区知名度，促进园区品牌宣传，有利于园区树立形象和进行招商引资。

五、创新能力

平台运用现代信息技术，降低成本，提高效率，扩大服务的覆盖面和受益面，同时，利用物联网、云计算等技术，促进园区信息化建设，打造高科技、智能园区，提升园区层次和服务水平。

第二节　园区对外服务体系

一、外部门户网站及 App

（一）门户网站

门户网站是园区实现对外信息化宣传、对内信息化运营管控的关键，可以分为三大类，即信息门户、办公门户、服务门户。

1. 信息门户

信息门户用于园区资讯信息、资源信息的展示与传播，更好地让园区内部和外界企业、单位了解园区的整体发展动向，实现园区信息公开、资源共享。

2. 办公门户

在办公门户中，用户可以找到园区所有的办公业务，便于用户集中进行业务的办理和查询。通过统一的组织架构、用户体系、工作流、任务调度、消息预警和共享机制，实现前台门户和后台系统对接。

3. 服务门户

园企服务门户面向园区企业，每家企业入驻申请通过后，平台会自动生成企业用户账号，为园企开通受理相关的政务服务、项目申报、物业服务等方面的业务，实现在线服务。

（二）园区 App

进行园区 App 建设，可以提升园区的整体形象，提高行政管理效率。

1. 针对园区高层管理者

通过园区 App 可以实时了解园区的经营数据、园区的业务运营数据，进行移动审批。

2. 针对园区员工

园区 App 上有周边地图导航、周边美食/交通/娱乐等生活场所、园区房屋租赁/失物招领/物品转让等模块。

3. 针对物业监控方

通过园区 App 可以实现园区移动视频监控、移动访客接待、物业服务验收等。

4. 针对园区管理者

园区 App 可推送园区生活服务、园区活动、企业文化宣传、行政公告宣传等信息。

二、园区展示及介绍

园区公共基础设施是园区整体建设的基础和支撑，也是园区建设的成果体现，通过园区三维模型建设，整合影像、矢量数据、综合管线数据等基础信息，实现二维和三维一体化的数据管理与展示，为园区各个系统间的数据共享和交换奠定基础，并且三维浏览视觉效果好，身临其境般地参观体验有助于对外展示园区形象，进而促进园区的市场推广和招商引资工作。

园区数字三维可视化物联网平台是基于虚拟现实技术构建的一个全三维的数字园区，并结合互联网技术、射频识别传感器、视频监控系统、图像识别系统，以及数据仓库技术和数据挖掘技术，突破以人工管理为主的常规园区管理模式，解决传统模式中信息量少、流通不畅、综合分析缺乏、难以共享、应对突发事件反应迟缓、安全隐患较大等问题，实现物联网时代全面感知园区各种信息，让园区管理更加智能和便捷。智慧园区如图 7-1 所示。

图 7-1　智慧园区

三、园区招商系统

管委会的招商管理工作繁重，业务往来频繁，传统的招商运营模式已不能满足需求，因此，开发基于 Web 的招商信息系统，以提高工作效率，节约招商成本，加大宣传力度，更能为园区企业提供周到便捷的服务，主要功能如下。

①园区政策信息发布：园区概况、招商政策、招商流程、政务公告。
②招商信息管理：预审管理、流程跟踪、项目信息管理、联系人管理。
③企业信息管理：企业基本信息管理、合同管理、土地批租管理。
④日常办公管理：收发文件管理、会议通知、设施管理等。

四、"双创"扶持及政府对接平台

创新服务业务应用包括信息资源共享服务系统、产业技术创新服务系统、现代商务服务系统。

通过构建园区内企业的信息服务体系，建立一个面向园区企业的、提供综合性信息的服务平台，为园区企业提供政策法律、技术经济、信息咨询、项目合作、融资担保、国际交流/合作、人才培训/招聘、信息化建设、管理咨询诊断、新产品设计开发、市场开发/推广等信息服务，使广大企业有一个协调资源的共享平台，有效降低企业服务成本，提高为企业服务的效率，最大限度地发挥信息网络和信息技术的优势。

平台的功能主要包括：
第一，发布项目信息；
第二，企业报名；

第三，企业资格审查；
第四，企业提供详细资料；
第五，正式审核；
第六，项目落实；
第七，资金到位进度。

第三节　园区对内服务及管控

一、智慧物业管理系统

智慧物业管理系统是用物联网技术改造传统物业管理模式，来提升物业管理智能化水平，突出客户服务的主动性，强化事件跟踪与预警，降低物业管理成本，提升物业服务能力，实现对园区资源的维护、更新管理。系统主要功能如下。

第一，安全保卫系统。其主要包括园区总体安全环境的管理；对入驻企业的管理；车辆交通及道路管理。

第二，设施维护系统。其主要包括房屋管理与维修养护；共用设备的管理（给排水设备管理、供电设备管理、弱电设备管理、消防管理）；专业设备的管理（空调设备管理、电梯设备管理）；共用设施的管理。

第三，环境绿化及保洁系统。其主要包括办公楼、宿舍、食堂、园区公共部分（厂区设库、区内自管），以及公共设施的日常保洁申报工作；园区公共绿地的维护和保养工作。

二、园区设备管控及应急指挥平台

（一）园区设备控制中心系统

园区设备控制中心系统主要包括如下内容。
①园区设备资料管理。
②园区设备日常维护。
③园区设备维修保单管理。
④设备备件管理。
⑤不同设备对应不同维修技术人员的管理。

（二）应急管理指挥系统

应急管理指挥系统主要是实现信息的采集、传递和相关数据的建设。

监控管理：针对园区关键运行指标进行监控。

应急响应：园区发生突发情况随即做出响应，响应形式可包括广播、鸣笛等，将损失减少到最小，最大限度保证园区的正常运行。

应急指挥中心：提高政府处置突发公共事件的能力，最大限度地预防和减少突发公共事件的发生，保障公众的生命财产安全，同时为沟通园区各相关部门的综合服务提供技术保障[①]。

（三）门禁一卡通系统

针对园区内的企业厂区、办公楼等场所人员出入频繁、安保问题多样化、管理环节复杂等现状，结合园区封闭管理的需求及特点，通过门禁一卡通系统的建设，减少园区的安全隐患，为园区内企业提供人、财、物全方位的安全保障和安全舒适的工作环境。

（四）园区车辆/人管控系统

园区车辆/人管控系统掌握园区内车辆的基本信息、车辆在园区的位置，并及时掌握车辆的行车路线。在封闭管理区域对进出的车辆实行通行证管理制度，车辆需凭核发的通行证进出封闭区，同时对出入人员和特殊车辆进行管理。此外，封闭区内闸口由安保人员 24 小时值班，一切无关车辆及人员将不得随意进入封闭区。

第四节　园区服务 App 及公众号

搭建园区内部服务 App，主要功能包含园区租售信息管理、园区内部缴费、园区设备保修维修、园区最新资讯动态、活动会议等，并相应地开通园区微信公众号服务平台，对接园区内部服务 App，可以更方便快捷地处理一些便捷事宜以及及时接收园区动态等。

[①] 王文利. 智慧园区实践 [M]. 北京：人民邮电出版社，2018.

第五节　电子商务系统

电子商务系统通过电子化、信息化的手段，尤其是互联网技术可以把企业提供的产品和服务直接在线展示，并销售给客户，进一步帮助企业降低营销成本、扩大竞争优势。

通过电子商务平台，提升企业应用的业务化运行服务水平，带动民营企业不断发展壮大，促进产业集聚，提高企业的核心竞争力。

第六节　内部办公管理

一、OA系统

协同办公（OA）系统的主要使用对象包括园区管理各个部门、所有用户。在实施、推动应用及管理上，OA系统一般归行政部（办公室）负责，主要包括流程审批、行政办公、信息共享、后台管理等服务。

从园区内部企业管理方面来看，园区有必要新建自己的IT系统，建立机关对企业的服务、支撑、联系平台，对内主要是为了满足内部管理、日常办公的要求，提高上下级沟通、跨部门沟通的效率。OA系统建设的主要目标是建立一个集成的协同办公平台，让所有人员能够利用网络实现协同工作和知识管理。

建设目标主要包括以下几个方面。

第一，建立内部协作平台，使组织内部的通信和信息交流快捷通畅。

第二，建立信息发布平台，即在内部建立一个有效的信息发布和交流的场所，如电子公告、电子论坛等，使内部的规章制度、新闻、技术交流、公告事项等能够在企业或机关内部员工之间得到广泛的传播，使员工能够了解单位的发展动态。

第三，实现工作流程的自动化。这牵涉到流转过程的实时监控、跟踪，解决多岗位、多部门之间的协同工作问题。各个单位都存在着大量流程化的工作，如公文的处理、收发文、各种审批等，通过实现工作流程的自动化，达到规范各项工作、提高单位协同工作效率的目的。

第四，实现知识管理。系统使各类文档（包括各种文件、知识、信息）能够按权限进行保存、共享和使用，为建立学习型组织打下基础。

第五，辅助办公。系统实现日常办公、及时通信等日常事务自动化管理。

第六，实现分布式办公。企业机关单位的地域分布越来越广，移动办公和跨地域办公成为一种很迫切的需求。系统应支持多分支机构、跨地域的办公模式以及移动办公，能够很好地解决分布式办公的问题。

平台功能包括监测指标管理、监测指标信息采集管理、企业发展信息查询统计等，也能够对企业产值、纳税、创新、国际化等专题进行综合分析和监测。

二、内部人员管理及绩效考核平台

内部人员管理及绩效考核平台主要包含以下三个功能模块。

第一，员工岗位管理：部门信息、部门职能、人力规划、岗位信息管理等。

第二，人员管理：人员档案管理、职位变动信息管理、绩效考核、合同信息、培训信息、社保信息管理、离职申请审核等。

第三，考勤管理：管理系统考勤信息，根据考勤班次与打卡时间、请假、加班、出差记录，生成员工出勤报表，并为薪资计算提供相关数据，使考勤数据与薪资计算直接挂钩。

三、员工 App（巡检通）

通过园区员工 App（巡检通）移动端，可以实现员工日常工作上下班签到、园区工作人员通信录管理、员工任务执行与分派、工作上报审核、会议下发通知等。

第八章　基于大数据技术的智慧城市安防建设

在进行智慧城市建设时，利用大数据来对城市中的各种数据进行整理，并投放在平台上，为城市的安防建设做基础保障。

第一节　基于大数据的智能安防系统的研究与设计

随着社会经济不断发展、互联网信息技术日新月异、人们生活水平不断提高，人们对安防监控的质量要求越来越高，智慧安防应运而生。智慧安防为人们的生活带来了很多便利，有效提高了人们的生活质量，使得人们的生活更加智能化，对推动城市的发展有很大的促进作用。科技不断发展、互联网技术不断更新和大数据技术的出现，为智慧安防的发展提供了技术支撑，保障了智慧安防的进一步发展。以大数据为背景，为人们提供更加智慧化、合理化、高效化的安防服务。

智慧安防是响应国家智慧城市发展而衍生出来的伴生服务，相较于传统的安防手段，智慧安防在监控数量、图片质量、操作、存储上都具有更多优势。智慧安防依托大数据技术，使得安防系统之中庞大的信息数据得以利用。智慧安防区别于常规的监控，安防系统的存储结构与监控不同，安防数据很多都是非结构型的，没有一个特定的规律，并且安防数据还需要不断更新。

安防最早主要应用于城市交通、车辆违规、城市治安等方面，随着安防行业的发展，安防对技术的要求也越来越高，现在安防加入了人物脸部、衣着、行为动作等方面的数据，对侦破案件起到重要的作用。

安防是城市的刚需，没有智慧安防，智慧城市将无从谈起。城市公共安防涉及城市治安管理、交通管理、安全生产监管、应急指挥等众多行业和部门，对数据的多源采集、充分共享、深度挖掘、创新应用要求非常高。在智慧城市众多的专项领域里，智慧安防是最能体现立体感知、数据融合、业务系统、开放创新等智慧城市建设特征的专项领域。

一、智慧安防在智慧城市建设中的发展现状

近年来，在网络、数据、计算、芯片、算法等技术的助推下，随着物联网、大数据、人工智能等技术和应用的不断成熟，特别是计算机视觉、视频结构化分析、深度学习等人工智能技术的引入，城市公共安防智慧化水平不断提升。"AI+安防"正成为安防行业发展的热点和共识。

按照中国信息通信研究院的统计结果，2017 年中国人工智能市场主要由五个领域构成，按照市场规模从高到低分别为：机器视觉占比 37%，语音识别占比 22%，自然语言处理占比 16%，基础算法及平台占比 14%，芯片占比 11%。

而在机器视觉领域的市场构成中，安防行业以 67.9% 占据大部分份额，这得益于中国公共安全视频监控建设的庞大市场。安防行业也从单一的安全领域向智慧城市各领域应用方向发展，旨在提升生产效率、提高生活智能化程度，为更多的行业和人群提供可视化、智能化解决方案。

二、智慧安防在智慧城市建设中的机遇与挑战

智慧安防的建设，切实地增强了城市整体防控、打击犯罪、城市治理等的能力，目前已进入以数据分析为核心的情报驱动的信息化建设阶段。在这个阶段，数据的采集、分析和应用是关键。

在智慧城市中，城市公共安防在各行业领域广泛应用，并满足多方需求；与此同时，推动安防系统从传统的被动防御升级成为主动判断和预警的智能防御，是安防行业一直以来的迫切需求。安防信息隐藏在城市运行的各项指标背后，其数据的采集不能只依靠政府部门，要基于"共建、共治、共享"理念，推动社区、学校、医院、企业、酒店、工地等企事业单位等共同承担起数据采集责任；要创新以视频监控为核心，包含音频、指纹等多种类型的数据采集手段；要实现吃、住、行等不同场景的信息全域覆盖、全程采集。

安防数据数量巨大、价值密度低、种类繁多，不仅对人类来说使用起来较困难，对其进行智能分析和挖掘也是很困难的事情。目前，安防视频智能分析技术对于视频成像质量要求较高,而目前的视频图像质量受环境影响较大,加上受编码、网络带宽等因素制约，在视频模糊、光照不足等情况下无法实现视频分析技术的有效辨识；同时，安防数据在各数据库之间的关联融合非常少，数据资源仍处于分散状态，数据的开放和共享程度低，难以开展多维数据融合分析，需要结合应用场景，充分发挥机器学习、数据分析和挖掘等各种人工智能优势，开展智能分析。

三、智慧安防在智慧城市建设中的应用案例解析

如今,智慧安防已经进入大数据和人工智能时代。以机器视觉、深度学习技术为基础的人工智能已经广泛应用于治安管控、交通管理、刑侦破案等业务场景中,在不需要人为干预的环境下,计算机可以对摄像机拍摄的内容进行自动分析,包括目标检测、目标分割提取、目标识别、目标标注、目标跟踪等;可以对监测场景中的目标行为进行理解并描述,得出符合实际意义的解释,如车辆逆行、开车打电话、人群集聚、包裹遗留等,大大提升了视频监控数据的价值和使用效率。

安防数据像血液一样渗透于城市的治安、交通、社区、教育、生产等各个方面。处理海量多源异构数据是智慧安防必须面对的问题。目前,公安系统数据库中积累了大量的车辆、人员、社会关系等信息及大量的高危人员、高危车辆的信息,同时城市摄像头、智能移动终端、传感器每时每刻都在产生大量的社会安全数据,城市安防信息就隐藏在这些数据中。如多维大数据系统以视频提取人、车、物、行为等结构化数据,同时融合道路卡口/电警图片视频资源,治安监控,公安信息库(如人员信息库、车辆盗抢库、车架管库、六合一系统等),社会资源信息,互联网高价值信息等,进行多维度的碰撞分析,并与实战业务流程相结合,不断深入挖掘数据深层次的价值,构建一张"多维智能感知防控网络",打通数据壁垒,供各政府部门使用。多维大数据系统可对人员数据、车辆数据、物联数据进行采集和关联,通过以视频为核心的物联信息服务与公安业务数据、政府社会数据进行碰撞,从而实现融合检索、全网碰撞、关系追踪、轨迹补全、轨迹预测等功能。

四、智慧安防在智慧城市建设中的发展前景与趋势

随着 AI、大数据等技术在安防领域的深入应用,智慧安防未来发展趋势主要表现在三个方面:

(一)"云+端"全智能感知

AI 与前端感知设备的结合,通过赋予前端边缘计算能力,可以将人像识别、车辆识别、行为识别等部分智能化分析功能前置,构建"云+端"的 AI 安防整体架构,既满足城市安防对多元细分场景的智能化应用要求,又通过计算和数据的边缘化,减少了数据传输对数据中心的依赖,更好地提升全网的智能化效率。

（二）人机协同智能化作战

美国斯坦福大学发布的《2030年的人工智能与生活》的报告全面评估了人工智能，并将人机相互补偿和增强的智能协同系统列为未来AI的重要发展趋势之一。在智慧安防领域，人机系统可在远程应急指挥、事故现场联合搜救、人类不可及区域的作业等场景下发挥作用，实现人机组织主动认知，相互协同。如在危急环境下，市民可以通过手势给视频监控系统发送求助信号。

（三）基于全局的认知智能

安防大数据集合了多个部门、多个系统在不同时间点的数据，数据价值密度低，全局数据分析能力不足，严重制约了安防数据的应用。未来，让机器学习实时处理人所不能理解的超大规模全量多源数据，从海量数据中洞悉人所没有发现的规律，最终能够从全局视角制定超越人类局部次优决策的最优策略，是智慧安防发展的重点方向。

在以人工智能为代表的信息技术引领的新一轮科技革命和智慧城市建设浪潮中，智慧安防无疑是智慧城市建设中新技术与业务结合性好、需求迫切、落地性强的一个领域。

在大数据、移动互联网、传感网、深度学习等新理论、新技术的驱动下，人工智能正加速发展，呈现出深度学习、跨界融合、人机协同、群智开放、自主操控等新特质。人工智能在立体感知和预判、深度学习、全局最优策略制定等领域有着人类无法比拟的优势。AI+安防的深度融合将极大促进安防行业的发展，推动安防回归安全防范的本质；同时也会进一步提升智慧城市的精细化治理水平，促进相关产业的发展和升级。

五、安防大数据联接智慧城市与平安城市

智慧城市最基础的数据是通过前端感知设备汇聚到数据中心形成的；平安城市最基础的数据也是通过大量的前端感知设备来收集和应用数据的。这些最基础的数据主要是高科技的前端感知设备，如人像卡口、监控摄像、车辆卡口等，通过收集大量的图像数据，并对这些数据进行分析和研究、整理和规划，形成了安防大数据。安防大数据接入智慧城市和平安城市的平台，为推动智慧城市和平安城市的发展起到重要的作用。

第二节 基于摄录一体机设备的智能安防系统设计

摄录一体机是一款安装简易，不需要传统模拟摄像机专业的布线，只需要提供电源即可的摄像机，有智能录像、自动降帧等功能。摄录一体机主要包含以下几个部分：镜头、机身含录像单元、寻像器、拾音单元和电源单元。集视频的拍摄、声音的拾取等于一体。某品牌摄录一体机如图 8-1 所示。

图 8-1 某品牌摄录一体机

传统的安防设备只能完成视频存储记录，仅可为事后分析提供证据。而其在事前预/报警的缺位，也让保平安的意义大打折扣。随着光电信息技术、微电子技术、微计算机技术与视频图像处理技术等的发展，传统的安防系统也正由数字化、网络化而逐步走向智能化。这种智能化是指在不需要人为干预的情况下，系统能自动实现对监控画面中的异常情况进行检测、识别，在有异常时能及时做出预/报警。

一个完整的智能安防系统主要包括门禁、报警和监控三大部分。智能安防与传统安防的最大区别在于智能化，我国安防产业发展很快，也比较普及，但是传统安防对人的依赖性比较强，非常耗费人力，而智能安防能够通过机器实现智能判断，从而尽可能帮助人做想做的事。

安防体系设计思路：

一、基础配置

人员信息管理：支持组织管理，支持同级组织上下移动；小区场景下，支持快速添加楼栋单元。

车辆信息管理：支持对车辆进行管理，包括新增、修改、删除、导入、导出；支持车辆绑定车主信息，从人员信息中快速选择已有人员进行关联。

安保区域管理：支持对安保区域进行管理，包括新增、修改、删除、导入、导出、同级上下移动；支持小区场景下，快速添加楼栋单元。

用户角色管理：支持对用户组进行管理，包括新增、修改、删除、导入、导出、同级上下移动；支持对用户进行管理，包括新增、修改、删除、导入、导出、启用、禁用、实名人员、重置密码。

二、大数据平台

1. 数据采集、整合

支持将实时、历史结构化数据，以及关系型数据库中的数据采集入库；支持用户设定定时任务，定时采集对象数据；支持对采集数据进行过滤、比对、校验、纠错等。

2. 数据存储

结构化数据存储：支持人脸抓拍单元采集的，以及云解析系统提取的人员性别、年龄段、是否戴眼镜等特征属性类结构化数据的存储。半结构化数据存储：支持日志、人脸模型等半结构化数据的存储。

3. 数据级联

支持下级大数据平台数据同步到上级大数据平台；支持按边界安全接入设备的目录传输数据方式，将视频专网大数据平台的数据同步到政务外网。

4. 数据服务

数据服务是大数据平台为上层应用提供的端到端的功能，包括数据检索、比对、挖掘服务。

5. 系统管理

支持集群管理、状态监控、日志管理、用户管理、服务管理等系统管理功能；

支持以列表和图形的形式显示服务器的 CPU 使用率、物理内存使用率、虚拟机内存使用率和硬盘使用率。

三、系统功能

以"人员轨迹查询、身份确认、重点人员布控"三大业务需求为主线，结合"事前预警、事中布控、事后侦查"应用模式，从"搜人、判人、控人"三个维度规划人像大数据应用系统功能，形成"人员踪迹查询、人员身份研判、人员布控预警"三大业务功能；同时辅以系统管理、移动应用需求，建立对应的"系统安全管理、移动 App"两大增值功能，将业务应用与人性化管理机制进行有机结合，创新基于人像大数据的综合实战化应用模式。

1. 人员踪迹查询

基于人脸图片中解析出的年龄段、性别等属性结构化数据，以及人脸模型半结构化数据，采用大数据技术，快速从海量人像数据中筛选出相似的人脸信息，还可按时间段、抓拍区域等条件进行组合查询，协助公安机关获取有价值的案件信息，锁定人员踪迹，缩短查找线索的时间。

功能点：支持以过人时段、过人区域、人脸特征属性（包括年龄段、性别、是否戴眼镜）、高危人群为查询条件，对案发时间附近的可疑人员进行单一或组合条件的信息搜索；查找历史人脸图片，并可关联录像查看具体情况；过人区域支持按目录树选择前端点位，并支持与地理信息系统结合，在地图上选择区域范围，进行人员信息搜索；人脸图像及相关结构化信息可导出制成 Excel 文件。

2. 实时过人查看

实时过人查看是通过选择人脸卡口，实时查看前端点位人员抓拍信息情况。

功能点：支持按树形目标选择抓拍通道，并同时查看一路或多路实时人脸图片抓拍信息；支持查看抓拍大图，并对背景图进行下载；鼠标滚轮操作可进行缩放展示人脸的结构化信息；支持以抓拍机为过滤条件的告警信息、详情展示和转发功能。

3. 以脸搜脸

针对海量的人脸图片难以通过人工识别方式进行快速分析、检索的问题，系统可以根据人脸图片自动进行识别、解析，支持一键上传照片，快速识别建模比对，筛选出人脸匹配度高的人像资源库中相似人员的实时及历史人脸信息。

功能点：待比对的图片可以本地上传，也可以是抓拍图片或者是静态图片；支持将过人时段、过人区域、相似度作为辅助条件排序；支持同时将同一人员的多张照片作为检索条件；在以图搜图的结果中的图片支持一键再次作为以脸搜脸的检索条件。

4.人员轨迹分析

针对重点关注的人员或涉稳、涉恐人员，可利用已有的人脸图片或者系统检索出的人脸图片，搜索出一定时间段及监控范围内的相似人脸图片，选择目标人员人脸图片，结合电子地图刻画出人员时空轨迹，分析目标人员"从哪里来、到哪里去、沿途经过哪里"。

第九章 基于大数据技术的智慧城市应急管理建设

大数据时代的来临为我国城市公共安全应急管理的发展注入了更大的动力，相关政府管理部门要从管理上入手，对各个环节开展精细化管理，将社会公共安全实践的影响控制到最低，为广大人民提供更为优质的生产与生活环境，为建设社会主义和谐社会奠定基础。

第一节 基于大数据的城市防汛应急管理系统

城市化进程在促进社会文明进步的同时，也给城市带来了很多问题与挑战，城市突发洪涝灾害就是其中之一。城市化进程的快速推进，对城市原来的水文环境产生了显著影响，让城市防汛工作面临着更严峻的挑战。随着物联网技术的发展和数据感知技术的成熟，城市中能感知到的数据源快速增加，城市中各种大数据开始涌现。利用大数据对城市洪涝灾害进行有效预测，及时制定防洪减灾对策，是城市防汛研究的一个重要课题[1]。洪涝灾害如图 9-1 所示。

图 9-1 洪涝灾害插图

---

[1] 邵泽华. 物联网与智慧城市 [M]. 北京：中国人民大学出版社，2022.

一、城市应急指挥系统

城市应急指挥系统按照城市应急管理需要设计,包含应急信息采集、信息存储、信息管理、应急联动服务、应急预案管理、教育培训、应用分析等内容,实现对整个城市的应急指挥与监控,保障对相关数据采集、危机判定、决策分析、命令部署、实时沟通、联通指挥、现场支持等各项应急业务的响应,快速、及时、准确地收集到应急信息,为政府的科学决策提供有效的信息支持。城市应急指挥系统结构如图9-2所示。

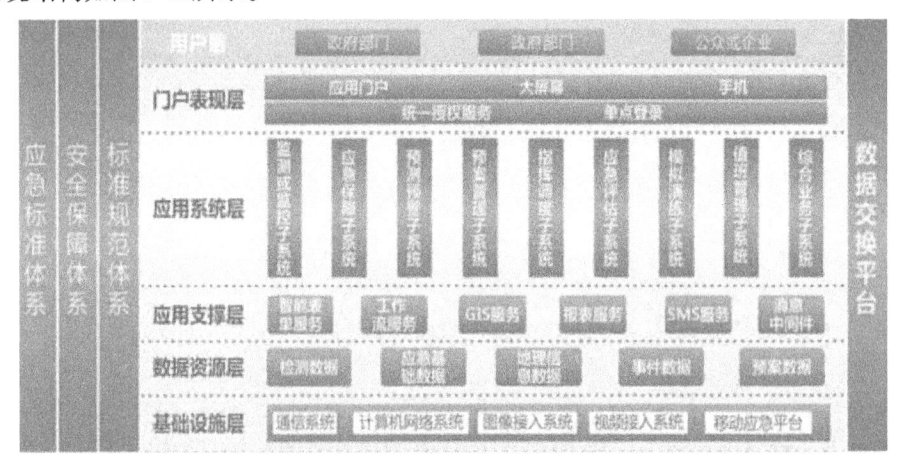

图9-2 城市应急指挥系统结构图

二、智慧应急管理系统

智慧应急管理系统包括公安三台合一指挥调度系统、消防灭火救援指挥系统、大数据挖掘分析与研判系统、政府应急管理平台、GIS地理信息系统、合成指挥系统、移动应急指挥平台等。

(一)管理系统的组成

智慧应急管理系统主要包含系统整合及数据共享、应急指挥大厅、自然灾害综合监测预警系统。

1. 系统整合及数据共享

利用政务外网,打通厅局网络,通过数据同步中间件,实现异构数据汇集;建立涉灾数据管理办法与标准规范,实现对涉灾数据的管理;面向应急管理、安全生产、防灾减灾各个细化专题形成数据中台,为数据应用提供便利;优化数据

第九章　基于大数据技术的智慧城市应急管理建设

服务,打造数据有序交换、深度融合、按需服务、良性循环的集约化应急数据生态圈。

2. 应急指挥大厅

应急指挥大厅是城市安全框架建设的重要组成部分,是政府协调、指挥、调度的重要机构和场所,是反映一个城市应急和危机管理水平的标志,也是城市危机管理的重要支撑设施。

3. 自然灾害综合监测预警系统

自然灾害综合监测预警系统分为四个方面,即多灾种风险监测、综合风险评估、灾害态势分析、灾害预警发布。

第一,多灾种风险监测。一方面汇集共享行业领域主管部门的气象灾害、水旱灾害、地质灾害、地震灾害、森林草原火灾等的预测预警、实时监测数据,实现灾害风险动态感知;另一方面可利用遥感技术,对灾害异常信息进行识别监测,也可实时监测森林草原火灾点、溃坝点、台风等自然灾害发生地的地理位置及其周围环境。

第二,综合风险评估。基于本区域自然灾害的基础数据、实时监测数据、遥感数据、历史灾害数据等,利用自然灾害风险评估模型、人工智能、知识图谱等技术,对区域不同强度灾害的可能性及其可能造成的后果进行评估,形成自然灾害风险图,为自然灾害风险管理提供技术保障。

第三,灾害态势分析。基于综合风险评估成果数据、预测预报数据、感知数据及其他自然灾害相关数据,运用多种灾害态势分析模型及大数据分析、人工智能技术,形成灾害发展趋势推演成果,辅助决策者研判灾害未来发展态势、多灾种灾害链分析。同时,系统支持对灾害演变趋势提供应对灾害的处置方案,为自然灾害应急管理工作提前部署提供参考。

第四,灾害预警发布。基于自然灾害应急预案体系、综合风险评估成果、灾害态势分析成果等,系统支持依据预警规则自动生成自然灾害预警信息,将预警信息定向、精准推送至相关责任人、工作人员及社会公众等。

(二)系统功能

综合分析研判,实现对突发事件动态、舆情动态、应急响应、资源调度、监测预警、专业研判、救援进展等各类应急信息的可视化展示;实现辖区基础设施、自然灾害及生产安全等信息的实时监测与预警分析管理,提供统一的辖区综合运行状态视图。

协同会商，建立数据传输、语音通话、视频接入的融合通信系统，以事件为中心，根据灾险情事件态势，实现前后方和相关部门的音视频会商，实现基于一张图的多部门、多专家全维动态远程会商、协同标绘、综合研判功能。

辅助决策，建立面向各类事故灾害的辅助决策知识模型，分析各类事故灾害的发生特点、演化特征、救援难点等内容，提出风险防护、应急处置等决策建议，为高效化、专业化救援提供支撑。

指挥调度，建立资源需求分析模型，面向各类事故灾害智能化地提供资源调度建议；利用有线、无线、卫星等多种通信手段，实现指挥调度信息的一键快速分发、应急资源跟踪定位、任务跟踪反馈等功能；面向不同作战环境的使用需求，强化前后方指挥调度通信保障和任务全过程可视化管理，实现现场应急救援的业务应用移动化，提高应急办公和处置效率。

应急指挥体系管理、预案结构化与案例推演，通过对各级各类应急预案的数字化管理，智能关联相关应急处置人员，建立应急指挥人员专业通信群组，实现快速查询、一键通信、组会，可快速组织和调动各方力量、指令上传下达，实现扁平化指挥调度。

信息发布展示，通过网站、手机 App、微信等多种渠道全方位、立体化地发布防灾减灾信息。

（三）应用领域

智慧应急管理系统应用领域：行业分布于公安、消防、人防、医疗救护、通信、环保、城市管理等；致力于为政府公共安全部门、政府行业管理部门、公共事业部门提供应急指挥与决策、预警防范等全面的整体解决方案。

智慧应急管理系统采用"一张网、一个库、一个平台、一张图、一个门户"设计思路，利用互联网、云计算、大数据等先进技术，建设面向领导及相关厅局协同会商、协同指挥、信息发布等工作需求的防灾减灾综合信息平台，以及面向公众和游客提供防灾减灾信息服务的防灾减灾信息服务平台，达到国内先进省份水平。

三、城市防汛应急管理系统

灾情严重威胁人民的生命财产安全，洪涝灾害可视化平台旨在建设一个时效高、预警报信息内容全面且准确可靠的灾害预警报系统，为相关政府的决策和灾害地区群众的减灾措施提供科学、及时、有效的信息指导。充分利用大数据技术，

第九章　基于大数据技术的智慧城市应急管理建设

在已获取的大量气象探测和灾害性天气监测信息的基础上，对信息进行存储、处理和分析，建立灾害预警报服务平台和流程，根据决策服务要求，提供连续无缝隙的地质灾害预警报信息。

极端天气增多、暴雨天气频繁使得城市的暴雨洪涝灾害风险陡增。而短时期内，城市的排水设施建设又不可能有明显的改善，城市洪涝灾害的分析预警就变得尤为重要。但是，现有的城市洪涝分析预警系统还十分不完善，甚至有许多城市根本没有城市洪涝分析预警系统，并且传统的模型也有很多缺陷和不足。

正因为防汛抗洪是一项专业性极强的工作，破解汛情监测信息滞后、预警不及时等难题，需要科学应对、精准施策，要打赢这场防汛抗洪的"硬仗"，不仅要有勇气，还要依靠科学。

洪涝灾害可视化平台针对日趋严峻的城市洪涝灾害现象，对适合进行大数据分布式运算的城市洪涝模型和算法进行了探索，确定了城市洪涝大数据分析模型的框架，以城市洪涝分析大数据分析模型为核心设计城市洪涝灾害预警平台的原型系统。充分发挥"技防"优势，利用大数据、人工智能等前沿技术，不断提升防汛应急工作的安全保障能力，实现云端作业、智慧防洪、科学减灾，切实保障人民生命和财产安全。

那么，如何利用科技更好地助力防汛应急？

目前大部分城市以"大数据＋AI"赋能应急管理科学决策，构建应急大数据治理和智能应用体系，用大数据技术构建应急大数据治理体系和数据资源池。同时，利用自然语言处理、知识图谱和数据建模等技术，面向洪涝等自然灾害打造"智慧应急大脑"，在监督管理、监测预警、指挥救援、决策支持和政务管理五大业务领域提供事前、事发、事中和事后四个阶段的决策支持，全面助力防汛应急，打好防汛抗洪攻坚战。

具体来说，在数据底层搭建上，依托大数据技术和产品，按照"数用分离、智能驱动"的思路构建应急管理大数据治理体系，通过数据接入、处理、存储和应用等，实现防汛应急的全生命周期管理；在信息资源规划下，构建统一的大数据资源中心，实现防汛过程中数据接入、数据服务及深度的数据应用和全面的数据安全；通过提供数据共享、数据应用等服务构建"纵向到底、横向到边"的数据业务流模式，为防汛应急工作提供强有力的支撑[1]。

---

[1] 刘伊生. 新型智慧城市设计与建造 [M]. 北京：中国城市出版社，2020.

在防汛监测方面，为更好地提升监测预警和应急指挥能力，百分点科技构建全域感知应用。综合运用大数据、人工智能、物联网、5G等技术，实现信息资源的高效利用、风险的智能分析与识别。结合一张图建设能力，帮助决策人员实现"一图观全域、一网治风险、一屏辅决策"。

在应急预案体系建设上，百分点科技运用自然语言处理、知识图谱、数值仿真等技术建立标准化的应急预案模板，并规范应急预案结构、应急工作机制、应急工作语言与预案元素内部之间的衔接关系等，提升应急预案体系化和智能化能力；建立动态预案响应机制，结合事件链发展情况来动态生成预案链，及时推荐针对性的指挥决策参考建议，并根据事件发展动态调整处置方案建议。

智能化、科学化的防汛应急工作离不开业务与知识深度融合的应急知识库。百分点科技通过借助自然语义分析、知识图谱等技术，将应急管理、安全生产、防灾减灾等领域中的法律法规、标准规范、事故灾害和隐患等非结构化的文本和图片数据形成应急行业百科全书，并以应用接口的形式为这些领域的业务系统提供智能推荐、检索、问答和关系网络等智能服务。

在应急指挥辅助决策方面，我们需要借助大数据、人工智能、移动互联网、GIS等新一代信息技术，结合现有信息化基础，接入相关的业务监测数据，建立以知识图谱为核心技术的智能辅助决策体系，从而搭建覆盖各层级政府部门和企业的扁平化协同指挥体系，形成一套完整的集监测预警、指挥救援、决策支持为一体的综合应急指挥平台，全面提升应急辅助决策能力、救援实战指挥能力和社会动员能力。

目前，城市防汛应急管理系统已经构建了符合应急管理需求的大数据治理体系，在自然灾害、安全生产和城市安全等领域支撑多场景智能应用，助力应急管理科学化、精细化和智能化。

未来，需要我们不断探索大数据和人工智能等新一代信息技术在应急管理领域的创新应用，提升应急管理常态工作和突发事件应对处置水平，促进应急管理科技进步，提升安全生产保障能力、防灾减灾救灾和应急救援能力，助力政府保障人民群众生命财产安全。

第二节　基于大数据的公共安全应急管理体系建设

大数据时代的到来、应急管理部的组建，为我国城市公共安全协同治理带来了良好的机遇。但同时，我国现阶段城市公共安全的治理方式、手段还较为落后，相关机构整合的部门内部磨合也需要经历一个过程。为有效应对大数据带来的冲击和最大限度降低公共安全应急管理体系机构整合可能出现的负面影响，必须从根本的体制、机制、平台、制度和文化建设上着手，才能使公共安全应急管理协同治理真正落地生根、开花结果。

一、大力完善跨部门协同治理体制

整合优化应急力量和资源，推动形成"统一指挥、专常兼备、反应灵敏、上下联动、平战结合"的中国特色应急管理体制，是新时代我国公共安全应急管理体系建设的新目标。面对公共安全应急管理体系实践中存在的"职责交叉、职能错位，条块分割、协作困难"等弊端，必须加快大数据与公共安全应急管理体系的深度融合，推进权力流和信息流的纵向和横向整合，健全跨部门协同考核评价和追责问责机制，从而打破过去应急分割的状态，提升政府跨部门整体应急实力。

（一）统筹布局城市应急大数据计划

2015年，国务院密集、重磅推出《关于运用大数据加强对市场主体服务和监管的若干意见》《关于积极推进"互联网+"行动的指导意见》以及《关于印发促进大数据发展行动纲要的通知》三份文件，标志着我国大数据国家行动计划和战略部署正式确立。深入实施和统筹布局国家大数据战略部署，加强城市公共危机管理，需要加快四个方面的"深度融合"。

一是加快大数据与国家治理现代化的深度融合。国家治理是一个极为庞大且复杂的系统工程，大国治理及其科学决策更是离不开大数据的支持。大数据时代，政府应当牢固树立大数据思维，通过打造"政府数据共享开放工程""国家大数据资源统筹发展工程""政府治理大数据工程""公共服务大数据工程",将大数据技术广泛运用到公共治理、社会管理以及民生服务等领域,推动政府管理和社会治理方式创新,推进政府决策科学化、管理精细化和服务便捷化,不断提升国家治理现代化水平。

二是加快大数据与公共安全应急管理体系的深度融合。在信息技术高度发达的今天,大数据成为各项管理中不可忽视的工具,对其理解和应用的水平成为衡量公共安全应急能力高低的重要标志。新形势下,要把精细化、智能化、科学化等理念贯穿于公共安全应急管理事前、事发、事中和事后全过程,推动公共安全应急管理体系与大数据技术高度融合;将大数据最新成果运用于自然灾害、事故灾难、公共卫生事件和社会安全事件治理中,使得公共安全应急管理治理中的预防准备、预测预警、决策响应和救援恢复等都有数据的支撑,让大数据成为风险识别、隐患排查、犯罪追踪、危机化解的利器。

三是加快大数据与公共安全应急管理体系产业发展的深度融合。公共危机事件的频繁爆发及全社会对公共安全的更高需求,催生了应急产业的快速发展。安防、消防、应急通信装备、监控监测设备、反恐装备、信息安全、传感设备等领域专用产品和服务达到万亿元产值。公共安全应急管理体系的发展方向是实现与大数据技术深度融合,构建人防与技防相结合、制造业与服务业协同发展的现代应急产业体系。

四是加快大数据与智慧城市建设的深度融合。得数据者得未来。大数据技术是智慧交通、智慧医疗、智慧环境、智慧社区等智慧城市建设的核心技术,也是有效缓解交通拥堵、资源短缺、环境污染等城市病难题的重要举措。智慧城市通过互联网被植入城市各物体,与智能传感器连接起来,实现对城市的全面感知;利用云计算等智能处理技术处理和分析海量感知信息,实现网上城市数字空间与物联网的融合,并发出指令,对包括政务、民生、环境、公共安全等在内的各种需求做出智能响应和智能化决策支持。城市化与信息化深度融合,形成城市发展新模式。

(二)整体优化公共安全应急管理部门的职能

现代城市应急是一个专业化程度很高的工作,要突破过去将应急管理部门当成一般公共职能部门的思想臼寨,基于整体性治理思维,通过实施逆部门化和逆碎片化治理,整体优化城市应急部门的职能,将应急管理部门整体打造成一个集

第九章 基于大数据技术的智慧城市应急管理建设

风险预测、数据处理、应急管理等于一体的专业综合性部门机构。为此,首先要科学构建政府联动应急组织体系,突破基于特定功能设立组织结构的思路,把解决危机情境下公众的信息需求、生活服务及其他相关需求作为根本旨归来进行组织职能设计与创新。其次,参照应急管理部的建制,将省、市、县三级的安全生产监督管理、应急办应急管理、公安消防、民政救灾、国土资源地质灾害防治、水利水旱灾害防治、地震震灾应急救援等职责整合,组建省、市、县三级应急管理部门,同时增设大数据人员编制和岗位,加强大数据技术业务培训,提升部门工作人员数据管理和数据应用能力。有关领导要同时兼任该部门的领导成员,整体推进数据管理工作。整合工信委、统计局和商务局等各类信息中心等部门职能,成立新的大数据(发展)管理局和城市首席信息管理官 CEO,统筹推进本地区电子政务和政府大数据管理平台工作,以及有关数据规划、实施、信息资源开放共享等工作。最后,将消防抢险、安全生产、食品卫生、环境保护、交通运输等行业的网站整合到新的城市应急信息平台上,实现应急信息采集、存储、分析和运用工作的有机对接,增强整体对外服务效能。

(三)科学设计跨部门应急组织体系

在整体优化城市应急部门职能的同时,为避免过度专业化分工带来的组织权威、组织资源和组织流程碎片化问题,消除过度市场化所带来的政府职能悬浮和空心化危机,需要打破部门界限,充分整合应急系统的组织结构和各种资源,科学设计跨部门应急组织体系。一方面,充分整合应急组织机构。利用现阶段发达的计算机技术、通信技术和网络技术,将传统以专业分工和层级节制为基本特征的金字塔组织结构,转变为以流程为中心的由多个部门或节点组合成的扁平化网状结构。为此要将公共安全应急任务进行分解,将分解出的任务分派至不同层级的不同部门协同处置。在此基础上,构建以整体政府管理为统领的网状层次结构。在整体政府治理模式中,应急过程稀缺的信息、人力、财力资源将突破传统条块分割的权力壁垒,整合到统一、开放、共享的平台上,实现资源配置的最优与部门间的合理流动。各部门既具有相对的独立性,又是各个应急流程上的节点或工作团队,通过资源流、信息流和业务流实现跨部门业务协同,最终形成网状层级结构的整体政府应急模式。

另一方面,技术驱动网络化协同治理。云计算、移动互联网和大数据技术以其强大的数据收集、存储、分析和应用能力,能够在整体优化现有政府组织结构的前提下进一步打破部门间的横向壁垒,为政府应急跨部门协同治理提供技术支撑。这种跨部门协同治理需要政府整合相应的政务数据、应用系统和应急流程,并以统一的窗口形式为公众提供整体服务。一是大数据驱动信息共享。城市跨部门大数据管理平台构建起不同部门的数据共享体系,为各领域提供大数据统一服务。二是大数据驱动协同治理。网状层级结构以大数据技术为手段,为应急部门提供无缝链接。该合作网络以跨部门公共问题需求为牵引,成员动态不固定,彼此结成动态联盟。三是大数据驱动应急协同。其主要包括应急决策子系统、应急执行子系统和应急信息子系统和应急保障子系统,通过四者之间的协同,完成组织行动的协同。四是大数据驱动整体服务。以公众需求为导向,通过政府门户网站、权威新闻媒体和移动智能终端为公众提供一站式应急信息服务。

(四)健全公共安全应急管理体系的协同考核评价机制和追责问责机制

集体行动理论揭示,因多部门合作存在搭便车现象及管理责任难以认定等困难,跨部门协同治理不易达成。为此,要在科学界定部门职责的基础上,健全跨部门协同考核评价机制和追责问责机制。一是科学界定部门职责。以部门权力清单制度和责任清单制度建设为抓手,认真梳理部门之间的权力和责任,从制度上减少或避免职责重叠交叉。通过权力清单和责任清单制度的建设,用大数据让参与公共安全应急部门的模糊责任转变为可视化责任。在法定责任框架下,进行可视化责任梳理和再分配,生成问题情境清单、责任清单、任务清单和责任履行清单,并将它们在决策者、执行者和公众之间无障碍地流转和对接。通过这种直观的责任机制,公共安全应急管理部门认识到自身在整个应急链条中所承担的任务,以可视化、可追溯形式倒逼责任落实。二是将跨部门协同治理纳入应急考评范围。为确保城市公共安全应急机构跨部门协同工作取得实效,要建立共性和个性相结合的考评机制,围绕合作演练、定期交流、信息通报、资源共享、协同决策、共同救灾、学习总结等情况进行月通报、季评比和年中、年底常态化考核,并将考评结果统一纳入政府平安综治考核和年度工作目标考核,考评结果与相关单位和个人年度评先评优、工资待遇、晋职直接挂钩。三是加大应急协同不力追责力度。针对城市应急实践过程中部门"行政不作为"或"协同不力"等行为,要以《中华人民共和国突发事件应对法》《关于实行党政领导干部问责的暂行规定》等法律条例为准绳,加大对跨部门协同应急的监督检查。上级机关要采取日常督查、专项检查或定期抽查等方式,随时掌握跨部门协同状况,对风险预防联动缺位、预警信息发布不及时、部门职责交叉、应急决策迟缓、信息披露草率等群众反映强烈的重点领域，在严格日常督查的同时，还要不定期组织专项检查。除加强同级监督，还要注重发挥人大代表、政协委员、社会组织、新闻媒体和人民群众的监督作用。更为重要的是，对任何部门或者个人隐瞒部门所涉及的重要公共安全信息的行为，将视情节轻重，予以批评教育、诫勉谈话等；对于应急协同不力、应急联动乏力、部门统筹不够导致事态扩大造成较大损失的，依据有关法律规定追究其单位和本人责任；涉嫌犯罪的行为，移送司法机关处理。

二、系统构建协同治理机制

健全"统一指挥、反应灵敏、协调有序、运转高效"的应急机制，是推动公共安全管理体系与其他部门协同治理的核心内容。目前，我国在政府横向部门之间还存在较突出的协调不畅、联动不足等问题。大数据时代的到来，给公共安全管理体系的治理带来良好的机遇，推动大数据融入公共安全管理体系的预防准备、监测预警、决策处置、恢复重建关键环节，形成跨部门联防联控、互联互通、联动联治的格局。

（一）构建联防联控的预防准备机制

大数据时代公共安全管理的预防准备，主要以城市风险隐患分析与评估为基础，通过大数据手段感知、整合、关联城市运行核心系统的各项关键信息，采取联防联控等措施加强危机事件前端治理。旨在通过主动提前介入，实施危机管控风口前移，消除或减少风险隐患。

首先，构建大数据矛盾纠纷排查调处机制。①利用云平台助推矛盾纠纷精准报送。为克服过去矛盾纠纷底数不清、管理粗放的弊端，建设城市纠纷排查调处云平台，详细记录每件矛盾纠纷的主要当事人信息、时间、地点、类型、级别、矛盾概况、化解情况，并自动编号，最大限度防止重复报送、交叉报送、虚假报送等"数据失真"情况的发生。②利用大数据助推矛盾纠纷精准研判。利用大数据研判预警模型，逐条分析各部门录入的矛盾纠纷，以此确定预警等级，并动态掌握矛盾纠纷发展趋势，提升工作预见性。③利用大数据助推矛盾纠纷精准调处。通过开设"人民调解"微信公众号，打造大数据人民调解综合服务平台，推动人民调解的大数据精准应用；通过大数据为调解当事人提供医学、保险等方面的矛盾纠纷调处专家服务，实现矛盾纠纷调解需求和调解资源供应精准对接，实现优质调处资源的全省范围内共享。

其次，构建"互联网+"群众利益诉求表达机制。一方面，利用"互联网+政务"打通服务群众"最后一公里"。加快推进权力清单、责任清单和负面清单制度，通过政府门户网站、"两微一平台"等方式主动公示重大基础建设、经济发展、民生工程、环境保护等重大事项，让社会公众早知道、多参与、提意见；主动公示医疗卫生、社会保障、住房保障、劳动就业等与群众利益密切相关的公共服务事项，让群众一目了然知晓到哪办、如何办、何时办好；高效整合政府门户网站、网上办事大厅、移动客户端、自助服务端等不同渠道，推动跨部门、跨行业、跨区域公共服务事项信息互联共享，变"群众来回跑"为"部门协同办"，实现一个窗口办理所有审批事项。另一方面，利用"互联网+信访"畅通群众诉求渠道。大力推行"互联网+政务"，推进网上投诉与"网上信访"，设立电话热线、信访信箱、电子邮件、民生微博、QQ、网民留言等群众诉求通道，建立以领导信箱、部门领导信箱、人民建议征集为主要内容的"网上信访服务平台"，使群众随时随地反映问题，逐步实现群众诉求网上受理、办理、反馈，做到"应上尽上、全程在线"，实现诉求表达"零时间""零障碍"。

最后，构建数字化应急预案管理机制。科学、规范、实用的灾难事件应急预案是不同层级政府部门迅速反应、协同一致参与应急的程序与规定。目前，我国各级政府部门已制定了数目繁多的综合应急、专项应急、现场应急、单项应急预案，诸多预案之间存在简单重复、实用性不强的问题，甚至存在矛盾冲突。当务之急，仍需进一步制定和完善相应的社区应急预案、街道应急预案、学校应急预案、企业应急预案，进一步健全基层单位应急预案，如宣传部制定突发事件信息发布与舆情应对应急预案、新闻媒体制定突发事件新闻报道应急预案。与此同时，应用大数据技术，对多领域数据进行收集和关联分析，加强对预案基础数据的标准化建设。更为重要的是推进应急预案数字化，运用数字信息、地理信息、图像显示等现代技术手段推进数字化预案建设，使之高度智能化和实时化。在此基础上，以地理空间信息和属性数据为依托，配合城市区域情况、重大危险源、重点防护目标等相关基础数据库，构建规范、统一、实用的应急预案管理系统。除此以外，还要不定期开展跨部门联合模拟场景或实战应急演练，选派数据处理专业技术人才参与跨部门应急处置演练工作，密切沟通配合，提高公共危机突发事件的跨部门协同处置能力。

（二）构建互联互通的监测预警机制

大数据时代城市公共安全监测预警，就是利用大数据技术对历史数据和实时监测数据进行分析，全方位、多层次、多视角地综合研判当前城市公共安全状况以及未来发展趋势，预先向相关部门和社会发出警示，以达到最大限度地规避危险、减少损失的目的。

首先，构建危机信息综合研判机制。一是构建大数据信息收集机制。建立完善的应急数据收集制度，健全利用大数据技术广泛收集各种应急历史数据、部门业务统计数据、各种城市风险隐患监测信息的管理办法；完善城市公共危机信息报告制度，健全相关部门危机信息的直报制度；加大基层街道、居委会信息巡查力度，提高危机信息报告质量；加强对互联网、新媒体海量信息的收集，特别是加大对有关城市公共危机的网络舆情信息的收集力度。二是构建多部门应急信息综合研判机制。按照"物理分散、逻辑集中、信息共享"的原则，利用公共安全管理体系大数据应急平台的远程数据访问和视频会商等功能，对采集到的数据进行过滤、整合、集成、标准化处理、深入挖掘、可视化呈现处理等，实现对于应急全过程的多部门动态研判，为灾害预警提供有效的决策依据；开发专家网络会商机制，充分挖掘高校和科研院所的智力资源，促进政府与专家的无缝对接，实现对危机事件发生后果的科学研判。

其次，构建横向信息即时通报机制。加强应急的横向信息通报，是促进跨部门协同的重要环节。一是依托城市跨部门应急信息平台，整合应急信息，加强横向应急部门之间的信息共享，完善城市应急管理中心与气象、公安、交警、急救等专业应急部门的会商通报机制。二是加强与武警部队和驻地部队的沟通联系，借助网络、电话、传真等方式实现军地之间应急信息的交流与对接。三是部门信息人员要实时更新应急信息平台基础信息库，推动信息共享支撑体系建设，实现不同部门之间应急信息的有机整合。四是通过电话直接通报的形式进行紧急情况通报，通过多部门联合召开通报会及时传达应急信息，通过公文通报和专项通报等方式进行应急信息的部门传递。

最后，构建部门协同联动预警机制。大数据时代，为克服以往分灾种、分部门预警导致的各自为战、应急迟缓、民众无法适从的弊端，需要整合预警资源，构建跨部门协同预警机制。一是依托城市跨部门应急信息平台，整合气象、公安、交通、卫生、水利等多部门的不同灾种信息，实现平台中预警信息的互联互通。同时通过接入大数据的深入挖掘、机器学习、智能分析功能，提升预警信息的精准性。二是城市应急信息发布中心设定专门的岗位负责预警信息的指挥、联动、审核、发布、考务、评估等工作，实现预警信息录入、确认、审核、发布、传播和评估等业务扁平化管理，确保预警信息发布的专业性、严谨性和时效性。三是城市应急信息发布中心除借助传统电视气象预报、应急气象电话、电子显示屏、应急宣传车、户外大喇叭发送预警信息外，也依托政务微博、政府网站、短信、移动客户端等新媒体手段，推出集风险预测、灾害预警、危机预报于一体的"互联互通、统一发布"预警发布体系。

（三）构建联动联治的决策处置机制

大数据时代城市公共危机决策处置，主要是指突发事件将要发生或已经发生时，应急管理部门采取有效处置措施进行前期处置，同时利用大数据相关技术辅助决策研判，加强联动协作，有效控制事态扩大并使其朝着正常方向转化。旨在通过对数据的深入挖掘和信息的共享，最大限度提高决策的效力和应急的合力。

首先，构建应急先期联合处置机制。城市公共危机突发事件发生后，当地应急指挥机构在第一时间启动现场处置预案，快速成立现场处置指挥机构，整合各方力量第一时间参与到应急工作中。公安部门立即封闭现场、疏散周围群众，交警部门快速疏散交通，医务人员紧急投入伤员抢救，消防人员等认真排除险情，专业处置人员尽快控制事态发展，属地应急管理人员及时上报信息，等等。在大数据时代，随着新媒体的兴起，城市公共危机的前期治理要更加注重舆情的管控。为预防媒体记者在相关部门还没有反应过来时就抵达现场，并随意发布信息，制造巨大轰动，引发民众恐慌，造成后续社会舆情的处理非常棘手，管好新闻记者是应对社会舆情的重中之重。同时网络舆情监控工作人员实行24小时不间断地对主要网站、论坛贴吧、即时通信工具、网络评论、个人微博进行监控，正确引导舆论走向。

其次，构建突发事件联动协调机制。完善城市应急联动指挥中心，联动运行城市应急指挥平台、综治中心平台和公安指挥中心平台三个平台，实现对城市突发事件、治安维稳类事件和日常管理类事件的综合管控和各部门之间的深度联动。在该中心设立应急部门联动区、公安应急指挥联动区、110接处警专区、综治中心联动区等功能区，设立指挥调度中心、应急联动中心、便民服务中心、大数据应用中心、互联网警务中心、信息合成研判中心和合成作战中心，设置若干工作席位，联动交通、公安、防汛、环保、急救、供水、供电、供暖、疾控、信访、政法、宣传等城市应急部门，以"常驻""季节性入驻"或"临时性入驻"方式进驻中心统一办公。其中应急联动指挥中心整合城市应急队伍、物资、装备、信息、技术等资源，按照"一级接警、一级处警、分类处警、就近处警"原则，实现多部门统一指挥，协同处置；大数据应用中心基于应急数据交换平台，实现跨部门数据交换、汇集、分析和呈现，提供语音、可视化通信、网络、短信等多种调度方式；信息合成研判中心整合城市各种公安资源，形成全局一体作战模式，达到信息合成作战智能化、实战化、全域化。

最后，构建恶意炒作惩处机制。造谣炒作已经成为一种严重的网络乱象和社会公害。一是开展专项治理行动。公安部门联合宣传、政法、网信等相关部门，深入开展"清朗"行动，集中打击整治网络造谣炒作，坚决遏制网络造谣炒作违法犯罪活动，坚决清理各类网络谣言和恶意炒作信息，切实打造清朗网络空间。二是深度清理违法信息。全面清理整治网上造谣炒作有害信息，切实加大互联网服务单位的管理力度，实行网络有害信息自查制度，最大限度挤压网络造谣炒作活动空间；加大对论坛、贴吧、微博、微信等网络平台的监管力度。三是加大有害舆情信息举报力度。鼓励广大网民举报互联网违法和不良信息，对提供有效线索的加大奖励力度，形成全社会共同抵制有害舆情信息的合力。

三、构建共通共融的恢复重建机制

大数据时代城市公共危机恢复重建，主要以数据共通共融为基础，通过大数据手段跟踪、反馈城市恢复重建期间的各项关键信息，强化危机事件事后的多部门协同治理并提供精准个性化服务，旨在尽快将基础设施、社会财产、社会秩序、社会心理及政府公信力恢复到正常状态。

（一）构建大数据社会心理安抚机制

重大城市公共危机往往会引发个体和群体性恐慌，给应急人员和受害公众带来持久而又深重的心灵创伤。大数据时代，除了采用传统人工干预方法外，更需要借助大数据的分析挖掘技术，构建多途径社会心理安抚机制，降低、消除危机带来的负面影响。

一是开发基于大数据的移动互联网心理健康 App 平台。该平台提供漫画、小品、歌曲、影视等形式的辅导资源，使灾民修复心理创伤。当灾民匿名登录平台进行交流时，卡通形象的智能机器人会与其进行互动交流，实施实时的心理健康辅导。

二是构建社区心理帮扶体系。成立社区居民个案辅导室，由社工等一对一进行心理辅导帮扶；开通心理咨询热线，接受灾民电话、网络咨询，增强灾民心理承受能力和应变能力；依托手机短信、微信、移动智能终端等，宣讲一些简单易行的心理自救方法，普及心理自救知识，提升公众自救能力。

三是构建群体心理危机干预服务体系。利用大数据搜集可穿戴设备、移动智能终端及社交媒体等数据信息，挖掘灾民生理、心理和行为状况信息，分析和筛检出潜在患者，并为之匹配最佳行为健康治疗方案和提供个性化服务。

（二）完善政府公信力提升机制

一是深入开展对话沟通，广泛吸收公众意见。城市公共危机突发事件发生后，政府首先第一反应是通过召开新闻发布会等，直接与公众或通过媒体就负面事件进行及时、准确、透明的交流，承认负面事件的发生。并且要采取调查公众意见、咨询专家意见等传统形式广泛听取公众的呼声，或开通政务微博、政务微信等与公众互动，深入回应公众的心声，或通过信函、传真、电子邮件等书面方式公开征求公众的意见。

二是积极安抚受害公众，主动承担利益补偿。负面事件的发生会导致"社会秩序/关系的破坏"，政府通过采取主动道歉、进行安抚、进行利益补偿等行为，平衡各方的利益关系。

三是彻查事故发生原因，及时披露事件真相。社会舆情风波过后，政府要组织行内专家对事故发生的原因进行彻底的调查，要交出一份经得住历史和人民检验的调查报告。及时通过新闻发布会、主要新闻媒体等披露事件真相，公布调查结果，消除公众疑惑。

四是严肃追究领导责任，深刻反省事件教训。在认真调查重大突发事件社会舆情发生的原因后，要启动问责程序，严格按照法律条文和党纪条例，追究相关领导的责任，该降职的要降职、该撤职的要撤职、该进入司法程序的要依法办理。

四、深入开展大数据技术研究与应用

目前，我国大数据技术的应用正处于起步阶段，对城市的应急支撑作用还很有限，况且有关大数据的一些关键技术和软件系统掌握在国外大公司手中。因此，当务之急必须将大数据技术研发摆在更为突出的地位，通过开展对大数据重大基础、关键技术等的研发，提高城市应急管理大数据平台建设与应用的自主技术含量。

一是开展重大基础技术研发。围绕数据科学理论体系、大数据计算系统与分析理论等重大基础研究进行前瞻布局，开展数据科学研究，引导和鼓励在大数据理论、方法及关键应用技术等方面展开探索。

二是开展新一代网络技术集成应用研发。以智慧城市建设为牵引，整合物联网专项、云计算专项和电子政务等项目，推动物联网、云计算、大数据和移动互联网的深度融合和集成应用，并重点支持大数据技术在诸如重大自然灾害、重大安全事故、食品安全事件与环境突发事件等领域的应用。

三是开展大数据关键技术体系研发。采取政产学研用相结合的协同创新模式和基于开源社区的开放创新模式，加强海量数据存储、数据整合与集成、数据清洗、数据挖掘、数据可视化等领域关键技术攻关，形成安全可靠的大数据技术体系，为城市应急提供数据处理技术保障。

四是开展人工智能技术研发。以数据分析技术为核心，大力加强自然语言理解、机器学习、自动推理和搜索方法、智能搜索、深度学习等人工智能理论和应用技术研发，提高城市应急的智能化、自动化、科学化水平的知识发现能力、分析处理能力与辅助决策能力。加强非关系型数据库管理技术、非结构化数据处理技术等基础技术研发，提升对城市应急中图片、音频、视频、社交网络等非结构数据的自动处理能力。

五是开展大数据其他相关应用技术研发。以应用为导向，加强网页搜索技术、视频浓缩检索技术、知识计算（搜索）技术、视频图像信息库等核心技术研发，研发出高品质的单项大数据技术产品，结合数据处理技术，为实现城市应急智能服务提供技术支撑。

五、建立健全匹配大数据应急法规

公共安全应急管理体系建设成效越来越取决于数据的分析与处理的好坏，而大数据应急从数据的收集、存储、分析、处理到应用的各个环节，必定会遭遇诸多法律问题。近年来，美、英、澳等发达国家都十分重视大数据的法律法规建设，注重通过法律法规来为应急领域的大数据应用保驾护航。我国的法律建设落后于大数据时代应急实践的需要，借鉴发达国家的经验，需要在事前预防、事发准备、事中响应和事后恢复等环节加快完善以大数据为规范的法律法规。

一是在事前预防阶段，应急部门有序收集数据信息，并进行挖掘分析，预测事件发生的态势与走向，在这一过程中需要用私法机制规范数据的权属关系；应急部门在收集数据之前必须明确数据收集的目的，告知并征得被征集人同意。

二是在事发准备阶段，充分发挥首席信息官、传感器、大数据挖掘/可视化技术等的作用。因此，需加强行政组织法和数据财产制度建设，为城市应急提供专业技术人才，为全面保护数据财产创造公开、公平、公正的交易环境。

三是在事中响应阶段，应急管理部门通过信息沟通、信息传递和信息共享，实现应急协同，同时通过信息公开与发布，提高政府透明度，增进公众对政府应急行为的理解与认可。

四是事后恢复阶段，应急管理部门需要加强救灾物资和款项的专项管理，防止谣言的产生、传播与蔓延。因此，需加强救灾专项审计法律的建设，加大对网络谣言传播者的打击力度。

参考文献

［1］施强.大数据、知识服务与当代图书馆学［M］.杭州：浙江大学出版社，2020.

［2］姚培荣.大数据基础［M］.北京：中国人民大学出版社，2021.

［3］梅宏.大数据导论［M］.北京：高等教育出版社，2018.

［4］蒋威威，李存国，赵迎迎.新型智慧城市理论研究与深圳实践［M］.北京：中国发展出版社，2021.

［5］万碧玉，姜栋.新型智慧城市资源与规划［M］.北京：中国城市出版社，2020.

［6］王世福，张振刚.迈向新时代的智慧社会：中国智慧城市发展战略研究［M］.北京：科学出版社，2021.

［7］王文利.智慧园区实践［M］.北京：人民邮电出版社，2018.

［8］邵泽华.物联网与智慧城市［M］.北京：中国人民大学出版社，2022.

［9］刘伊生.新型智慧城市设计与建造［M］.北京：中国城市出版社，2020.

［10］金新政，谭警宇，舒占坤.智慧医疗［M］.北京：科学出版社，2021.

［11］曾卿华，周尚波.智慧城市管理设计与实践［M］.重庆：重庆大学出版社，2020.

［12］徐晓慧，于志青.智能交通技术［M］.北京：化学工业出版社，2019.

［13］谭辉煌，刘淑华.新编新媒体概论［M］.重庆：重庆大学出版社，2018.

［14］夏立新，黄晓斌，金燕，等.数字图书馆导论［M］.北京：科学出版社，2019.

［15］蔡阳.智慧水利建设现状分析与发展思考［J］.水利信息化，2018（04）：1-6.

［16］马红丽.智慧城市不是万能的［J］.中国信息界，2021（04）：18-19.

［17］郑芳.智慧交通在智慧城市中的应用［J］.交通世界，2022（09）：139-140.

［18］杨苗.新基建加持下的"智慧城市"发展趋势解析［J］.中国电信业，2021（05）：67-70.

［19］杜云.中国智慧城市建设稳步发展的要因研究［J］.人民论坛，2022（03）：88-90.

［20］贺佃宏，张丽.5G+智慧医疗创新应用［J］.中国新通信，2022（01）：73-74.

［21］付紫燕，赵琳娜，田安红.浅谈智慧医疗信息化建设的成效与发展［J］.智能城市，2020（16）：17-18.

［22］陆帅.国内"互联网＋医疗"发展现状研究进展［J］.蚌埠医学院学报，2018（11）：1535-1537.

后 记

光阴似箭,时光荏苒,转眼间,本书的撰写工作已经接近尾声,笔者颇有不舍之情。因为本书是笔者在对大数据技术在智慧城市建设中的应用进行研究后所撰写的作品,倾注了笔者的全部心血。虽然辛苦,但是想到本书的出版能够为大数据技术在智慧城市建设中的应用提供一定的帮助,笔者颇感欣慰。同时,笔者在创作本书的过程中得到社会各界的广泛支持,在此表示深深的感谢!

智慧城市源于传媒领域,是指利用各种信息技术或创新概念,将城市的系统和服务打通、集成,以提升资源运用效率,优化城市管理和服务,以及提高市民的生活质量。

智慧城市是把新一代信息技术充分运用在城市中各行各业,基于知识社会下一代创新的城市信息化高级形态,实现信息化、工业化与城镇化深度融合,有助于缓解"大城市病",提高城镇化质量,实现精细化和动态化管理,并提升城市管理成效和市民生活质量。

现代科学技术的发展为智慧城市的建设提供了可能,尤其是大数据时代的到来,使得智慧城市的建设具备了基本的数据前提。当前,怎样才能对海量数据的潜在价值进行有效挖掘,使有价值的信息被应用于智慧城市的建设与管理之中,已经成为国家与地方政府关注的热点问题。从政府决策服务到城市产业布局和规划等,大数据支撑着"智慧化",大数据成为智慧城市的智慧引擎。因此,许多专家通过对海量数据进行研究发现,大数据不仅给智慧城市的建设带来了挑战,同时也为其提供了前所未有的机遇,它能有效收集城市系统产生的各类数据信息,从而为智慧城市的建设提供保障。

虽然本书的撰写工作已接近尾声,但是大数据技术仍在不断地发展演进,这也就决定了关于大数据技术在智慧城市建设中的应用研究工作依然任务艰巨。作为本书的撰写者,笔者会不辱使命,潜心研究,积极探索,力求突破,承担起这份光荣的职责,为大数据在智慧城市建设中的研究工作贡献自己的力量。